——凉山州党校系统
优秀调研课题成果集（2）

主编／薛昌建 胡 澜 姚文兰

 四川大学出版社

项目策划：徐　燕　罗永平
责任编辑：罗永平
责任校对：陈　蓉
封面设计：墨创文化
责任印制：王　炜

图书在版编目（CIP）数据

思考与探索：凉山州党校系统优秀调研课题成果集.
2 / 薛昌建，胡澜，姚文兰主编. — 成都：四川大学出
版社，2020.11
　　ISBN 978-7-5690-3966-5

　　Ⅰ．①思… Ⅱ．①薛… ②胡… ③姚… Ⅲ．①区域经
济发展－凉山彝族自治州－文集②社会发展－凉山彝族自
治州－文集 Ⅳ．① F127.712-53

　　中国版本图书馆 CIP 数据核字（2020）第 222412 号

书名　　思考与探索——凉山州党校系统优秀调研课题成果集（2）
　　　　SIKAOYUTANSUO——LIANGSHANZHOUDANGXIAOXITONGYOUXIUDIAOYANKETICHENGGUOJI（2）

主　　编	薛昌建　胡　澜　姚文兰
出　　版	四川大学出版社
地　　址	成都市一环路南一段 24 号（610065）
发　　行	四川大学出版社
书　　号	ISBN 978-7-5690-3966-5
印前制作	四川胜翔数码印务设计有限公司
印　　刷	四川盛图彩色印刷有限公司
成品尺寸	185mm×260mm
印　　张	13
字　　数	317 千字
版　　次	2020 年 12 月第 1 版
印　　次	2020 年 12 月第 1 次印刷
定　　价	56.00 元

扫码加入读者圈

◆ 读者邮购本书，请与本社发行科联系。
　电话：(028)85408408/(028)85401670/
　(028)86408023　邮政编码：610065
◆ 本社图书如有印装质量问题，请寄回出版社调换。
◆ 网址：http://press.scu.edu.cn

四川大学出版社
微信公众号

目　录

凉山彝区脱贫户可持续生计调研[*]

胡　澜　李连秀　万豫南　潘　华　海　颖

按照中共中央、国务院要求，确保到 2020 年我国现行标准下农村贫困人口实现脱贫，而凉山彝族自治州是我国最大的彝族聚集区和全国集中连片特困地区，也是全国扶贫攻坚主战场之一。至今，凉山州尚有国家扶贫开发工作重点县 11 个（含 10 个彝族聚居县和木里藏族自治县），占全省的 30.6%，集中连片特困地区达 4.16 万平方千米，占全州面积的 68.9%。截至 2015 年年底，凉山州还有 2 072 个贫困村，占全州行政村总数的 55.33%。根据凉山彝族自治州第十一届人民代表大会第一次会议审议通过的工作报告，2016 年是打响脱贫攻坚战的首战之年，全州 454 个贫困村退出、11.35 万贫困人口脱贫等任务圆满完成，2017 年确保再减贫 13.47 万人。随着凉山彝区精准扶贫力度的加大，大量贫困户通过政府帮扶及自身努力实现了脱贫，其脱贫攻坚工作取得了显著成效。为总结全州精准扶贫工作的经验和成效，剖析精准扶贫工作中的问题和难点，提出进一步巩固扶贫成果的建议，课题组围绕脱贫户的家庭结构、就业、住房、收入来源等方面展开分析，力求总结出脱贫的因素和规律，进一步预测脱贫进程，为更好地推进精准扶贫工作发挥积极作用。

一、凉山州脱贫攻坚主要创新做法和成效

（一）凉山州脱贫攻坚主要创新做法

1. 创建指挥机制。制定州负总责、县负主体责任、乡镇抓落实的扶贫开发工作机制，成立由州委、州政府主要领导任双组长的深度贫困地区脱贫攻坚领导小组。县、乡、村逐级成立指挥部、作战室，挂图作战、按图销号。州委常委牵头联系 11 个贫困县，41 名州领导参与联系指导，195 个州直部门主要负责人帮扶联系点。各级党政"一把手"承诺，摘不了"穷帽"就摘"官帽"。

2. 创建投入机制。建立"1+4+4"财政扶贫政策体系，州本级财政预算安排资金 8.09 亿元用于脱贫攻坚。落实"目标、任务、权责、资金四到县"制度，强化贫困县涉农资金统筹整合，11 个贫困县纳入统筹整合范围资金总额达 21.8 亿元。全州"四项基金"总规模达 12.4 亿元，其中教育、卫生、产业扶持"三项基金"累计支出和使用

---

* 2017 年度四川省党校系统优秀调研课题。作者单位：中共凉山州委党校。

3.2亿元。州县为166个极度贫困村配套彝家新寨基础设施建设的资金达40万元，为每个极度贫困村落实产业扶持资金60万元，优先规划实施基础设施、产业富民、公区服务等项目，采用"先难后易"的方法解决极度贫困村的问题。

3. 创建帮扶机制。开展"以购代捐"精准扶贫活动，组织动员全州各级帮扶单位和广大干部职工，以不高于市场价格10%、人均300元左右的购买标准，直接从贫困群众手中购买各类农副产品，保证贫困户拥有长期稳定的收入。落实东西部扶贫协作、省内"11+11"对口帮扶、"五个一"驻村帮扶任务，组织州内"6+9"对口帮扶，广泛推动"国企入凉""万企帮万村""中国光彩事业凉山行"等社会扶贫工作。积极充实扶贫力量，把最优秀的干部调到扶贫一线，从全州统筹选派10名优秀年轻干部到脱贫任务重的乡镇担任党委书记，从基层"四类人员"中选拔380人充实乡镇领导班子队伍，向深度贫困村派出"第一书记"1650名。

4. 创建追责机制。制定《凉山州脱贫攻坚督查工作实施办法》，实行一季度一督查一述职、年度考核评估"黄红牌"制度，推进明察暗访、通报警示、问责追责常态化。

5. 创建培训机制。开展新型农民素质技能培训，帮助贫困群众提高文化素质、增强就业技能，紧扣"素质提升、技能培训、就业增收"三大环节，集中3年时间，对12.73万贫困户适龄劳动力进行培训，充分激发贫困群众的脱贫内生动力。

（二）凉山州脱贫攻坚显著成效

当前，凉山州脱贫工作已进入攻坚拔寨、啃"硬骨头"的冲刺期。全州牢记历史使命，埋头苦干，只争朝夕，立足于多民族聚居、集中连片特困的特殊州情，深入贯彻落实中央和四川省的决策部署，把脱贫攻坚作为全州最重要、最紧急的任务，在中央"四个一批"、《乌蒙山片区区域发展与扶贫攻坚规划》及四川省"五个一批""十个专项"的基础上，制订了"七个一批"行动计划和12个专项方案，倒逼精准扶贫、精准脱贫深入推进。

凉山州高度重视深度贫困地区脱贫攻坚工作，将其摆在突出位置，围绕"两不愁、三保障"和"四个好"目标，先难后易，聚焦最贫困的村、扶持最困难的户、办好最急需的事，扎实有力地推进深度贫困地区的脱贫攻坚工作。全州围绕住上好房子、过上好日子、养成好习惯、形成好风气的目标，全力攻坚，在住房、教育、卫生、"四好村"创建等方面持续发力，投入大量人力、财力、物力，创新地开办"农民夜校"，截至2017年8月，新型农民培训人数达1.2万人次，脱贫攻坚工作取得了显著成效。

1. 围绕"住上好房子"全力攻坚。凉山州将住房安全作为贫困户脱贫的重要标志，突出安全、宜居、"微田园"，实施"三建四改"，试点推广轻钢结构新居民集成房及整村规划、连片推进新村新居建设。2017年，易地扶贫搬迁开工12189户，开工率达100%，住房主体工程完成94.8%；彝家新寨项目开工222村、15476户，开工率达100%，建成住房8259户，完成53.4%；藏民新居开工1675户，开工率达100%，建成住房1340户，完成80%；安宁河谷地区新村新寨启动237个，占目标任务的72.9%，农村危房改造启动实施1320户。公路建设投入20.97亿元，新改建农村公路3200千米。2017年计划退出的贫困村通村硬化公路建成1411千米，完成39.41%；166个极度贫困村通村硬化公路建成 471.52 千米，完成 39.41%。凉山州投入资金 1.35 亿元，用于 110 个村有线宽带、200 户户用沼气池、479 个村文化室、250 个村级广播系统、2.9 万户电视户户通建设等项目，为贫困村退出达标打下良好的基础。

2. 围绕"过上好日子"全力攻坚。凉山州把产业富民作为核心支撑和主攻方向，结合深化农业供给侧结构性改革，紧抓"吹糠见米"增收，帮助贫困户发展种养、劳务等产业。着眼长远发展，抓持续、稳定致富，帮助贫困户发展生态农业、乡村旅游等特色产业，2017 年全州新建核桃基地 403.39 万亩、马铃薯基地 1 661.61 万亩。实施"强村富民，发展村级集体经济"四年行动及"增收牛、致富羊"工程，创新"借羊还羊、借枝还枝、借薯还薯""股份经营、利润分成"等扶贫方式，推广"青薯 9 号"21.5 万亩，晚熟杧果 3 万亩，现代设施农业 3.2 万亩，"禽还禽"11 万只，出栏肉牛、肉羊及特色家禽畜 88.762 万头（只），新增水产养殖 1.5 万亩。积极培育新型经营主体，劳务输出与招聘双管齐下，共转移农村贫困劳动力 46 044 人，实现劳务增收 4.74 亿元，近 2 万户贫困家庭得以脱贫。把建设"健康凉山"作为根本保障，落实"十免四补助"，财政全额代缴贫困人口新农合筹资，贫困家庭患者县内住院和慢性病门诊维持治疗费用个人支付占比低于 10%。全面实现"两线合一"，将 13.13 万名无业可扶的特困群众全部纳入低保兜底，贫困残疾人补助全部达到国定脱贫标准，城乡居民养老参保覆盖率达到 88%。

3. 围绕"养成好习惯"全力攻坚。凉山州坚持把教育扶贫作为治本之策，"砸锅卖铁"大办教育，全面落实民族地区 15 年免费教育政策。2017 年覆盖 17 县市的教育扶贫、卫生扶贫两项救助基金达 5 400 万元，并投资 44.13 亿元，实施"全面改薄"建设工程 2 465 个，开办村级幼教点 3 070 个，招收幼儿 11 万名，学前教育毛入学率达 83.35%，小学、初中适龄入学率分别达 99.5%、93.2%。坚持教育与引导并举，以"板凳工程"为切入点，引导群众不坐地上坐板凳、不睡地上睡床铺、不用锅庄用灶台，从"五洗"做起，养成现代文明习惯。

4. 围绕"形成好风气"全力攻坚。凉山州坚持把解决突出社会问题作为脱贫攻坚的强力抓手，聚焦毒品、艾滋病、陈规陋习三大突出问题，持续用力，深入整治，久久为功，避免脱贫攻坚成果被吞噬。深入推进禁毒防艾人民战争，扎实开展破案攻坚、外流贩毒整治、堵源截流、收戒转化、预教管控"五大行动"，创新"支部+协会+家支"禁毒模式，向重点乡镇、村派驻工作组和禁毒"第一书记"，加快戒毒康复基地"绿色家园"和"1+8"艾防中心建设，力争用两至三年时间有效遏制毒品、艾滋病蔓延势头。建立乡镇"包村包户"专业技术人员"一对一"生育秩序整治制度，使超生率降至 10% 以内。深入开展婚丧嫁娶高额礼金和铺张浪费、多生超生等专项治理，创新开办"农民夜校"3 744 所，实现贫困村全覆盖，参训人数达 10.06 万人次。开展新型农民培训，截至 2017 年 9 月，参训人数达 1.2 万人次，教育、引导群众移风易俗，加快树立文明新风。

二、凉山彝区脱贫户后续生产生活及发展现状分析

针对当前已脱贫的村民，课题组选择凉山彝族聚居的 4 个县 8 个村，即喜德县斯果

觉村、瓦西村，昭觉县拉牙村、尔打火村，美姑县基伟村、甘古村、格木村，盐源县汪家山村，进行了入户走访调研。因彝族村民大多不识汉字，文化水平有限，为保证调查对象的代表性和调研结果的有效性，我们采用隔户随机抽样的原则，通过提问式调查、个别谈话等方式，完成家庭有效问卷200份。问卷内容根据"两不愁、三保障、四个好、村七有、户三有"等贫困对象退出指标来设计。在系统调查的基础上，课题组梳理、分析当前彝区已脱贫村民的现状，找准存在问题，并从精准扶贫的角度提出对策措施。目标地调研情况如下。

（一）家庭实际人口及劳动力状况

家庭实际人口为7到8人的占65％，5到6人的占23％，3到4人的占12％，其中劳动力的占比依次为13％、20％、33％。我们在调研中发现，85％以上的男青壮年都外出务工，而40％的中年妇女进县城陪读，家里的劳动任务基本都落在了50岁以上的老人身上。调研情况显示，贫困户自主发展能力较弱，脱贫内生动力严重不足。

1. 贫困户劳动力不足，劳动人员素质较低，群众自主发展能力薄弱。从以上三种不同实际人口的家庭中劳动力占比情况来看，劳动力的短缺直接导致了贫困家庭自主发展能力不足。同时，由于贫困家庭人口文化水平普遍较低，对新思想、新知识、新技术的学习吸收过程较慢，传统的农村劳动力技能培训存在着覆盖面窄、频率低、培训内容与现实需求脱节等问题，扶智工作不到位，贫困家庭劳动力缺乏一技之长，进一步加剧了自主发展能力的不足。

2. 部分贫困群众"等、靠、要"思想严重，脱贫的内生动力和信心严重不足。过去长期"输血"式扶贫让一部分贫困群众产生了严重的依赖思想，习惯了等着政府送钱、送物，长期依赖各类政策性资金生活，缺乏勤劳致富、奋斗脱贫的意识，"靠在墙根晒太阳，等着别人送小康"和"争当贫困户"的现象较为突出。同时，凉山彝区群众大都居住在二半山①上，那里自然条件受限，基础设施条件较差，发展要素不全，使得群众面对贫困问题具有消极应对的心理。

（二）"两不愁、三保障"贫困退出标准落实状况

由表1看出，脱贫村从吃、穿到医疗保险和安全住房的覆盖率都达到100％，但因学致贫的现象依然存在。

表1　"两不愁、三保障"调查结果统计

选项	样本数	百分比
你家已达到不愁吃	200	100％
你家已达到不愁穿	200	100％
你家没有义务教育阶段因贫辍学成员	178	89％

---

① 海拔1800（2000）米～2500米的称为二半山区。

选项	样本数	百分比
你家已参加新农合医疗保险	199	100%
你家有安全住房	199	100%

1.在调研中有11%的贫困户表示,孩子上学支出是家庭最大的日常支出。近年来,虽然免除义务教育学杂费的政策极大地减轻了贫困户的负担,但居住在二半山或偏远地区的贫困户不得不携儿带女、离村走乡,把子女送到镇上的中心学校就读,或到县上好一点的中学去上学,很多家庭还得专门安排一个劳动力陪读,这又加重了贫困家庭的经济负担。同时,一些有高中生、大学生的贫困家庭,一年仅学杂费、生活费等刚性支出就是数千元甚至上万元,而对困难学生资助额度有限,因学致贫的现象较为突出。在调研中,我们还发现有个别家庭适龄小孩初中还未毕业就不愿意上学,跟随父母、亲友去外出务工。

2.虽然安全住房的覆盖率已达100%,顺利成为脱贫村,但还在修建中的房屋占22%。在我们调研的脱贫村,由于受天气及其他因素影响,修建工期延长,少数彝家新寨还未竣工验收。如盐源县棉桠乡汪家山村在2016年年底脱贫,有建档立卡贫困户88户,其中彝家新寨建设79户,课题组在入户走访时发现有18户还在修建中,修建彝家新寨由政府补贴3万元,以乡政府担保无息贷款3万至6万元。

(三)脱贫户生活用电、饮水、出行条件状况

由表2可以看出,脱贫户通水、通电、通广播电视基本全面覆盖。我们在调研中了解到,个别用户由于从外地迁入,还未来得及与电力公司联系而暂时没有通电。

表2 脱贫户生活用电、饮水、出行等条件调查结果统计

选项	样本数	百分比
你家有生活用电	195	98%
你家有安全饮水	199	100%
你家已通广播电视信号	194	97%
你家已通公路	190	95%

(四)脱贫户生活来源状况

表3 脱贫户生活来源状况

选项	样本数	百分比
种植业(玉米、土豆、荞麦)	192	96%
养殖业(鸡、猪、牛、羊)	140	70%
经济林木收益(花椒、核桃)	199	99%

续表3

选项	样本数	百分比
外出务工	150	75％
最低生活保障	82	41％

1. 生活来源以种植传统农作物和经济林木收益为主。凉山彝区村民基本居住在二半山以上，生活来源主要依靠种植传统农作物玉米、土豆、荞麦等和经济林木收益，后者以花椒、核桃为主。虽然鸡、猪、牛等养殖业覆盖率达70％，但在调研中我们发现，大多数养殖只是自给自足，并未能当作商品交易来增加家庭收入，有30％脱贫户因基本属于老、弱、病之类，儿女都外出务工，没有劳动力发展养殖业。

2. 经济林见效缓慢。近年来，州、县市两级虽已相继出台了"1＋X"林业生态产业发展规划，但从所调研的脱贫户情况来看，花椒、核桃具有生长周期长、见效慢、挂果慢等特点，目前大都处于只见树、不见果的阶段。在基地建设、苗木培育、种植标准、加工和交易地点、产业布局等方面，存在发展参差不齐、标准不一、布局不合理等问题，导致全州产业发展小、弱、散、乱现象突出。同时，核桃产业发展受政府推动力度、市场变化影响较大，管理也还处于粗放阶段，这些都制约了核桃产业的发展规模、产量、质量和效益。

3. 多数家庭需外出务工增加收入。从表3中可以看出，传统农业是脱贫户的重要生活来源，而土壤贫瘠致使经济作物收入低下，有75％的家庭不得不靠外出务工来增加收入。从调研中我们了解到，目前各县在劳务输出方面做得比较好，如盐源县2017年1到8月为贫困户提供就业岗位386个，组织开展招聘会5场，集中专业培训768人次，转移剩余劳动力4 826人，促成全县贫困户与泸州机械园区和酒业园区签订用工协议1 223人，有效增加了贫困家庭收入。在调研中收集到的资料显示，由于外出务工人员文化水平有限，没有高技能，他们大多从事工厂普工、建筑工、餐饮服务业、美容美发业等，工作不具稳定性，收入低，大多数外出务工人员从事一些粗放型工作。

4. 低保政策兜底保障一批贫困户。对于有老人的家庭，由于经济生活条件有限，很多家庭负担太重，儿子抚养不了，就分户出去，让俩老人单过，大概有41％的老弱病者要靠政府兜底保障生活。有些没有分户的老人，由于儿子外出务工，只能自己充当家庭的主要劳动力，并照顾孙子一代。

（五）养殖业和种植业精准脱贫状况

按照脱贫攻坚发展目标，各县脱贫村因地制宜地发展特色种植业和养殖业，帮助群众创收。由表4可以看出，当前部分脱贫村结合实际情况，尝试产业扶持全覆盖，也取得了较好的成效，但由于各种因素制约，巩固脱贫成果依然面临不少新问题。

表4 部分贫困村养殖业和种植业发展状况

所在县	所在村	养殖业	种植业
美姑县	格木村	投入产业周转金10万元,用于43户贫困户各养殖母羊1只,5户贫困户各养殖母牛2头,2户贫困户各养殖种猪1只。追加产业周转金5万元,用于10户贫困户各养殖母牛2头。投入资金6 000元建立集体经济,购买母羊6只,预计年底收入可达到1万元	春季种植优质核桃树5 255株,秋季种植核桃树9 000株、花椒树10 000株
	甘古村	每个贫困户养殖5只山羊或绵羊。投入20余万资金重新启用甘古村岩鹰鸡保种选育场,全年出栏岩鹰鸡2 500只,以"借鸡还蛋"、赊购等方式发给贫困户,村级集体经济收入达15 000元	引进优良马铃薯25 000斤,每户种植马铃薯3亩以上;人均种植核桃树50株
	基伟村	成立美姑县裕隆养殖和种植专业合作社,目前参与人员278户、1 478人,主要养殖美姑山羊和种植核桃树。采取土地流转入股方式,贫困户可自愿加入,目前入股30户,占总贫困户的83%	每户养殖美姑山羊10头以上,种植包心白菜1亩以上。每户种植核桃5亩以上,可自愿入股合作社,免费嫁接和管理,并统一收购
昭觉县	拉牙村	主要养殖牛、马、猪、鸡	主要粮食作物为马铃薯、荞麦、玉米,总产量为1 277.6吨。种植核桃树500亩、白杨树200亩、花椒树100亩
	尔打火村	给每户贫困户发放西门塔尔牛2头	种植马铃薯600亩
喜德县	斯果觉村	成立养殖专业合作社,在国家档案局的帮助下建成10个双层70平方米的羊圈,集中饲养数百只山羊和绵羊;还建成500平方米的生猪养殖场,养殖生猪100多头	主要种植核桃树、花椒树
	瓦西村	州农发办划拨资金67.32万元,建羊圈、购种羊。州财政局为每个贫困户发鸡苗20只、鸭苗20只。县林业局为村委会发放鸡苗3 000只,村集体经济收入可达到26 640元	州财政局协调林业发展资金100万元,建成500亩标准化核桃示范基地。全村种植核桃树4 500余亩,每户平均5亩以上;种植茯苓20万株,预计收入达600万元;新增烤烟100亩;种植花椒1 000亩
盐源县	汪家山村	给每户贫困户发放10只鸡苗和2袋农作物化肥。汪家山村发展养殖渔业,预计实现年收入1.2万元	主要种植土豆、玉米、烤烟等,以及红椒树、花椒树和核桃树

1. 受自然条件影响,脱贫村基本位于二半山上,山高坡陡,交通不便,基础设施落后,农民技能水平较差,产业发展滞后,农业生产收益不高。

2. 贫困户内生动力不足。从调研现状来看,目前,彝家新寨和易地移民搬迁重建已初步达到了人和、村美的目标，但要实现业兴、家富，难度还很大。从精准扶贫、精准施策的实施来看，通过发放树苗、种羊、种牛、生猪、鸡苗等方式，可以降低农户生产投入成本，但实施效果不能令人满意，部分树苗没有及时栽种下去，栽种好之后也没有后续管理培育，种羊、种牛等往往在没有出栏时就被农户食用，无法产生经济效益。

3. 受贫困户文化素质的影响，贫困户由于文化水平偏低，在种植业和养殖业的生产经营方面，主要以传统农耕方式为主，而且基本都是老人在家，较难接受新的知识和技能。

4. 受自然资源、地理位置等条件影响，脱贫村人群居住分散，养殖和种植规模都不大。这些特色农产品因受到规模、成本、运输距离、标准化等的制约，销售困难，难以产生较好的经济效益。

5. 脱贫户村民自我发展能力弱。由于历史欠账较多，地区偏远落后，脱贫民众获得的发展机会较少，加之健康、住房保障及生计资本积累不足，导致他们在脱贫过程中依靠自我发展的能力不高，后劲不足，极易因灾、因病致贫返贫。扶贫产业的发展，让大部分贫困户有了稳定的收入来源，但产业单一又导致收入来源单一，收入水平普遍不高。由于村社集体经济薄弱，村民自身也缺少产业发展所需的资金和技术，生产经营落后，产业持续发展受阻，呈现出时有时无、有而不大的特点。

6. 村社集体经济薄弱，组织活动难以开展起来。目前，贫困村没有村办企业，集体经济尚在起步阶段。上级财政拨付的办公经费只够平时的基本开支，没有结余用于解决其他问题，各类项目基本都是"等、靠、要"，这就给村委会开展正常的活动带来了极大的困难，甚至个别村社连召开一个村民大会的开支都无力承担。

7. 巩固脱贫成果措施弱。一些脱贫村、脱贫户的帮扶干部存在思想松懈的情况，落实"扶上马、送一程"还不到位。个别地方对国家、省、州脱贫验收考核及第三方评估发现问题的整改落实不到位。个别乡镇村组干部对"四好"创建认识不足，以偏概全。扶持政策单一，扶持政策的引导性、激励性不足，尚未形成"政策整合、资源盘活"的脱贫攻坚"组合拳"。这些问题都给精准扶贫、巩固脱贫成果带来了新的考验。

三、提升凉山彝区脱贫户后续发展力的思考

在深入推进脱贫攻坚的过程中，贫困村人民生活总体得到了极大改善，大家也真正享受到了精准扶贫带来的好处，但如何巩固成果、保持后续发展仍值得思考。从课题组调研情况和统计结果来看，由于历史原因，凉山彝区经济社会发育低、起点晚，彝族群众的思想观念较为传统，市场经济意识比较淡薄，这严重抑制了再生产规模的扩大。同时我们也看到，凉山彝区村民的行为习惯也有所改变，特别是送子女读书和外出务工的意愿较强。由此，我们对提升凉山彝区脱贫户后续发展力提出以下六点建议。

（一）重视教育扶贫，提升群众整体素质

治穷先治愚，扶贫先扶智。凉山州要大力发展科技、教育、文化、卫生事业，着力提升人力资本，提升群众自我发展能力，提升群众整体素质，夯实脱贫摘帽成效。一是

完善助学帮扶机制，确保义务教育覆盖到每一位适龄儿童，对贫困户在读学生跟踪帮扶至其中学毕业，甚至大学毕业，避免"因教返贫"。二是建立再教育机制，利用好农民技校、夜校等培训机构，广泛普及卫生知识、科技知识，让贫困户学会科学养殖、科学种地、健康生活，培养一批懂技术、懂经营的技能人才，以形成示范带动效应。

（二）引导家支能人参与，激活脱贫群众内生动力

凉山彝区家支具有重要地位，家支的头人们、能人们十分了解当地资源禀赋、文化底蕴与民众心理，在带领贫困户组织生产、转变观念、全面发展等方面具有先天优势。他们能够瞄准贫困户的需求，提高扶贫效率，并对贫困者开展如产业帮扶、人文关怀、心理疏导等多方位帮扶活动。此外，家支协助政府进行精准帮扶，能有效调动贫困户家庭中的有生力量，深层次激发彝区农村内生发展动力，对凉山彝区扶贫工作具有积极的推动作用。

（三）着力打造"一村一品"助脱贫户增收，培育和壮大集体经济

产业扶贫时，凉山州要避免种植业和养殖业方面的低级重复、区域雷同等现象，要因地制宜地发展特色产业，着力开发区域特色农产品，如美姑县甘古村的岩鹰鸡、昭觉县的乌金猪等，在打造特色农产品和提升农产品质量方面下功夫。建立机制，推动农村集体产权股份合作制改革，保障农民集体经济组织成员权利，赋予农民对落实到户的集体资产股份占有、收益、有偿退出及抵押、担保、继承权，建立农村产权流转交易市场，加强农村集体资金、资产、资源管理，提高集体经济组织资产运营管理水平，发展壮大农村集体经济。

（四）建立健全电商产业体系，加强电商人才培训，破解技术和管理人才匮乏的难题

一是实施一批电子商务进农村重点项目，改善农产品生产、销售条件，吸引优质投资人，倒逼农业生产方式的转变。二是充分整合各类资源，创新人才培育机制，创建果实农村电商学校，建立实训基地，组织编写电商开发系列教材，开展特色培训班等，分层次、分批次、多渠道培育开发各类适用型电商人才。三是加大对贫困户、大学生村官、种养大户等群体的培养力度，充分挖掘人力资源。四是注重创新创业。

（五）打造产业链，强化农业产业链和价值链，拓展产品经营流通渠道

一是坚持规模化发展、集约化经营，突出产业链的连接和延伸，构建特色产业体系。把核桃深加工项目作为招商引资的主攻方向，分期、分区抓好核桃加工项目建设，力争全州核桃加工产能达到 40 万吨以上，以龙头企业为平台，普及推广核桃清洗、分选、烘干、分级包装技术，提高核桃就地加工转化率和干果商品转化率。二是按照政府引导、部门指导、农民参与、企业主导的发展思路，促进林业生态产业经营流通。积极探索"公司＋基地＋农民合作社"的经营模式，组建成立核桃产业协会，经常性地组织开展咨询、协调、监督、品牌保护、技术培训和营销活动等服务。三是合理运用财政税

收信贷政策，积极引导和鼓励社会各界投资建设核桃加工、仓储、批发、交易市场及搭建电商交易平台，促进核桃干果、苗木、工艺品、油料、饮品等的交易，减少流通环节，拓展销售渠道，提高林业生态产业化经营水平。

（六）移风易俗树新风

凉山州要引导老百姓树立正确的科学观，破除民族传统不良习俗，使群众养成科学、健康的生活方式，形成文明向上的社会风尚。发挥村民自治组织能力，各村制定村规民约、孝德公约等规章制度，成立监督小组、红白理事会、禁赌协会，每户都要签订遵守协议。各村充分利用新媒体、宣传栏、宣传标语等形式广泛宣传，摒除社会不良风气，倡导文明新风，促进群众养成好习惯、形成好风气。

甘洛县彝汉双语教学现状的调查与思考*

叶晓芳　范君华　黄辉普

甘洛县位于凉山彝族自治州北端，居雅安、乐山、凉山三地交汇处，是成昆铁路进入西南民族地区的第一站，素有"凉山北大门"之称。甘洛于1956年建县，是一个从奴隶社会直接跨入社会主义社会的少数民族县。全县面积2 156平方千米，辖28个乡镇、227个行政村、3个社区居委会，居住着彝、汉、藏、回、苗等多个民族，总人口22.31万，其中彝族人口占75.38%，是一个以彝族为主的少数民族聚居县和国家扶贫开发工作重点县。

大力发展教育事业，不断提高教育教学质量，对少数民族地区的发展进步具有重要意义。彝汉双语教学是凉山州在民族教育改革与探索的过程中摸索出的一种教育模式，是凉山民族教育的特色之一。在甘洛县民族聚居区的中小学开展彝汉双语教学，是由甘洛县民族聚居区语言、文化现实环境决定的。甘洛县自开展彝汉双语教学以来，取得了可喜的成绩，同时也存在一些亟待解决的问题。本课题组深入调查甘洛县彝汉双语教学工作的现状、存在问题及其原因，并寻求有效解决途径，从而为民族地区更好地实施双语教学提供借鉴和思考。

一、甘洛县彝汉双语教学工作现状

（一）彝汉双语教学基本情况

甘洛县共有中小学118所，其中初级中学7所、小学106所（含教学点20个）、九年一贯制学校3所、完全中学1所、职业技术学校1所。目前，甘洛县有8所学校实行彝汉双语教学，包括4所中学、3所九年制学校、1所乡中心校。具体分别是甘洛中学、民族中学、普昌中学、玉田中学，以及吉米九年制学校、斯觉九年制学校、民族寄宿制学校和蓼坪乡中心校。其中，吉米九年制学校为一类、二类模式[①]并存，其余学校均为二类模式（具体情况见表1和表2）。

---

*　2017年度四川省党校系统优秀调研课题。作者单位：中共甘洛县委党校。

①　一类模式指把汉语作为一门主科开设，其余各门学科均用彝语教学。二类模式指把彝语作为一门主科开设，其余各门学科均用汉语教学。

表 1　甘洛县一类模式双语教学在校学生数及班级数

学校名称	一年级	二年级	三年级	四年级	五年级	六年级	七年级	八年级	九年级	学生人数总计
吉米九年制学校	65	58	61	49	51	39	33	28	28	412
全县合计	65	58	61	49	51	39	33	28	28	412

表 2　甘洛县二类模式双语教学在校学生数及班级数

学校名称	一年级	二年级	三年级	四年级	五年级	六年级	七年级	八年级	九年级	学生人数总计
吉米九年制学校	64	56	63	45	54	42	61	47	47	479
斯觉九年制学校				84	82	82	82	81	81	492
蓼坪乡中心校			40							40
民族寄宿制学校							266	175	158	599
普昌中学							211	125	114	450
玉田中学									125	125
民族中学							58	52	40	150
甘洛中学									485	485
全县合计	64	56	103	129	136	124	678	480	1 050	2 820

（二）彝汉双语教学师资队伍

甘洛县有中小学专任教师编制数 1 842 个，现有专任教师 1 820 名，其中，小学专任教师 1 155 名，初中专任教师 402 人。全县有双语专职教师 21 名，包括初中 11 名和小学 10 名，其中男性教师 20 名，女性教师 1 名，所有教师均为彝族。双语教师年龄最小的为 25 岁，最大的为 51 岁，平均年龄为 37 岁。双语教师学历水平为 1 名本科学历，1 名中专学历，其余为大专学历。双语教师中，两位教师普通话水平是二级乙等，其余为二级甲等。

（三）彝汉双语教学模式

吉米九年制学校的课程根据中小学课程来设置。小学的教学模式是语文用彝语授课，其他科目均用汉语授课。中学的教学模式是语文和数学用彝语授课，其余科目均用汉语授课，使用的教材是人教版教材。从小学到初中，各年级均设有两个双语教学班，一个一模班，一个二模班。一模班每周开设五节课，二模班每周开设两节课，其他二类模式学校的彝语教师名额及课程开设具体情况见表 3。

表3　二类模式学校彝语教师名额及课程开设情况

学校名称	教师（名）	节/周	三年级	四年级	五年级	六年级	七年级	八年级	九年级
甘洛中学	1	1							全年级
民族中学	6	1					1个班	1个班	1个班
玉田中学	1	1							全年级
普昌中学		2					全年级	全年级	全年级
民族寄宿制学校	1	1					全年级	全年级	全年级
斯觉九年制学校	2	1	全年级	全年级	全年级	全年级	全年级	全年级
蓼坪乡中心校	1	3	1个班						

（四）彝汉双语教学成效

经过20多年的教学实践，甘洛县的双语教学工作取得了丰硕成果，为全面提高教育质量和办学效益发挥了重要作用。特别是自2003年恢复吉米九年制学校以来，甘洛县双语教学工作成效十分明显。毕业于甘洛县一类模式学校的学生，有的供职于凉山州电视台彝文编译室、甘洛县教育局，有的在甘洛县乡镇担任领导职务。一类模式的毕业生主要从事教育工作，任教于县、乡各级中小学校，是甘洛县双语教学工作的中坚力量。二类模式的毕业生，走上工作岗位的也是不计其数。

二、甘洛县彝汉双语教学工作存在的问题及原因分析

（一）师资严重不足，双语教师青黄不接

目前甘洛县双语教师基本上是甘洛县第一、二批一类模式的毕业生。由于工作调动等原因，一部分教师调入城区学校后，改教汉语，而最早从事双语教学的老教师又面临退休。按照凉山州人民政府《关于进一步加强和改进双语教学工作的决定》要求，少数民族学生占50%以上的班级和实行了寄宿制的学校都要开设彝语教学。甘洛县彝族人口比重高达75.38%，各学校彝族学生所占比例几乎都超过50%，有的学校甚至达到100%，对双语教师的需求量大、面宽，现有的双语教师队伍已经不能满足甘洛县双语教学工作的发展需要。由于师资不足，个别学校根本无法完成正常的双语教学。同时，双语教师课程负担重，即使多上了课，也得不到奖励，导致部分教师有情绪，不愿意上彝语课。双语教师面临着青黄不接、只减不增、后续无人的困境。

（二）教材缺乏，课外读物少

教材是体现教学内容和教学要求的知识载体，是进行教学的基本工具，是提高教学质量的重要保证。双语教学的教材更是非常关键的教学资源，教材的质量直接关系着教学的效果。甘洛县双语教学绝大部分是二类模式，二类模式是把彝语作为一门主科开

设，其余各门学科均使用汉语教学。彝语是中考必考科目，有的学校从初一开始开设彝文课，而有的学校是在初三才开设彝文课。甘洛县只有两所小学开设了双语教学，大部分初中学生的彝语是零基础。学生彝语基础参差不齐，如何选用教材成为初中双语教师十分头疼的问题。有的教师选用小学一年级的教材为学生普及最基础的彝文知识，有的教师自行编写讲义为学生上课。关于双语教学的网络资源也很有限，学生可选择的课外读物更是稀少。另外，不少学校比较重视其他科目成绩，对彝文课并不重视。彝文课常被其他科目教师任意占用，成为一个只是写在课程表上的名称。教材、教辅资料、学生课外书籍的不充足，极大制约了甘洛县双语教学的开展。

（三）教学方法传统，教师培训机会少

双语教学过程中，教师的语言水平和授课技巧是上好双语课程的关键。目前，双语教师在教学中采取的主要是传统的教育教学方式，有些教师在进行双语教学的过程中，忽视了学生学习第二语言的特殊规律，在施教过程中对学生学习的困难程度缺乏认识和了解，教学方法不够灵活，不能将教学与学生实际有机结合起来，未能创设跨文化教学情景，难以有效利用教学辅助工具激发学生的学习兴趣，因而双语教学效果不佳。

《国务院关于深化改革加快发展民族教育的决定》指出，少数民族和西部地区教师队伍建设要把培养、培训双语教师作为重点。这是民族地区中小学教师队伍建设的重要指导原则和根本目标。但就目前来看，省州开展相关培训时，甘洛县虽然均会派从事双语教学的教师参加，但优先考虑的是选派一类模式教师参加，二类模式教师得到培训的机会相对较少。深造提升机会少，使得双语教师队伍发展缓慢。

（四）大众对彝文实用性存在质疑

社会大众对双语教育的意义认识不足，对于将彝文引入现代学校教育存在质疑。有人认为，甘洛县没有一类模式高中，学生从一类模式初中毕业后，只能转到普通的二类模式学校或者到外县的高中就读，最后学习的内容和彝文关联不大，现在费劲学习彝文就显得有些多余。也有人认为，学习彝文有很大局限性，特别是一类模式把汉语作为一门主科开设，其余各门学科均用彝语教学，但不是所有科目都适合用彝文来教学，比如数理化的知识点等，彝文对于人才培养的作用和意义不大。还有人认为，一类模式的学生毕业后，就业范围有很大局限，通常情况下只能在凉山州找工作，而且只能找和彝文相关的工作，始终走不出大凉山。绝大部分人认为，生活中用到彝文的地方少之又少，彝文的实际用途不大，完全没必要学习。大众对双语教学意义认识不足，使得彝汉双语教学的开展缺乏良好的社会氛围。

（五）双语教育经费投入不足

教育经费投入是支撑经济社会长远发展的基础性、战略性投资，是教育事业的物质基础，是公共财政的重要职能。虽然甘洛县对双语教育设有专项经费投入，但相对于双语教育事业发展的实际需求，教育投入仍显不足。目前，甘洛县每年有一万元的双语教育专项经费，主要用于科研、教育教学活动、试卷制作等方面。但甘洛县一些农村学校办学条件差，教学仪器设备、器材和图书没有达到国家标准，寄宿制学校宿舍、食堂等生活设施不足，导致双语教师"下不去、留不住"。教育经费投入不足，在一定程度上制约了甘洛县双语教学事业发展。

三、对甘洛县彝汉双语教学工作的对策建议

（一）强化教师队伍建设，打造质优技高的双语师资力量

1. 深化人事制度改革，积极做好教师的合理调配工作。鉴于开展双语教学的紧迫性，甘洛县对教师编制进行合理调配时，要拓宽教师竞聘渠道，加大教师竞聘力度，择优录用。单独招考一类模式教师，以填补人员缺口，多渠道、多举措并行，以打组合拳的形式，灵活有效地解决燃眉之急和长久之需。

2. 加强双语教师的培养和培训工作。甘洛县要制定切实可行的双语教师培养培训计划，以转变教育观念、提高教师职业道德和教学水平为重点，紧密结合基础教育课程改革，加强中小学双语教师的继续教育工作。加大省州县、学校各级培训，严格落实先培训、后上岗，不培训、不上岗的要求，把提高实效性放在首位，侧重于教材内容释义、备课、讲课等能力方面的培训。

3. 加强双语教师职业道德教育，强化责任心。甘洛县要增强双语教师的存在感、自豪感，使其树立为双语教育事业无私奉献的价值观。同时，解决好双语教师的待遇、职称、社会保障及培训等切身问题，把教育法和教师法的相关规定落到实处。

4. 教育部门要对双语教育予以足够重视。省州县各级教育部门要重视双语教育教研，鼓励学校根据学生实际设计、开展丰富多彩的教育教研活动，并经常组织教学竞赛等活动，增强教师的教学积极性。省州级教育部门还应经常举办双语教研交流会，为教师成长提供良好的发展平台。各学校要对教师采取多种考核制度，使其具有较强的竞争意识，激励教师不断学习、提升自我。

（二）加强教材建设，结合实际体现本土化特点

少数民族双语教材建设是少数民族双语教育的关键，也是提高双语教育教学质量的重要环节。

1. 加强教材建设开发。双语教育教材建设开发要从学生实际出发，关注学生已有知识，充分激发学生的学习兴趣、调动学生的学习积极性，同时要兼顾双语语言知识与非语言学科知识内在的逻辑性与系统性，尽可能地满足学生全面发展与社会发展的需要。

2. 结合凉山州实际，整合少数民族优秀文化和体现少数民族之间价值认同的共性。根据凉山州特殊的民族地域特点，教材设计要符合当地少数民族生活实际，渗透中国传统文化和凉山地域特点相结合的内容。教材中可加入凉山地区少数民族文化、少数民族历史、少数民族生活习俗、少数民族节日庆典、少数民族舞蹈、少数民族的经典游戏和故事等相关内容。

3. 适当添加体现爱国主义和各民族团结合作的素材，这样有利于民族地方文化的继承与发扬，增强各民族对中华文化的认同感。

（三）完善双语教育机构体系，免除升学就业后顾之忧

甘洛县要提高各级教育行政部门和学校领导、教师对双语教学重要性的认识，抓好管理监督和指导工作，切实提高双语教学质量。

1. 加强机构间的配合。甘洛县教育部门有主管双语教育相关工作的科室，县双语教研室应配合政府及教育部门做好双语调研工作，以确保双语教学工作的统一规划、深入开展，并不断将相关系统完善化、系统化、程序化。

2. 完善双语教育机构体系。以当前"一村一幼"为契机，做好学前双语教育，使少数民族幼儿基本具备汉语交流能力，为小学双语教学奠定良好的语言基础。建立幼儿园、小学、初中、高中完整的双语教育机构体系，集资创建初高中一体化学校，解决学生上双语高中难的问题，改善以往一类模式学生在甘洛县无法完成大学前完整教育的状况。

3. 州县政府部门出台相关政策和措施，保障双语毕业的学生得到一定的就业机会。受社会经济发展水平的制约，接受彝汉双语教学的学生，特别是一类模式的学生，就业难的问题较为突出。凉山彝区由于工厂、企业较少，学生就业主要通过报考公务员、教师等途径，可将彝语列入考试范围，增强彝汉双语毕业生的竞争力。

（四）加大双语教学意义的宣传力度，纠正社会大众认识偏差

开展彝汉双语教育，不仅仅是把彝语作为学习汉语的桥梁，其根本目的是传播彝族传统文化知识。在凉山少数民族地区开展彝汉双语教育，对彝族文化的传承与发展具有重要意义，因此，甘洛县必须要加强对彝汉双语教育作用的宣传力度，纠正社会大众对双语教育的认识偏差。

1. 加大宣传力度。在现有的宣传基础上召开家长会，开展调研活动，广泛征求家长的意见，并提高全社会对双语教学的关注，以促进双语教学的发展。

2. 新闻媒体加大双语教学宣传力度，利用舆论导向关注双语教学发展动态，提高全民尤其是少数民族群众对双语教学的认识，使少数民族群众认识到学习和掌握国家通用语言文字的重要性。

3. 更新家庭教育理念。加强学校、家长和孩子之间的沟通与交流，更好地总结教育孩子的方法，从而促进孩子的健康成长。也可通过开设家长学校的途径为双语教学做宣传，让家长认识到双语教学的重要性。

（五）加大经费投入力度，确保双语教学事业蓬勃发展

1. 加大办学资金投入，加强学校基础设施建设。开展双语教学需要语音室、教学仪器、图书，需要教学资料。这些是发展双语教学必不可少的基础条件。为了满足基础条件，甘洛县必须加大教育资金的投入力度。

2. 加大师资培训资金投入。教师培训是一项持续的、巨大的工程，双语教学对教师的要求更高，而教师的顺利转型、竞聘和培训需要充足的资金力量作为后盾。同时，政府应通过相关财政补贴，适当提高双语教师待遇，对双语教师的额外工作量给予相应补助，激发其工作积极性和创新性。

3. 加大对贫困生、寄宿生的补贴力度。国家实施的"两免一补"政策虽有成效，但是范围还不够大，尤其是撤点并校后寄宿生不断增多，当前的学校基础设施难以满足学生需求，因而要加大对贫困生、寄宿生的各方面补贴力度。

双语学校如何管理和发展的问题，非常现实地摆在了我们面前。虽然甘洛县已经建立了一些双语学校，但接下来要做的工作量大、复杂且艰巨，只有通过深入地学习思考，认真分析研究，统一认识、理清思路、确定目标，才能将甘洛县双语教学探索顺利进行下去，也才能为甘洛县乃至凉山少数民族地区的双语教育事业的蓬勃发展做出应有的贡献！

西昌市精准扶贫工作成效的调查研究*

袁 旭 丁良才 蔡成斌

党的十八大以来，围绕全面建成小康社会的目标任务，党中央对扶贫工作做出了重大战略调整，提出建立精准扶贫的工作机制，并向全国人民立下军令状——到 2020 年现行标准下农村贫困人口全部脱贫、贫困县全部摘帽。按照中共中央、国务院关于精准扶贫的重要指示精神，西昌市提出了"两个基本、两个率先""三年任务一年完成"的精准脱贫目标。经过合力攻坚，全市 47 个贫困村、3 505 户贫困户、12 711 名建档立卡贫困人口，基本实现了 46 个贫困村摘帽，3 282 户贫困户、11 834 名贫困人口脱贫，扶贫脱贫攻坚工作取得了显著成效。为总结西昌市精准扶贫工作的做法和成效，剖析其存在的问题及困难，并提出进一步巩固扶贫成果的建议，课题组深入西昌市巴汝、白马、银厂、安哈等 10 余个贫困乡镇的 28 个贫困村，通过实地察看，走访贫困户、乡村组干部，发放调查问卷和查阅资料等形式进行了专题调研。

一、西昌市精准扶贫工作的主要做法及成效

（一）锁定总体目标，细化目标任务

西昌市委、市政府的脱贫攻坚总体目标是：2016 年基本消除贫困，基本实现小康，全市 3 505 户贫困户、12 711 名贫困人口脱贫，47 个贫困村摘帽；2017 年实现全面小康，90％的行政村建成新村、90％的村民入住新村。市委、市政府又将全市脱贫攻坚目标任务分解细化为"23456"工作目标，即两不愁、三保障、四个好、五件事、六个有，并按照归口管理、对口帮扶原则把脱贫攻坚项目和资金点对点细化分解落实到各个职能部门，确保脱贫攻坚工作全市一盘棋、上下一条线，形成一级抓一级、层层抓落实的工作格局。

西昌市围绕"23456"工作目标，采取"十个一批"扶贫攻坚措施。一是特色产业发展一批。特别是以特色农业、新型工业、建筑业、房地产业、文化旅游产业、电子商务为抓手，加快浪潮集团、感知集团等入昌总部基地，以及京东凉山电商平台、大凉山民族文化创意产业基地、魔幻月亮城文化创意基地、西昌会展中心等的建设，为全市提供充分的劳务就业机会。二是创新创业致富一批。支持、鼓励农民工和大学生返乡就业

---

* 2017 年度四川省党校系统优秀调研课题。作者单位：中共西昌市委党校。

创业,发挥其示范引领作用,加快建设州市政务服务中心、大学生创业孵化园,搭建"众创"服务平台,为创新创业提供有效的多方支持。三是低保政策兜底一批。从政策层面解决困难救助的及时性问题。四是医疗保障扶持一批。特别是要解决贫困人口、残疾人重大疾病医疗有效救助问题。五是移民搬迁安置一批。特别是要解决好移民搬迁的后扶措施。六是治毒戒毒救助一批。特别是建立健全戒毒康复社会保障长效机制。七是移风易俗巩固一批。特别是要教育、引导好贫困群众增强积累意识、发展意识和家园意识,出自己的力,流自己的汗,自己的事情自己干。八是新型经营主体带动一批。特别是重视农民专业合作社的培育和提升,让农民获得稳定的土地收益。九是慈善机构援助一批。特别是广泛动员和运用好社会力量,形成扶贫救助的攻坚合力。十是领军人物牵引一批。特别是加快培育农民专业合作社和农业企业家领军人物、农业科技推广领军人物,促进农业综合生产力的提高,让扶贫攻坚工作成为真正的民心工程、民生工程。

(二)优化农牧产业结构

西昌市是多民族聚居区,农民收入主要以种植、养殖和闲时务工为主。多年来,由于历史、自然生态条件受限,大多数贫困户以传统的种养殖模式为主,其产量和收入远远低于全市平均水平,长期处于贫困状态。在西昌市贫困户所从事的职业中,农业劳动者占大多数,而农牧业收入也是贫困户家庭经济来源的主要依靠(具体情况见表1和表2)。

表1 贫困人口的主要职业调查统计表

选项	样本数	比例
农业劳动者	183	67.53%
乡镇企业职工	4	1.48%
私企受雇劳动者	5	1.85%
失地农民	0	0
个体户	11	4.06%
其他	68	25.08%

表2 贫困人口的家庭经济来源调查统计表

选项	样本数	比例
征地补偿款	0	0
最低生活保障金	3	1.11%
原来的储蓄	2	0.73%
社会捐助救济	0	0
借债	4	1.48%
土地种植	106	39.11%

续表2

选项	样本数	比例
畜禽养殖	64	23.62%
外出务工	34	12.55%
出租房屋土地或做生意	28	10.33%
其他收入	29	11.07%

为使贫困户及困难户农民脱贫致富，西昌市对各乡镇的农牧产业开展摸底调查，决定从长短结合抓当前、结合实际抓特色、盯住市场壮产业三方面入手，来解决增产增收的问题。

首先是长短结合抓当前。抓地膜玉米、脱毒马铃薯、烤烟，特别是大棚蔬菜、反季节蔬菜等种植业，抓鸡、猪、牛、羊、鸭等养殖业，管好现有蚕桑、果树等。积极培育种养殖大户、示范户、集中养殖小区、合作社等，进一步巩固产业富民的基础。为了壮大种植业、优化养殖业、创建示范园，西昌市为每个贫困村提供5万元集体经济启动资金，为每个贫困乡镇提供15万元产业发展资金。目前，西昌市47个贫困村均有村集体经济。2016年，为全市3 000余户贫困户发放玉米种子、农膜、脱毒马铃薯和高效复合肥，推广脱毒马铃薯5 051.3亩、杂交玉米6 391.1亩、烤烟9 403亩，全年累计发放小羊羔28 287只，户均达到8只左右。与此同时，农产品加工、电商服务、乡村旅游等产业也得到了极大提升，劳务输出规模不断扩大。为帮助贫困人口稳定就业，西昌市开展劳务培训30余场、2 000余人次，输出贫困人口劳动力1 000人以上，年增收1 500万元，带动4 500人脱贫。

其次是结合实际抓特色。大力发展核桃、水蜜桃、杨梅、板栗、苹果、脐橙、蓝莓、杜果等特色经果业，并在果树下开展套种或养殖增加短期收益。目前，西昌市核桃造林面积已达12万余亩，低产林已改造4万余亩，青红花椒已种植2万余亩，"1+X"（1指核桃，X指其他水果）产业基地已实现47个贫困村全覆盖。仅2016年，全市栽植以核桃为主的经果林3万亩，新增核桃种植4.52万亩，核桃高枝嫁接4.1万亩，核桃种植面积已超过19万亩；种植花椒、蓝莓、杜果等特色经济作物2.7万亩。

最后是盯住市场壮产业。市场需要什么就选择什么，适合发展什么就大力发展什么，并强化农民专业合作社、品牌创建、电商营销等对产业的支撑作用，为产业寻找市场，以品牌拓宽市场，把缺文化、缺见识、缺资金、缺技术、缺销路、缺规模的贫困户聚集起来，把农户、产业、市场连接起来。

从效果上看，农牧产业的优化直接带来了较好的经济效益。2017年，仅脱毒马铃薯的种植就为农民增收800万元，养殖业预计增收2 422.32万元。这些帮扶政策有效地缓解了贫困户缺乏资金和技术的压力，转变了贫困户传统的"等、靠、要"思想，促使他们积极主动地发展生产，为脱贫致富奔小康、提高生活质量奠定了坚实基础。

（三）强化公共基础设施

公共基础设施建设是打赢脱贫攻坚战的坚实保障。西昌市围绕"六个精准"要求和贫困户脱贫"一超过、两不愁、三保障、三有"标准、贫困村退出"一低、七有"标准，层层签订攻坚责任书，全面推进各项基础设施建设。

一是把交通运输和水利建设纳入西昌市脱贫攻坚工作重要内容。在交通运输方面，采取强化领导、落实责任、强化制度建设、规范施工工艺和质量建设等措施，加强西昌市交通基础设施建设，重点完善边远民族乡镇和贫困村道路建设，督促村组进行通达、通畅工程实施、检查验收及维修养护。积极筹措资金，争取到交通运输厅车购税补助资金 888 万元。目前，西昌市通乡油路 100% 全覆盖、行政村通村公路 100% 全覆盖。在水利建设方面，投资 750 万元，在高草乡、樟木箐乡等乡镇建设供水站、输水管等水利基础设施，让 39 207 人从远距离背、驮水的繁重劳动中解放出来，解决了 47 个贫困村的安全饮水问题。

二是完成无电村电力和光伏太阳能建设，所有贫困村生活用电全覆盖。信息通信建设也成为西昌市脱贫攻坚的重要内容，截至 2016 年 12 月，西昌市 47 个贫困村全部实现了通信网络覆盖，并考核验收合格。除基本设施建设外，西昌市还积极推进美丽乡村信息扶贫专项行动，让贫困村的老百姓掌握信息技术、享受信息福利。

三是为 47 个贫困村建好卫生室、文化室，并配备相关器材及设施，全市共建成"一村一幼" 89 所、班级 128 个。

大多数贫困户认为基础设施的改善对提高家庭经济收入非常有帮助。水、电、网、路等公共基础设施的大量建设投入，逐步改善了贫困村群众的生产生活条件和村社面貌，有利于推动西昌贫困地区的现代化发展（如图 1 所示）。基础设施的完善，也满足了贫困群众基本生活所需，激发出群众的内在参与动力，为他们提供了脱贫致富的基本条件，为西昌市赢得脱贫攻坚战打下了坚实的基础。

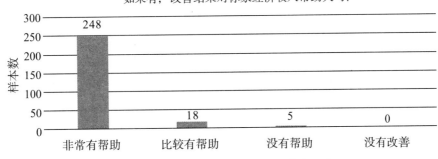

图 1　贫困村公共基础设施改善满意度调查

（四）改善人居环境

从 2015 年起，西昌市为 15 个贫困乡镇、47 个贫困村无偿提供水泥，并优先供应砂石等建材，用于贫困户入户路、沼气池、庭院院坝建设和改水、改厨、改厕、改圈。投入资金 400 万元，新建户用沼气池 380 个。安装太阳能热水器 500 套，安装太阳能路灯 320 盏。目前，全市共补助水泥 5 882 吨，建成入户路 108.95 千米、沼气池 400 个、庭院1 062个，改水1 165户、改厨909户、改厕1 101户、改圈905户。

2016年，西昌市完成易地扶贫搬迁住房建设中的765户，主房竣工773户，附房竣工724户，入住305套。拨付农村危房改造资金3 469.9万元，完成农村危房钢结构住房建设1 003户，其他改造方式落实1 350户，完成彝家新寨建设4个，共613户，村民现均已入住。

西昌市开展了"四好"创建，18 000户村民参与其中，还对首批100户"四好农户"给予表彰。积极开展群众教育，成立47个贫困村"农民夜校"，由73名涉农专家组成专家库，开展了扶贫政策解析、农村实用文化技术等30个专题培训。所有调查对象表示都上过农民夜校，且满意度很高（如图2所示）。

图2 贫困村群众农民夜校满意度调查

在改善生活环境方面，西昌市不仅重视对贫困群众基本生活环境的整改，还重视对贫困群众精神面貌的改善，以带动贫困户养成好习惯、传承好家风、支持好社风，过上健康文明新生活。

（五）狠抓党风党建，发挥驻村"第一书记"作用

2015年以来，西昌开展了"三清五建一覆盖"专项行动。清事务、清财务、清法纪，摸清了村情，顺畅了发展道路，开展了"党旗飘扬安宁河畔先锋示范"行动，进一步促进贫困村党支部运转的制度化、规范化、程序化，为打赢脱贫攻坚硬仗提供坚强的基层组织保障。

为了帮扶见到实效，西昌从市级单位抽调精干力量，为47个贫困村配备了驻村"第一书记"，让他们下到农村最基层，为民办事服务、发展集体经济、加强村级治理五大职责和目标任务，持续用劲，力争实效。同时，西昌市57个市级单位也与47个贫困村"联姻"，成立47个结对帮扶联合党总支，由市级单位领导任总支书记，驻村47个"第一书记"和贫困村党支部书记任副书记。联合党总支在市委统一领导下，重点开展好"组织生活联过""示范项目联培""志愿服务联动""发展思路联谋""和谐农村联创""文明新风联树"等"六联"工作（如图3和图4所示）。

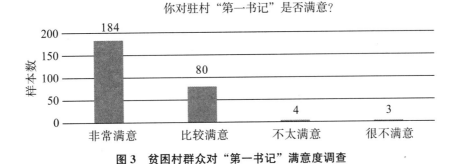

图3　贫困村群众对"第一书记"满意度调查

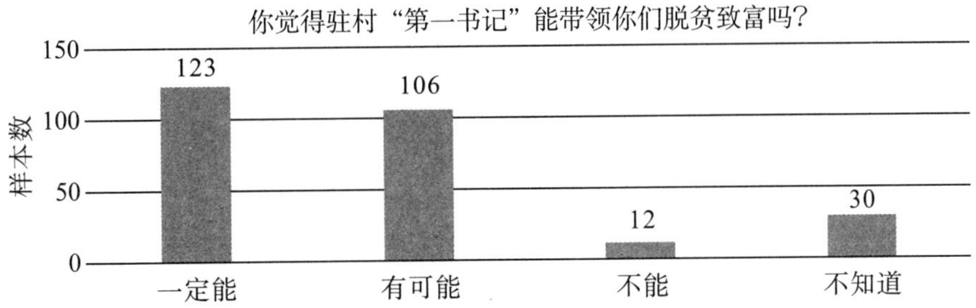

图4　"第一书记"带领群众脱贫致富信心度调查

由此可知，贫困户对"第一书记"的满意度很高，信心也较足。扶贫工作既是农村基层党组织的重要工作内容，也是夯实农村基层党组织建设的重要保障。西昌市在扶贫攻坚中，把扶贫工作与加强党的基层组织建设紧密结合起来，以党建带扶贫、以扶贫促发展，充分发挥驻村"第一书记"作用，在扶贫工作中取得了极好的成效。

（六）创新政策机制

西昌市提出贫困村中25%的贫困户和西昌市60%的非贫困村实现"四好"的目标。在具体目标上，增加了环境卫生、每个村拥有规范管理的幼教点、有效控制贫困发生率三点要求。在产业提升上，西昌市增加"有条件的乡镇要试点建设1～3亩大棚蔬菜"的要求，帮助贫困户转变传统种植思维，掌握科学种植方法。在示范引领上，西昌市出台《关于实施精准脱贫产业扶持和劳务输出的奖励办法（试行）》，以激励贫困群众通过发展种、养殖业，拓展务工渠道，切实增加收入，确保实现贫困户全部脱贫、贫困村基本摘帽的目标。

《关于实施精准脱贫产业扶持和劳务输出的奖励办法（试行）》包括以下四方面。(1) 养殖业奖励：养殖生猪，年销售收入在1万～2万元的每户奖励1 000元，2万元以上的每户奖励1 500元。养殖肉羊，年销售收入在1万～2万的每户奖励1 000元，2万元以上的每户奖励1 500元。养殖肉牛，年销售收入2万～3万元的每户奖励1 000元，3万元以上的每户奖励1 500元。养殖家禽，年销售收入0.5万～1万元的每户奖励500元，1万元以上的每户奖励1 000元。(2) 特色种植业奖励：种植高效农产品，年销售收入1万元以上的每户奖励1 000元。种植经果林面积在5～10亩且经验收成活率达95%的，每户奖励1 000元。种植中药材10亩以上，经验收合格后，每户奖励2 000元。种苗成本在1 000元以下的，每亩给予50%的补助；种苗成本在1 000元以上的，每亩补助500元。（3）劳务输出奖励：年转移输出建卡贫困户农民工100人以上，农民工连续工作10个月以上或人均劳务年收入达1.5万元以上的劳务中介、培训学校给予5 000元奖励。年转移输出西昌建卡贫困户农民工100人以上，农民工连续工作10个月以上或人均劳务年收入达1.5万元以上的劳务经纪人给予4 000元奖励。西昌建卡贫困户外出务工人员，年收入达1.5万元以上的给予1 000元奖励。对年接纳西昌市内建卡贫困人员工作10个月以上的企业、家庭农村、专合组织、农家乐、超市、宾馆等第三产业经营主体，给予奖励：接纳100人以上的奖励5万元；接纳50人以上的奖励2万元；接纳10人以上的奖励5 000元；接纳5人以上的奖励2 000元。（4）能源建设奖励：凡是建沼气、太阳能浴室的坝区建卡贫困户在市能源办专项补助的基础上，每户再补助1 000元；彝区建卡贫困户在市能源办专项补助的基础上，每户再补助2 000元。

总之，西昌市在扶贫工作中始终结合本市特点，不断探索，制定出切合实际的新政策、新机制，这是西昌市在扶贫攻坚战中取得较好效果的重要因素之一。2016年年底，经省、州验收，村集体经济、生产生活基础设施建设、农户安全住房建设，以及贫困户收入、生活保障、好风气好习惯养成等各项标准基本达到要求，贫困发生率有效控制在3%以下，贫困户达到脱贫标准，西昌市46个贫困村达到退出标准。全市未脱贫的223户中，未达到"一超六有"脱贫标准的仅剩78户。全市唯一未"摘帽"的银厂乡巴折村，除硬化路未完成外，其余"一低六有"均已达标。

二、西昌市精准扶贫工作中的问题和困难

虽然西昌市的精准扶贫工作取得了显著成效，但仍然存在一些问题和困难，制约了精准扶贫成效的巩固。我们认为，西昌市扶贫工作有以下几方面问题。

（一）农牧业收入低，村集体经济过度依赖财政

西昌市精准扶贫主要针对农村人口，其家庭收入主要依靠种植、养殖业或外出打工。贫困村往往地理位置偏僻、自然条件恶劣，贫困户生产的农产品往往附加值低而运输成本高，同时农作物受自然灾害、季节等因素的影响非常大，造成贫困户收入不仅低，而且不稳定。

表3是课题组对贫困户的调查问卷统计，表4是课题组对贫困村的村组干部的调查问卷统计。数据显示，农牧业收入低被大多数贫困户认为是导致家庭不富裕的主要原因，被很多村干部认为是脱贫攻坚中遇到的最大困难。因此，想方设法提高农牧业收入，或大力发展能为贫困户增收的集体经济十分必要。

表3 贫困原因调查统计表

选项	样本数	比例
农牧业收入低	160	59.04%
家庭成员患重病或残疾	3	1.11%

选项	样本数	比例
抚养子女负担重	29	10.7%
居住地自然条件差	32	11.81%
赡养老人负担重	8	2.95%
劳动力缺乏	35	12.92%
自然灾害或突发事件	0	0
其他	4	1.47%

表4 脱贫攻坚中所遇到的困难调查统计表

选项	样本数	比例
农牧业收入低	23	34.33%
村民文化程度低	20	29.85%
贫困户难以精准识别	0	0
集体经济发展不好	4	5.96%
村民脱贫态度消极	2	2.99%
村民文化和思想素质低	4	5.96%
陈旧观念束缚，不良习俗制约	3	4.48%
地理及自然条件差	7	10.45%
其他	4	5.97%

西昌市在推动贫困村集体经济方面做出了非常大的努力，市财政曾下拨大量经费到47个贫困村发展集体经济。但在2015年西昌市对47个贫困村的实际情况进行彻底调查时发现，仅有5个村有集体经济收入，其余42个村集体经济"空壳化"，只能靠每年财政下拨的3万元办公经费和5万元公共服务经费维持运行。即使脱贫工作开展之后，这些现象仍然没有得到很好的改善。

从图5、图6可以看出，尽管村组干部普遍认为集体经济的运营对脱贫是有帮助的，但是扶贫以来的集体经济发展情况并不理想。政府在扶持贫困村集体产业时，虽然有针对性地考虑了各个村的特点，却难以解决产业个性化和产业集群化之间的矛盾。村民的参与度、对产业持续性和市场性的认识还有待加强。如何让集体经济盈利，让贫困群众从中受益，是西昌市后续脱贫攻坚急需解决的重点和难点。

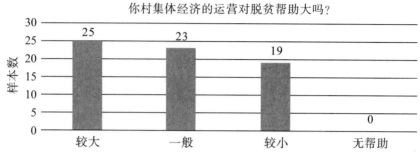

图 5　集体经济的运营对脱贫效果调查

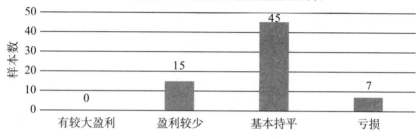

图 6　扶贫后贫困村集体经济收益情况调查

（二）贫困群众文化思想素质有待提升

虽然通过多年的艰苦努力，彝族贫困地区已培养了一批批大、中专生，劳动力素质有所提高，但是西昌贫困村的劳动力整体素质仍然偏低，难以满足和适应新形势下脱贫致富的基本需要。

一方面，贫困地区村民的文化素质有待提升。很多村组干部认为，村民文化程度低是脱贫攻坚中遇到的最大困难。贫困地区劳动力受教育时间短，文化水平低，大多数人都只掌握简单、原始的农业和畜牧业生产技能，外出务工制约因素多，致富门路少。西昌市的劳务输出人口中，贫困地区彝族所占比例很小，除文化水平较低、劳动技能单一等因素外，语言交流能力以及民族风俗习惯等也是影响彝族地区劳务输出的重要原因。

另一方面，贫困地区村民的思想素质有待加强。贫困地区村民教育水平受限，导致基层组织的思想工作开展难，农民的思想觉悟相对较低，政策界限把握不准。面对利益之争时，村民互不相让，有的还直接虚报自家经济情况，以争取精准扶贫的名额，甚至为获得扶贫名额与其他村民相争。这些情况不仅给精准识别贫困户增加了难度，还极易造成群众之间的矛盾。还有一些家庭由于从来没有得到过扶贫的好处，就认为扶贫绝对不会扶到自己头上来，从而直接不参与。

（三）群众脱贫态度消极

由于历史原因，彝族地区的贫困群众还延续着原始的生活方式。首先是住房，普遍矮小简陋，人畜共居。很多住房没有院坝，没有厕所和畜圈，卫生条件极为恶劣。在这样的环境中生活，人的精神长期压抑，加之受恶劣的生存环境的制约，贫困群众普遍存在苦熬不苦干的思想，因此对脱贫致富的态度较为消极。

俗话说，"扶贫先扶志"，如果贫困群众的脱贫态度都是"等、靠、要"，那么无论扶贫工作如何努力也难以取得成功。因此，西昌市的扶贫工作成效若要更上一层楼，"扶志"将是未来的重点和难点，也是必须跨越的关口。

（四）陈旧观念束缚，不良习俗制约

彝族贫困地区的经济社会形态长期处于自给自足、自我封闭的状态，因而市场竞争力薄弱，竞争意识淡薄。这一方面体现为重商观念淡薄。"养牛为耕田，养猪为过年，养羊为御寒，养鸡为换盐巴钱"，群众的社会剩余劳动和产品十分有限，整个生产和消费的循环线很简单。彝族的传统习惯更多趋于重义轻利，甚至有以务商为耻的思想。在当今社会主义市场经济条件下，这种观念显得与现实格格不入，在激烈的市场竞争中将处于弱势。另一方面体现为消费观念落后。"喝在酒上，穿在银上，用在神上"是彝族贫困地区消费观念的真实写照。由于特定的生存环境、社会历史背景和心理文化积淀的影响，酒在彝族生产生活中占有极重要的地位，渗透到经济、政治、文化生活的诸多方面，几乎到了无处不在、无处不有的地步。人们以酒为尚、以醉为乐、以醉为荣，今朝有酒今朝醉，满足于现时的生理快感和心理快感，缺乏进一步发展的必要物质积累观念，形成了一种"以酒当茶、杀牲待客、来客必敬"的共吃、共喝，轻功利、重人际的民族文化心态。

从图7可以看出，扶贫后的贫困户人情交往支出未减反增，虽然这和经济状况的改善有一定关系，但是也体现出贫困户的消费观念还有待转变。陈旧的传统观念的束缚和不良习俗的制约，使得西昌彝族贫困群众脱贫致富奔小康的步伐受到影响，成为脱贫攻坚工作中的阻碍。

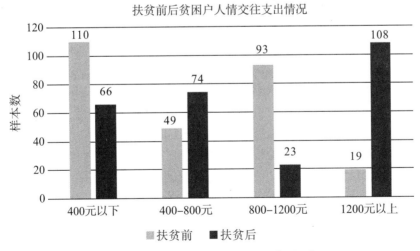

图7　扶贫前后贫困户人情交往情况调查

三、西昌市进一步巩固扶贫成果的建议

扶贫工作复杂烦琐，目标任务艰巨繁重，我们必须脚踏实地、求真务实，把问题一个个解决，把工作一项项推进。西昌市要进一步巩固扶贫成果，全面建成小康社会，首先要解决好扶贫攻坚工作中存在的问题，此外要在工作中坚持不懈，不断寻找新的思路和工作方向。

（一）解决好扶贫攻坚工作中存在的问题

要进一步巩固成果，取得后续扶贫攻坚战的胜利，首先必须解决好扶贫攻坚工作中存在的问题。

1. 分村施策，持续发展，助推集体经济盈利。在发展集体经济时，西昌市按照宜工则工、宜商则商、宜农则农的原则，科学规划、分村施策，探索出党建引领、资源盘活、产业扶持、合作带动四种发展模式，切实推动贫困村集体经济可持续发展。同时，西昌市要立足长远，构建可持续发展的优质产业，让贫困群众拥有自己站起来的愿望，拥有自己站起来的支撑，从根本上解决贫困问题。此外，西昌市要保障贫困地区的基础设施建设，为农村集体经济的发展提供基本条件，还要在脱贫攻坚的过程中积极培养和引进人才，选拔一批真正能干、肯干的村组干部，让他们成为贫困村集体经济发展的重要力量。

2. 变苦熬为苦干，扶贫拒绝当"保姆"。要做好扶贫工作，一定要让贫困群众脱贫意识从"等、靠、要"向"主动参与"转变，让他们改变固有思想观念，变苦熬为苦干。俗话说，"救急不救穷，救穷不救懒"。在扶贫工作中，要明确扶持不是救助，脱贫不是搞救济，认真把好政策兜底这一关，坚决防止图省事、干不了就搞政策兜底。扶贫干部要有当"教练"的意识，而不是去当"保姆"。所谓当教练，就是要教群众方法，让他们自己去做。扶贫干部要引导贫困群众出自己的力、流自己的汗，自己的事情自己干，营造出通过自己的辛勤劳动来致富的优良社会风气。

3. 重视教育扶贫，提升群众整体素质。扶贫先扶智，治贫先治愚，提升群众的整体素质才能彻底斩断贫困的代际传递，从而实现脱贫攻坚成果的长久持续。在提升群众文化水平方面，西昌市做好以下三点工作：一是实施15年免费教育，发展普惠性学前教育，持续改善办学条件，扩大优质教育资源供给，积极发展职业教育，全面落实教育惠民，不断加强教师队伍建设；二是普及学前教育，确保义务教育，不让一个孩子因贫困失学；三是加强劳动群众技能培训，让他们有一技之长，有安身立命的资本，此外还要注重彝族地区的汉语教育。在提升群众思想素质方面，西昌市做好以下三点工作：一是加大扶贫帮扶政策宣讲，提高贫困户脱贫致富的思想觉悟；二是扶贫干部、驻村"第一书记"等要认真宣讲扶贫工作的重大意义及工作措施，组织村民积极参与、热烈讨论，多听取群众意见；三是制定扶贫政策时，一定要注重精准和公平。

4. 破除群众不良习俗，激发自我发展内动力。西昌市要大力倡导自力更生、艰苦奋斗、积极进取的精神，坚决摒弃"等、靠、要"的依赖思想；积极引导彝族群众树立

创新意识，大胆革除阻碍民族进步、发展的不良传统习俗；坚决摒弃不适应时代发展需要的不良习俗，积极弘扬对民族进步与发展有积极意义的优秀文化传统，确保优秀彝族传统文化与时俱进，不断发展。比如，尊重彝族热情好客的传统习俗，但又不能让这种习俗被错误理解和应用，借此挥霍浪费。西昌市要让彝族群众形成积极、健康的消费观，树立正确的财富积累观念，增强贫困户的自我发展内动力。

（二）找到新的思路和工作方向

面对未来扶贫工作的新趋势和新任务，在解决上述问题的基础上，我们还需找到新的思路和工作方向，以巩固扶贫成果。

1. 找准支点，明确职责，将责任压实在脱贫攻坚第一线。西昌市要将扶贫攻坚作为政府的重中之重，层层立军令状，逐级建好责任账。对于脱贫攻坚工作，要以官帽作抵押、以党性作担保，严督实查，追责问效。乡镇是责任主体、工作主体，按照市不离乡、乡不离村、村不离组及"第一书记"驻点帮扶的要求，层层压实责任抓推进。同时，西昌市要加大督查督办力度，推动各项工作落实。将脱贫攻坚作为47个贫困村干部进行"两学一做"述职的重要内容，作为合格党员的重要标准。汇编脱贫攻坚手册，宣传国家、省、州、市脱贫攻坚财政、金融等具体政策。注重发现典型事迹和典型人物以及值得借鉴的工作思路、措施、办法，将其在全市进行推广。

2. 发掘自身优势资源，提高贫困群众参与度。西昌是全国著名的旅游城市，其旅游资源、矿产资源、农牧业资源都非常丰富，这对脱贫攻坚来说是极大的优势。在资源开发与保护兼顾的基础上，西昌市应努力发掘优势资源，积极引进先进技术和管理理念，坚持市场配置资源，切实保护群众利益，提高群众经济收入。具体来说，可从以下八方面着手：第一，以民族风情、航天文化和自然风光为重点，加强西昌旅游的包装和营销力度，深入进行旅游资源开发，促进旅游资源向旅游资本的转变。同时，加强旅游人才培训力度，特别要注重从农村培训招募旅游从业人员，使旅游业为农村的脱贫致富做出更大贡献。第二，在全市推动农业现代化，结合土地整理和高标准农田建设、田园综合体建设，推动贫困地区的土地适度流转，实现规模经营。第三，基于西昌"四季有水果、月月有花开"的现状，挖掘花海潜能，开发农业产业链及配套市场，打造独具风情的"花海经济"，让贫困群众参与进来，提供多样化、常态化的产品供给。第四，西昌是全国仅有的2个县级国家森林城市之一，具有发展森林康养产业的优势条件；努力探索、发展森林康养产业，未来或许也能为困难群众增加经济收入。第五，西昌市当前已经完成所有贫困村路、电、水、网的基础建设，未来还需完善贫困村的物流设施，发展壮大一批"互联网＋"新经济、新业态、新产业，打通农业全产业链，提升农副产品参与市场流通的组织化参与程度。按照市场经济规律，积极调整产业方向和结构，将贫困村的小生产和千变万化的大市场紧密结合起来，走生产、加工、销售一条龙的路子，让他们的产品走进千家万户。第六，以新兴第三产业为抓手，不断拓展新的商业模式，为困难群众提供更多的就业渠道。第七，提高彝族文化品位、增加彝族文化产品供应量、增强文化产品的民族特色，从而增强彝族文化的吸引力，使人们加深对彝族文化的认识，更加喜爱彝族文化，乐意进行彝族文化相关的投资与消费。第八，扶贫资金的投向既要坚持公平，又要注重效率，扶贫不是救济，所以资金投入必须要计成本、讲产出。

3. 大力推进移民扶贫，坚持经济与生态的可持续发展。精准扶贫工作要遵循"创新、协调、绿色、开放、共享"五大发展理念、发展经济与保护生态并重的理念。西昌地区近几年常遭受洪灾、泥石流、山体滑坡等自然灾害的袭击，这与生态系统受到破坏脱不了关系。所以，经济发展不能以破坏生态为代价，贫困地区更要坚持这一原则，必须坚持可持续发展的扶贫开发之路。根据多年来实施移民扶贫的效果，移民扶贫不仅有利于经济发展，而且有利于生态保护，是缺乏基本生存条件地区投资效益比最佳的扶贫方式。西昌市应大力推广移民扶贫的方式，把高寒山区贫困群众搬迁到生存环境较好的低山河谷地带，这不仅能方便贫困群众的生产生活，还将有利于长江中上游生态保护。

凉山彝区极度贫困村精准扶贫情况调查研究[*]

李宇林　石一阿支　赵桂敏　王双伟　李连秀　刘　煜

消除贫困、改善民生、实现共同富裕，是社会主义的本质要求，是我们党的重要使命。改革开放以来，经过全国范围有计划、有组织的大规模开发式扶贫，我国贫困人口大量减少，贫困地区面貌显著变化，但扶贫开发工作依然面临十分艰巨而繁重的任务，已进入啃硬骨头、攻坚拔寨的冲刺期。

2017年全国两会期间，习近平同志到四川代表团参加审议时指出，到2020年现行标准下农村贫困人口全部脱贫、贫困县全部摘帽，是我们党立下的军令状。脱贫攻坚越往后，难度越大，就越要压实责任、精准施策。我们要继续选派好驻村干部，整合涉农资金，改进脱贫攻坚动员和帮扶方式，扶持谁、谁来持、怎么扶、如何退，全过程都要精准，有的需要下一番"绣花"功夫。防止返贫和继续攻坚同样重要，已经摘帽的贫困县、贫困村、贫困户要继续巩固，增强"造血"功能，建立健全稳定脱贫长效机制，坚决制止扶贫工作中的形式主义。

党的十八大以来，凉山州在中共中央、国务院的深切关怀和省委、省政府的坚强领导下，始终把加快国家扶贫工作作为重中之重，把带领群众脱贫致富奔小康作为头等大事，坚持一手抓安宁河谷地区率先发展，一手抓大凉山和木里扶贫攻坚，全州贫困人口从2010年的107.67万减少到50.58万，贫困发生率从23.4%下降到13.5%，取得了阶段性成效。但是，凉山州基础设施落后、产业支撑薄弱、社会事业滞后、禁毒防艾形势严峻、个别地区超生现象严重、思想观念陈旧等问题突出，因病、因文、因毒、因残等致贫因素交织，仍然属于全国集中连片特困地区之一。全州17个县市中有11个属于国家扶贫开发工作重点县，其中，昭觉县、布拖县、普格县等8个重点县已被纳入《国家乌蒙山片区区域发展与扶贫攻坚规划》，木里县被纳入国家涉藏工作重点地区规划。到2020年全面建成小康社会，重点在农村，难点在11个国家扶贫工作重点县42.29万贫困人口脱贫、1821个贫困村尤其是188个极度贫困村退出。

凉山州作为全国集中连片特困地区之一，是四川省扶贫攻坚的主战场。在这样的情况下，贫困村的扶贫攻坚已属不易，还要在规定的时间内使全州188个极度贫困村完成扶贫任务，更是难上加难。目前已有数据表明，凉山州188个极度贫困村中，85%以上的村子有70%的贫困户，且均处于比较偏远的高山地区，帮扶工作异常艰难。

目前，扶贫开发工作已进入"啃硬骨头"、攻城拔寨的冲刺期，集中力量推进扶贫

---

[*] 2017年度四川省党校系统调研课题。作者单位：中共凉山州委党校。

开发，是践行党的宗旨和群众路线的具体行动，是促进民族地区追赶跨越发展、推动民生改善、共享发展成果的重要举措，在实施富民、强州、兴凉战略中处于特殊地位，在促进民族团结、社会和谐中具有基础作用，对于凉山州与全国同步建成小康社会具有决定性意义。扶贫工作事关全局，没有贫困地区的小康，没有贫困人口的脱贫，就无法全面建成小康社会。"十三五"时期经济社会发展，关键在于补齐"短板"，其中必须补好扶贫开发这块"短板"，而在凉山州，188 个极度贫困村可以说是扶贫开发这块"短板"中的"短板"。因此，课题组就凉山州极度贫困村精准扶贫的情况开展了调查研究。

一、凉山彝区极度贫困村精准扶贫实施的基本情况

（一）指导思想

坚持以毛泽东思想、邓小平理论、"三个代表"重要思想、科学发展观、习近平新时代中国特色社会主义思想为指导，深入学习贯彻习近平总书记系列重要讲话精神，按照中央"四个全面"战略布局和扶贫开发总体思路，以消除绝对贫困为目标，以精准扶贫、精准脱贫为手段，以改革创新为动力，采取超常举措，拿出过硬办法，大力实施"一个意见、三个规划"。全面落实国家发展改革委、国家民族事务委员会《关于支持四川省凉山彝族自治州云南省怒江傈僳族自治州甘肃省临夏回族自治州加快建设小康社会进程的若干意见》，围绕"六个精准"，注重"六个结合"，瞄准 11 个国家扶贫工作重点县和安宁河流域县市贫困乡村，深入推进"五大扶贫工程""七个一批"扶贫攻坚行动。贯彻落实《四川省农村扶贫开发条例》，深入实施《凉山彝族自治州农村扶贫开发规划（2011—2020 年)》，严格落实领导责任，增强社会合力，加强基层基础建设，坚决打赢扶贫开发攻坚战，不让一地一域在同步全面小康建设进程中掉队。

（二）目标任务

按照"五年集中攻坚、一年巩固提升"要求，以县为单位分年度制订到村到户的扶贫脱贫计划，确保全州每年减少农村贫困人口 10 万左右。到 2020 年年底，实现全州50.58 万农村贫困人口脱贫，基本消除绝对贫困；2 072 个贫困村全部脱贫，11 个贫困县全部"摘帽"；贫困县农民人均纯收入比 2010 年翻一番。实现基本公共服务均等化，社会保障全覆盖，乡乡有标准中心校、有达标卫生院、有便民服务中心，村村有学前教育设施、医务室、文化室、民俗文化坝子、宽带网，户户有安全饮用水、生活用电、广播电视，让贫困地区群众住上好房子、过上好日子、养成好习惯、形成好风气。

（三）基本要求

扶贫开发攻坚贵在精准、重在精准，成败之举在于精准，要做到识真贫、扶真贫、真扶贫。

扶持对象精准。聚焦建档立卡的贫困村、贫困户，对扶贫对象实行精准化识别、针对性扶持、动态化管理，做到底数清、任务清、责任清。

扶贫项目精准。编制扶贫项目规划，因地制宜确定实施内容、投资规模、进度安排、受益对象、责任分解等内容，做到项目规划到户、脱贫效果到户。

资金使用精准。以县为主体，加大资金整合使用力度，把资金精准投放到村到户，增强针对性和实效性。

扶贫措施精准。根据贫困村、贫困户脱贫需求，因人因地施策、因致贫原因施策、因贫困类型施策，产业发展扶持到村到户，生产生活条件改善到村到户，致富能力提升到村到户，确保扶到点上、扶到根上。

驻村帮扶精准。因村派人、强化责任，按需选派各级干部组成驻村帮扶工作组，针对扶贫工作薄弱环节强化支持、落实举措。

脱贫成效精准。完善扶贫工作考核评价体系，明确贫困户脱贫标准、贫困村减贫标准和贫困县"摘帽"标准，建立县、乡、村减贫档案，逐级验收脱贫成效，增强贫困群众的获得感。

（四）"6＋11"对口帮扶贫困县帮扶资金整合使用情况

1. 帮扶资金来源。承接"6＋9"对口帮扶的西昌市、德昌县、会理县、会东县、宁南县、冕宁县五县一市从 2017 年至 2020 年四年期间，共计投入帮扶资金 2 亿元（其中西昌市 1 亿元，德昌县、会理县、会东县、宁南县、冕宁县各 2 000 万元），州级财政安排帮扶资金 5 000 万元，共计 2.5 亿元。

2. 帮扶资金使用。鉴于凉山地区贫困程度深、贫困面广的实际，结合凉山州 11 个重点县十三五期间脱贫攻坚情况，为扩大资金使用效益，州内对口帮扶资金采取整合打捆方式，六个帮扶县（市）四年的帮扶资金和州级财政预算安排的帮扶资金在 2017 年年初一次性划到州财政专户，作为扶贫信贷风险基金专户存储州商业银行，州商业银行按 1：5 的比例支持 11 个重点县脱贫攻坚项目建设周转资金贷款 12.5 亿元。

3. 授信额度的计划分配。凉山州结合 11 个重点县 2016 年年底贫困人口和贫困村数量进行授信额度匹配，两者各占 50％的比例。打赢扶贫开发攻坚战，必须把握好全局性、方向性的重大问题，注重"六个结合"。在目标任务上，注重脱贫致富与全面小康有机结合，确保同向同步达标；在总体要求上，注重加快发展与扶贫开发有机结合，相互促进联动攻坚；在实现路径上，注重精准扶贫与区域开发有机结合，走出双轮驱动路子；在着力重点上，注重夯实基础与提升能力有机结合，从根本上改变贫困面貌；在推进方式上，注重政府主导与社会动员有机结合，切实增强整体合力；在具体举措上，注重立足当前与着眼长远有机结合，加快实现富民强州。

二、凉山彝区极度贫困村精准扶贫实施过程中存在的问题

（一）住房安全方面

凉山州极度贫困村有 C、D 级危房 300 万多平方米，大部分集中在高寒地区，其中相当一部分还是 20 世纪八九十年代建设的砖木结构瓦房，建设标准低，属于 D 级危

房。而且，这些房屋的配套设施差，日常居住生活用房、厕所、物品存储室等紧缺。例如，雷波县斯古溪乡干沟村大多数贫困户居住的房屋为 20 世纪 70 年代建造的泥土房，现仍在使用，加上处于恶劣的自然生态环境下，很容易倒塌，造成人员伤亡。

（二）增收和就业方面

1. 增收方面

就极度贫困村目前状况来看，贫困户增收创收项目不多，甚至可以说没有增收创业项目。州扶贫办和州商行反映，目前州建档立卡的贫困户有13 428户，从扶贫办的贫困户建档立卡和州农商行建立的农户经济档案来看，部分贫困户缺乏增收创收项目，符合扶贫小额贷款条件的贫困户较少。据了解，相当一部分贫困户是因病或因残致贫的，本来就缺少或丧失劳动力，难以从事大多数的创收项目。即使拿到了项目款，也难以正常经营项目。

2. 就业方面

主要体现在以下四方面：（1）培训对象需求具有不确定性。解决就业服务问题，就得先通过职业培训提高贫困群众的技能素质，提高就业能力。然而在这些贫困地区，春节过后，劳动力都出去务工了，在家的很少，只能把农村的"留守人员"召集起来进行培训，其中有多少人真正需要培训、多少人需要就业，监管部门无法断定。加之受专业、条件的限制，培训后是否符合就业需要也难以确定。这在一定程度上造成了培训补贴资金的浪费，没有真正发挥就业资金应有的作用。（2）职业技能培训质量不高。一方面，各县一般采取培训项目管理办法，由定点培训机构先行组织实施培训，然后通过审核将培训补贴拨付给培训机构。2016 年，凉山州计划投入 150 万元职业培训补贴，但远远不能满足贫困群众的培训需求。另一方面，由于定点培训机构缺乏资金投入，加之师资力量薄弱、设施落后，特别是实训设备简陋，办学水平难以提高，无法满足现代产业技能人才培训需求。例如，冕宁县委党校现有固定培训教师 3 人、不固定教师 5 人，教师队伍极不稳定，且现有实训设备多为 2010 年以前购入，多已陈旧。同时，政府补贴资金拨付周期长，教师培训补贴偏低，这严重影响了学校培训工作的积极性，难以提高办学水平及培训质量。（3）公共就业服务信息网络建设水平较低。当前，凉山州就业服务信息宣传还是依靠传统的开展"春风行动""企业招聘周活动"，以及县乡两级宣传栏的形式，存在就业服务信息更新慢、没有全部囊括 188 个极度贫困村等问题。（4）贫困群众就业成功率较低。当前，凉山州极度贫困村群众文化水平、职业技能水平普遍较低，较多从事工资待遇较低的重体力劳动，且企业招收意愿不强。

（三）公共服务和基础设施方面

1. 基础设施落后，生态环境脆弱。凉山州公路路网密度仅 42.7 千米/百平方千米，低于全省15.7 个百分点。高速公路通车里程仅 217 千米；国省干线和农村公路等级较低，普遍弯多、坡陡、路窄，基本上没有防护设施，安全性差、抗灾能力弱；农村公路通达通畅程度低，尚有 9 个乡、453 个建制村不通公路，199 个乡镇、2 460个建制村不通油路（水泥路）；1 096个村不通电，23.1 万人居住在高寒山区、严重干旱缺水地区、滑坡泥石流易发多发地区。凉山州作为全国生态脆弱地区之一，水土流失面积达 1.6 万平方千米，占全州面积的 25％。这一现象在极度贫困村中尤为显著。

2. 公共服务滞后，民生问题突出。凉山州民族地区社会发育程度较低，教育、卫生等社会事业发展滞后，贫困地区人均受教育年限不足 6 年，远低于全省平均水平。学前教育入园难、普通高中教育普及率低等问题突出，2016 年学前三年毛入园率为 50.73％。农村青壮年中，还有相当一部分人不懂汉语，就业能力弱、创业意识差，苦熬守穷、贫困代际传递现象依然存在。医疗卫生基础条件差、专业人才匮乏，每千人卫技人员数、执业（助理）医师数、注册护士数、专业公卫人员数分别为 3.45 人、1.24 人、1.36 人和 0.44 人，仅为全省平均水平的 61.83％、55.86％、62.96％和 38.1％。

（四）陈规陋习方面

扶贫攻坚工作还面临陈规陋习的问题，凉山州需解决群众因婚丧嫁娶讲排场、搞攀比等导致的致贫返贫问题。

因陈规陋习造成贫困的现象，在许多地方都是存在的，可以说在极度贫困村尤为严重。极度贫困村的"高价彩礼"现象比较严重，一个农村男青年娶妻成本动辄几千，甚至几万。对于年收入人均不足千元的极度贫困村村民而言，这样的彩礼成为很多家庭的不可承受之重，很多家庭因高价彩礼而一夜返贫，还有大操大办丧事等。这些陈规陋习造成了贫困家庭尚未脱贫又更贫的现象，由此也引发很多社会危害，出现一些年轻人为了凑钱结婚而不惜参与违法犯罪活动的现象，对社会治安及和谐稳定造成严重危害。

三、凉山彝区极度贫困村精准扶贫实施的对策建议

（一）切实做好省际扶贫协作工作

广东省佛山市与凉山州的扶贫协作将改善帮扶地区困难群众的居住条件作为核心目标，每年援助资金 1.1 亿元（11 个重点县，每县 1 000 万元），主要用于集中连片特困地区建档立卡贫困户房屋建设。为确保援助资金提前拨付到位，全力推进贫困群众住房建设，州委、州政府召开会议安排相关部门及美姑县、布拖县、昭觉县、金阳县、喜德县、越西县、雷波县、普格县、盐源县、甘洛县、木里县等 11 个受援县结合自身实际制定承接帮扶方案。

凉山州要坚持群众自愿、积极稳妥、科学规划、及早动工、新春入住的原则，遵循安全选址、科学布局、严控标准、确保安全、量力而行、突出功能分区的理念，结合农村危房改造、地质灾害搬迁、易地扶贫搬迁、彝家新寨建设、藏民新居建设等政策措施，实施安全住房建设，力争让困难群众早日住上好房子。

（二）切实做好省内对口帮扶工作

省委、省政府高度重视凉山脱贫攻坚工作，动员全社会参与凉山扶贫开发，省脱贫攻坚领导小组办公室牵头协调，省直有关部门分头抓落实，从 2016 年到 2020 年安排

11个市、县（区）对口帮扶凉山11个脱贫攻坚工作重点县，分别是乐山市帮扶美姑县、攀枝花市帮扶木里县、江油市帮扶布拖县、绵阳市涪陵区帮扶昭觉县、广汉市帮扶金阳县、什邡市帮扶喜德县、德阳市帮扶越西县、宜宾市翠屏区帮扶雷波县、泸州市龙马潭区帮扶普格县、泸州市江阳区帮扶盐源县、绵竹市帮扶甘洛县。

资金安排上，原已安排的帮扶地继续按上一年度地方公共财政预算收入的0.5%，以现金方式投入受援地；新安排的帮扶地按上一年度地方公共财政预算收入的0.3%以上，以现金方式投入受援地。

（三）切实做好州内对口帮扶工作

凉山州要深入和巩固州内"4+5"对口帮扶成果，提高对口帮扶工作水平，集中力量打赢扶贫攻坚战，在州内对口帮扶的基础上，进一步健全帮扶体制，强化帮扶责任，充实帮扶力量，根据各县（市）经济基础、财力状况、脱贫任务等情况，开展州内"6+9"对口帮扶工作，分别是西昌市帮扶金阳县、越西县、普格县和甘洛县，德昌县帮扶盐源县，会理县帮扶布拖县，会东县帮扶喜德县，宁南县帮扶雷波县，冕宁县帮扶昭觉县。

承接"6+9"对口帮扶地，按上一年度地方公共财政预算收入的0.3%以上，以现金方式投入受援地。州内对口帮扶在2016年做好前期准备工作，从2017年起组织实施。

（四）切实做好11个重点县188个极度贫困村脱贫工作

在开展州内"6+9"对口帮扶的基础上，凉山州针对11个重点县188个极度贫困村的住房安全、增收和就业、公共服务和基础设施、陈规陋习等方面存在的问题，在州内6个县（市）选择37个新风创建好、班子建设好、管理民主模范的先进村开展结对帮扶工作，注重提高极度贫困村的自我建设、自我发展、自我管理、自我创新水平，解决制约贫困村发展的体制机制建设和能力不足等问题。

一是突出重点，集中力量解决好贫困群众住房安全问题。坚持"缺啥补啥"的原则，把保障住房安全、让贫困群众住上好房子作为头等大事。凉山州要制定科学帮扶方案，积极组织力量，充分调动帮扶资源、资金和力量优先解决贫困群众住房难的问题。受援地要切实担负起主体责任，管好、用好帮扶资源。各级领导要自始至终在一线抓落实，实行"挂图作战"，定期"销号"，正排工序、倒排工期，在规划引领、土地协调、建材保障等各方面主动作为，让贫困群众如期住上安全住房。比如，昭觉县四开乡洒瓦洛且博村在2013年以前，全村的住房条件很落后，90%都是土坯房。2013年，实施彝家新寨建设项目后，共建设新寨142户，对238户农户进行了彝家风貌打造，并带动部分村民进行房屋自筹自建。目前该村50%的农户已住上安全舒适的新房。

二是精准施策，千方百计解决好贫困群众增收和就业问题。凉山州要从受援地资源禀赋、产业基础、市场需求和生态环境等实际出发，科学帮扶，精准帮扶。受援地所属极度贫困村要运用比较优势，充分挖掘本地优势资源，主动对接、认真研究，制定适合本地优势产业发展的具体方案，扎实推进各个产业项目建设。要对有劳动能力的贫困家庭逐户进行分析，加强贫困群众技能培训，确保有劳动能力的贫困家庭至少有一人就业，实现稳定增收。比如，在增收方面，甘洛县坚持以群众增收为重点，以"1+X"为载体，认真落实州委州政府"五件实事"，打好"果薯蔬草药畜"组合拳，大力推进"支部+专合社+农户+基地"产业发展模式，激活贫困村要素资源，实现村集体经济"破冰"发展，目前该县"第一书记"指导建成专合社394个、家庭农场183个。在就业培训方面，普格县坚持全覆盖培训，仅2017年上半年，采取"引进来、走出去"的方式，邀请州级辅导团和县级专家开展业务理论培训21期，选取6名优秀"第一书记"，为全县"第一书记"现身说法、传授经验、示范引路，先后选派72名"第一书记"到发达地区学习经验、开阔眼界、提升能力。

三是因地制宜，加快补齐公共服务和基础设施短板。凉山州要全面巩固贫困地区义务教育成果，扎实抓好民族地区15年免费教育、彝区"9+3"免费职业教育，做好彝区"一村一幼"等工作，决不允许贫困家庭孩子因贫困而辍学，从根本上阻断贫困代际传递。全面落实"八免五补助"、新农合、大病保险、医疗救助等政策和分级诊疗制度，着力完善基层医疗卫生服务体系，加强县医院、乡镇卫生院和村卫生室建设，实现达标升级，有效解决贫困群众因病致贫返贫问题。要扎实推进道路、电力、能源、水利、通信等基础设施建设，切实改善贫困群众生产生活条件。例如，在基础设施建设方面，什邡市出资6万元建设喜德县鲁基乡依洛俸村幼教点连接道路，出资38.57万元建设邡达现代农业产业园的道路和沟渠，出资76.13万元建设石洛村易地扶贫搬迁集中点连接道路、水冲厕所、安装路灯和太阳能热水器，出资198万元建设新联村群众活动中心和农业服务中心。在改善民生服务方面，什邡市加强喜德县医护人员和卫计系统管理人员培训，协助开展农村饮水检测，提升喜德县农村饮水安全水平。

又如，美姑县驻村"第一书记"全力配合乡镇党委政府、驻村工作组，协调开展通村道路、安全饮水、安全住房、活动室、卫生室等建设，协调做好贫困户低保、医保、生活用电以及贫困子女入学等工作。通过努力，美姑县极度贫困村的贫困发生率均低于5%，实现村集体经济20.3万元；建成卫生室13个，民俗文化坝子13个、文化室13个；通村硬化路、学前教育实现全覆盖，无因贫辍学学生；医疗保障、健康档案实现全覆盖；建成安全住房2481户，安全饮水、生活用电、广播电视正在全覆盖建设中。

四是新风创建，因地制宜破除贫困群众陈规陋习。全面推行喜事新办、丧失简办的健康文明新风尚建设，在充分尊重民族习惯、地方民俗民风的基础上，杜绝高价彩礼、薄养厚葬、大操大办等不文明习俗，推行群众喜闻乐见、礼仪从简、健康丰富、高尚文明的新风建设。例如，昭觉县四开乡洒瓦洛且博村"第一书记"刘超坚持以整治铺张浪费、高额彩礼、封建迷信、酗酒赌博等陋习为重点，着力在转变观念、树立文明新风上下功夫。一是在"五洗"基础上增加"一洗"，即"洗炊餐具"，并管理、利用好县委政府发放的两台洗衣机，引导群众及时清洗衣物，养成良好的卫生习惯，着力改变个人形象、家庭形象。二是组织本村群众在村小、幼教点开展"小手牵大手"活动，鼓励学生带动家长讲卫生。牵头成立卫生督导组，在村社开展家庭卫生评比活动，对家庭卫生和个人卫生做得好的家庭和群众给予一定的物质奖励。三是丰富群众文化业余生活，该村成立了篮球队和彝族达体舞队，在农闲时间组织群众参与，增进感情。该村全天对外开放农家书屋、文化室，丰富群众文化知识，提高群众思想意识。四是充分利用农民夜校开展文明风尚教育，坚持每月开班 3 期，重点讲授法律法规、传统道德等，并严格考勤，对表现优秀的村民给予一定的物质奖励。该村农民夜校每月还进行问答式的考试，对表现优秀的群众发放日常洗漱用品，给予表扬，对培训内容效果跟踪调查形成简报。

千淘万漉虽辛苦，吹尽狂沙始到金。脱贫攻坚目前已经取得了一定的成效。在接下来的工作中，各级领导干部仍将继续坚守岗位，推动各项脱贫措施精准到户，引领贫困群众在奔小康的路上勠力同心、奋力前行。

凉山彝区基层党组织推进从严治党现状的调查与思考[*]

程力岩　胡　澜　蔡莉英　尤　初　王双伟

习近平总书记曾指出，贯彻党要管党、从严治党的方针，必须扎实做好抓基层、打基础的工作，使每个基层党组织都成为坚强战斗堡垒。因此，推进全面从严治党向基层延伸，是党的建设对每一个基层党组织在经济社会发展新时期提出的新要求和新任务。本文以凉山州彝族聚居区为例，通过对彝区基层党组织推进从严治党现状的实地调研，积极探索加强基层党组织建设的新模式，为全面提升基层党建工作水平，打赢凉山脱贫攻坚战，奠定坚实的执政基础和组织保障。

一、凉山彝区基层党组织推进从严治党的背景和意义

基础不牢，就会地动山摇；千里之堤，往往溃于蚁穴。习近平总书记明确指出，要推动全面从严治党向基层延伸。这一要求在基层的"落地生根"，必将对纯洁和净化基层政权生态、促进和推动基层建设发展、巩固和夯实党的执政根基产生重要影响。

凉山州是全国最大的集中连片特困区域，现有基层党组织10 243个，其中基层党委763个，党总支326个，党支部9 154个；党员20.2万，少数民族党员8.1万名，占40％。但受自然生态、地域环境、物质资源、民族习惯以及自身历史文化的影响，农村经济社会生活发展相对滞后，基层党建工作面临着新环境、出现了新问题。特别是在从严治党方面，一些党员、干部理想信念不坚定、宗旨意识不强、纪律和规矩意识淡化，党组织生活内容陈旧、方式单一，党组织作用发挥不好、群众满意度不高等问题仍然存在。在凉山彝区，这一问题更为突出和具体，例如，凉山彝区"本土化""唯亲戚""唯家支"等现象存在，在政策执行、利益分配过程中容易出现不公、不严、不实等诸多问题。

自全面从严治党以来，为推动全州形成干事创业、崇廉尚实、风清气正、政通人和的良好政治生态，凉山州在领导班子和干部队伍建设、基层组织建设、人才队伍建设等方面出台了一系列政策措施。如凉山州委七届六次全会审议通过的《中共凉山州委关于坚持思想建党与制度治党紧密结合全面推进从严治党的意见》，进一步明确了全面从严治党的指导思想和总体要求，制定了符合凉山实际的政策措施，从加强思想政治教育、

＊　2017年度四川省党校系统调研课题。作者单位：中共凉山州委党校。

坚持和健全民主集中制、落实从严从实要求、持续深入改进作风、深入推进党风廉政建设、严明党的纪律、落实管党治党责任等方面发出了全州全面从严治党的动员令。该意见指出，完善基层党组织建设制度和工作机制，规范管理体制和运行机制，切实把基层党组织工作重心转移到服务改革、发展、民生、稳定和党员群众上来。2017 年 8 月，凉山州委又在《关于实施基层党建"筑底强基·凝聚民心"工程的意见》中指出，以抓实"两学一做"学习教育、推动全面从严治党向基层延伸为基本思路，坚持目标牵引、问题倒逼、过程控制、考核问责，采取乡村月会、半年测评、年度考核的方式，着力构建县市统揽、乡镇负责、支部落实、党员示范、群众参与的工作格局和落实机制。这些具体要求的提出，反映了凉山州委在推进全面从严治党工作中，对基层党建的高度重视，为进一步强化基层党组织的基础地位和在新的历史起点上加强基层党的建设指明了方向、明确了任务、提供了遵循。结合凉山州情，在全面建成小康社会的决胜时期，研究凉山彝区基层党组织推进从严治党问题，无疑对破解凉山彝区农村治理困境，提高富民、强州、兴凉的能力，增强拒腐防变和抵御风险能力，激发基层党组织和党员干部凝聚力、战斗力，协调推进"四个全面"凉山实践和实现转型跨越、脱贫奔康，确保与全省全国同步实现小康，都具有重大的现实意义和深远的历史意义。

二、凉山彝区基层党组织推进从严治党现状及存在的问题

2016 年 11 月，四川省村（社区）"两委"换届工作正式启动，一批政治上靠得住、工作上有本领、群众信得过的优秀党员被选入村党组织班子。为了第一时间掌握一手资料，我们先后赴凉山州美姑县、昭觉县、越西县等典型性地区，走村入户，进行实地调研，并与相关部门人员、乡村干部、民间人士及村民等就有关问题进行访谈。从调查和了解的情况来看，我们明显感到凉山彝区基层党组织在推进从严治党方面是基层党建的一大短板。因部分调研县具体情况大体相似，故本调研报告详细数据以"凉山东五县"①的美姑县为例进行分析论证，具体案例以调研县（市）为例进行具体阐释。

美姑县位于凉山州东北部，地处大凉山腹心地带，总人口 26 余万，彝族占 98％以上，农村人口 100％为彝族，共有 292 个村、3 个社区党支部、5 252 名农村（社区）党员。目前，全县 292 个行政村中有贫困村 255 个、贫困户 16 142 户、贫困人口 68 770，是典型的彝族聚居县，是彝族传统文化最完整、民俗风情最浓厚、文化遗产最丰富的聚居区，也是四川非物质文化遗产第一县，同时还是国家级扶贫开发工作重点县。2017 年 2 月 17 日，美姑县村（社区）党组织圆满完成换届选举工作，参加本次党组织换届选举的党员共有 5 030 名，党员参选率达 95.77％，较上届增长 4.85％（具体情况如图 1、图 2 所示）。

---

① 凉山东五县指金阳县、雷波县、美姑县、昭觉县、布拖县。

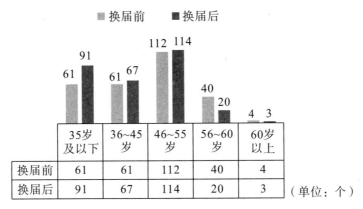

图1 换届前后村（社区）书记年龄结构对比图

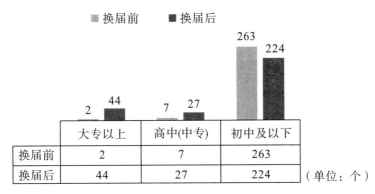

图2 换届前后村（社区）书记学历结构对比图

美姑县村（社区）党组织圆满完成换届工作后，村书记队伍无论在年龄结构上，还是学历结构上，都有了很大的完善，年龄逐步趋于年轻化，学历逐步趋于高层次。但受各种因素的影响，我们也必须清醒地认识到凉山彝区基层党组织和基层干部在推进从严治党中思想状况、工作能力和干部作风等方面依然存在不足之处。

（一）在推进从严治党中，凉山彝区基层党组织战斗力不强

截至2016年年底，美姑县建有乡镇党组织416个，机关党组织85个，事业单位党组织39个，企业党组织15个。2016年有软弱涣散党组织35个。调研发现，在推进从严治党过程中，彝区基层党组织的政治功能和服务功能发挥并不明显。

一是党组织生活落实不到位。特别是农村党支部"三会一课""民主生活会"等党内政治生活开展不经常、坚持不够、执行得不好，有的村党组织活动脱离实际、流于形式，多数都是念念报纸、读读文件，部分党员兴趣不高，甚至产生反感心理，大大降低了从严治党理论在基层党组织的学习和宣讲力度，影响了基层党员对全面从严治党的认识和理解。

二是"两个责任"压得不实。基层一把手的主体责任意识比较淡薄，对党风廉政建设具体任务和要求职责不明，建立的村务公开制度和村务监督制度由于执行不力、偏差较大，很多情况下形同虚设。部分基层党组织还存在重建轻管现象，如美姑县区域边界党建工作中成立的 9 个联合党工委和 14 个联合党支部作用发挥并不明显。

三是对流动党员的管理困难。外出流动党员人数较多、流动性较大，在对流动党员的教育管理中突显出掌握去向难、活动开展难、管理到位难、作用发挥难等问题。这不仅不利于党员义务的履行和权力的行使，也不利于党员将更多的精力投入基层党组织工作中，削弱了从严治党的组织基础。

四是"为官不为"现象有所抬头。基层日常工作的繁杂和晋升流动机会的匮乏，致使不少党员干部缺乏奋发向上的创新精神和党性修养的自觉，逐渐形成一种"完成任务、万事大吉"的心理，难以发挥带领民众攻坚克难、脱贫致富、勇于担当、一心为民的表率作用。

（二）在推进从严治党中，凉山彝区基层干部队伍结构不优

因队伍结构问题在农村基层党组织较城市基层党组织存在的问题更为典型，故以下以美姑县农村基层干部数据为例。

一是彝区基层干部队伍年龄老化。美姑县现有村（社区）党支部书记 295 名，其中 35 岁及以下 91 名，占总数的 30.85%；36~45 岁 67 名，占总数的 22.71%；46~55 岁 114 名，占总数的 38.64%；56~59 岁 20 名，占总数的 6.78%；60 岁及以上 3 名，占总数的 0.1%（如图 3 所示）。村党组织书记平均年龄为 42 岁。这既反映出彝区基层干部队伍老迈的现实，又折射出干部队伍的中坚力量和后备力量严重不足的困境，在推进从严治党工作上党支部面临着无能人可选、班子配置不齐等问题。

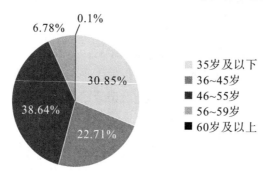

图 3　2016 年美姑县新任村（社区）书记年龄分布图

二是彝区农村干部文化水平偏低。295 名村（社区）党支部书记中，初中及以下文化 224 人，占总数的 75.93%；高中（中专、中技）文化 27 人，占总数的 9.15%；大专及以上 44 名，占总数的 14.92%（如图 4 所示）。从学历分布情况来看，初中及以下基层干部占绝大多数，高学历人才稀缺。彝区村干部文化水平普遍偏低，影响了新观念、新知识、新思想的接收。低文化水平的村干部大多靠经验办事，服务能力弱、引领作用难以发挥，使基层党组织从严建设得不到重视，给基层党组织推进从严治党带来许多障碍。

图4　2016年美姑县新任村（社区）书记学历分布图

三是彝区农村干部人员构成欠合理。2016年美姑县村（社区）党支部书记来源构成为：普通农民246名，占总数的83.38%；生产大户或致富带头人、农民经纪人、农民专业合作社负责人仅14名，占总数的4.75%；大学生村官7名，占总数的2.37%；机关事业单位选派人员24名，占总数的8.14%；复员退伍军人2名，占总数的0.68%；乡村医生或教师2名，占总数的0.68%（如图5所示）。普通农民占绝大多数，有"双带"能力的不多，基层组织战斗力偏弱，不能充分发挥龙头带动作用，特别是在从严治党政策宣传、贯彻落实等方面有待提升。

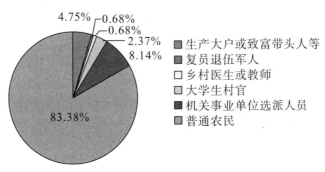

图5　2016年美姑县村支部书记队伍结构图

（三）在推进从严治党中，凉山彝区基层干部队伍综合素质不高

受风俗习惯、传统文化和有限的文化水平影响，部分村干部面对从严治党的要求，思想保守僵化，政策领会缓慢，工作作风不严实，找不到基层党建的切入点和着力点。一是纪律比较涣散，作风软、散、拖。少数村干部将主要精力放在自己的生产或经营项目上，小农经济意识强，把村务工作当作兼职来对待，对上级布置的任务不积极、不主动，"上面让做什么就做什么，让怎么做就怎么做"的依赖行为比较严重。二是方法相对简单，态度冷、横、硬。部分村干部不善于做深入细致的思想工作，不能以理服人、以情感人，遇到问题只看表面现象，缺少理性思考，不做深入分析，处理问题简单，满足于一般化、过得去的思想。三是民主意识淡薄，管理宽、松、乱。部分领导干部存在"一言堂""家天下"，忽视群众意见，民主集中制落实不到位，缺乏民主管理的水平和能力。

（四）在推进从严治党中，凉山彝区家支观念产生多方面影响

课题组在与凉山彝区基层干部交流过程中，许多干部反映说："现在的农村不好管，经常是费力不讨好，村民们不大配合，要把他们叫来做点事，把嘴皮子磨破，还是有不听从的。"调研发现，这一问题已成为普遍现象。现今，在彝区农村，但凡遇上事关村民利益的重大事项，比如山林土地纠纷、损害赔偿纠纷、低保、贫困户建档等问题，由村委会处理，效力十分有限，村民们经常不买账，最后还是要靠家支出面，问题才能得到有效解决。家支头人成长为村组干部的不在少数，在推动村寨建设和发展、处理基层矛盾和问题中发挥了举足轻重的作用。但也不得不承认，在实际工作中，特别是在基层党建中，这种情况也存在不少问题。有的依靠家族势力在换届选举中走上岗位，上任后为其家族利益着想多，为村集体和广大群众服务的意识不强；有的地方基层干部家支观念重，少数村党支部长期不发展新党员，个别村干部为了"保位子"，只发展三亲六戚入党，致使村党组织新鲜血液供给严重不足。美姑县有19个村连续4年不发展党员，极少数村连续多年不发展党员，以昔线村为例，1978年至2008年的30年间仅发展了5名党员，其中有位村支书长达18年未发展1名党员。

三、凉山州基层党组织推进从严治党的主要做法

为了掌握全州基层党组织推进从严治党的最新动态，课题组又赴凉山州委组织部，对当前基层党组织建设工作进行了调研访谈。凉山州对基层党组织推进从严治党进行了积极的探索与实践，2017年紧紧围绕基层党建工作，着力于营造氛围、抓实基础、破解难题、追责问效，注重目标牵引、过程把控、问题倒逼系统化推进，把全面从严治党要求落实到每个支部、每名党员。

（一）打造脱贫攻坚最前沿、最坚强的战斗堡垒

凉山彝区突出"回归本源抓党建"的方向，通过激发支部活力和党员活力，着力解决党内政治生活不严、基层基础工作不实、党员模范作用发挥不好等问题。

1. 创建"示范党委、红旗支部、星级党员"。凉山彝区出台《关于开展"示范党委、红旗支部、星级党员"创建行动的意见（试行）》，提出力争到建党100周年时，将全州30%左右的党委创建为示范党委，60%左右的党支部创建为红旗支部，90%以上的党员创建为三星级党员。出台《关于进一步激发支部活力，深化"两学一做"学习教育的意见（试行）》，建立健全支部议事规则等10项基本制度，以规范和落实"三会一课"等为主要内容，开展红旗支部创建行动。

2. 注重"选优书记、配强班子、带好队伍"。凉山彝区通过培养发现一批、注重吸引一批、统筹选拔一批等方式，选优配强3 745个村党组织班子。换届后的村党组织书记及班子成员中，45岁以下的分别占22%、31%，年龄较上届趋于年轻化；高中及以上文化的分别占39%、49%，文化水平较上届大幅提高。统筹选派100名优秀干部到计划生育和禁毒防艾重点乡镇担任专职副书记，现已开展第二批选派工作。

3. 突出"工作向基层、培养下基层、提拔重基层"。凉山彝区出台《切实关心爱护脱贫攻坚一线干部激发干事创业活力的实施意见（试行）》等文件，通过鼓励优秀干部聚集脱贫攻坚一线，对乡村党组织书记、"第一书记"、大学生村官开展全覆盖培训，优先提拔脱贫攻坚一线干部，提高年度考核优秀比例等方式，推动党建基础保障向基层倾斜、优秀干部资源下基层历练、关心激励机制重基层保障。

（二）创新实施"筑底强基·凝聚民心"工程

凉山彝区创新基层党建工作方法，通过出台《关于实施基层党建"筑底强基·凝聚民心"工程的意见》，着力解决农村基层党建与中心工作脱节、落实机制不畅、党组织作用发挥不好、群众满意度不高等问题。

1. 注重目标牵引，建立"三张清单"。凉山彝区结合实际，制定乡镇年度中心工作要点、年度基层党建工作要点，形成年度基层党建任务清单；按照职责分工，制定班子成员抓基层党建工作责任清单，并签订责任书；精准制订每月工作计划，形成乡镇月计划清单。乡镇党委将年度基层党建工作任务细化到月、分解到村，形成村党支部月任务清单。

2. 注重过程控制，召开"乡村月会"。凉山彝区将"三会一课""主题党日"等与乡村月会结合起来，乡镇党委书记于每月第一周主持召开乡镇月会。月会结束后的一周之内，村党支部书记主持召开支委（扩大）会，组织专题学习、研判社情民意、总结安排工作等。乡村月会后，乡村党组织结合"星级党员"评定，督促、引导党员在履行党员义务、联系服务群众、宣传政策法规、收集社情民意等方面争做合格党员、争当脱贫先锋。

3. 注重跟踪问效，建立"三项制度"。凉山彝区开展满意度测评，每半年对村党支部、村组干部和党员分别在党内、党外进行一次满意度测评，测评结果作为干部选用、乡村党组织及其书记评价的重要依据。强化工作督查落实，由乡镇党委牵头，每月对村党支部党建工作落实情况、问题整改情况进行全面督查，每半年通报满意度测评结果。每年年底，乡镇党委根据目标责任书，结合每月通报情况对村党支部工作情况进行量化打分，并根据考评结果追责问效。

（三）逐项落实基层党组织建设重点任务

1. 全面加强党员发展教育管理工作。凉山彝区严格遵循发展党员实施细则，大力实施"六个专项"计划。大力推进党员信息系统建设，建立"先锋凉山"微信公众号平台。已组建5 000人规模的信息员管理队伍，把全州10 276个基层党组织、20.9万名党员纳入"党建网格"管理。公布《凉山州党政机关等9个领域不合格党员10种典型表现》，从严、规范处置不合格党员。

2. 深入整顿软弱涣散基层党组织。凉山彝区出台《关于以软乡弱村整顿为重点，扎实开展新一轮"三分类三升级"活动的通知》，认真开展分类定级，抓实调查分析、标准细化、对标评定，严格实行台账管理，目前州、市、县组织部门已扎实整顿35个"软乡"、228个"弱村"。深入开展"村霸""蝇贪"等问题的集中整治，制定《加强农村基层党组织建设，着力整治"村霸"问题工作方案》，摸排562个乡镇3745个村，公开通报73人，给予党政纪处分105人。

3. 全面强化基层基础保障。州、市、县财政全力保障乡、村日常工作运行经费，认真落实村3万元工作经费及村5万元、社区10万元服务群众专项经费。按照"固定报酬+绩效报酬"模式，及时足额落实村组干部待遇，结合实际落实村干部养老保险、医疗保险、意外伤害险等保障。落实不低于5000元/所的农民夜校工作经费，全面改善村党组织活动阵地，确保全部达标。

四、凉山彝区基层党组织推进从严治党的对策建议

当前，凉山州脱贫攻坚工作正处于关键时期，农村经济发展多样化、农村社会矛盾复杂化，使得彝区基层党建面临各种情况。针对这一形势和困境，我们需要不断创新思路和方法，在加强基层党组织建设中持续推进全面从严治党。

（一）强化教育管理，为凉山彝区从严治党提供智力支持

思想是行动的先导。坚定的理想信念和充分的思想自觉，是全面从严治党的重要方面，也是中国革命和建设历史实践成功的根本保证。推进从严治党工作，关键因素在人，抓好基层党员干部的教育和管理是基层党建的重要环节。

1. 加强政治理论教育，强化宗旨意识和服务意识。凉山彝区要注重引导基层党员干部自觉学习党的理论知识，提高党性修养，强化宗旨意识，树立为人民服务的意识。从我们了解的情况看，村干部既是宣传贯彻国家政策的主体，又是某一家支的重要成员。在社区利益与家支利益产生矛盾时，身为家支成员的村干部会陷入两难境地。因此，凉山彝区要理顺落实全面从严治党工作思路，强化对"两委"成员和党员的培养教育，提高他们理性处理家支问题的能力。

2. 注重因材施教原则，提升示范效应和带动优势。凉山彝区要挖掘、发挥好家支头人的示范效应和带动优势。在彝区许多乡村，村支部书记或村委会主任就是家支代表或头人，例如美姑县，村主任与家支头人双重身份者居多，约占70%。从某种意义上说，重视家支头人的素质培养就是重视基层"两委"建设。在平时，可以组织他们外出参观考察，亲身体验和感受现代生活方式，拓宽视野，提升境界，然后依托其影响力，进而实现示范、带动、督促作用，推进民间价值取向和民风民俗的持续改善，助力从严治党。

3. 推进"理论+实践"培训模式，增强培训内容和学习实效。一是充分利用现有党校、农民夜校的教学资源，通过集中培训、专题研讨、实地调研等方式，加强对全面从严治党相关知识的学习和理解，使基层党员干部思想认识更统一、工作方向更明确、人心力量更凝聚。二是采取聘请专家教授、党政领导干部、专业技术人员、优秀村干部代表和科技致富能手等方式，充实村干部培训师资力量，组织现身说法讲述身边人、身边事，增强培训的实效性。三是运用现代技术教育手段，引入"互联网+"基层党员教育管理，通过建立党建手机报、党务微信公众号，探索开办网上课堂、远程教育等方

式，打破党员教育管理工作中的时空限制，对流动党员实行网上云管理。如越西县6 500多名党员安装"凉山党群通"App、订阅"先锋越西"微信公众号，240个远程教育点在党员教育中发挥作用。

（二）加强村党支部建设，为凉山彝区从严治党提供组织保证

村党支部是农村各种组织和各项工作的领导核心，是党在农村基层一切工作的落脚点，是党联系农民群众的重要组织载体。凉山彝区尚有1 618个贫困村要脱贫，其贫困落后的原因，很重要的一点就是基层组织软弱涣散、领导力弱化问题比较突出。因此，推进从严治党在基层的落实落地，就必须加强农村基层党组织的自身能力建设。

1. 在健全责任体系、压实工作责任上下功夫。凉山彝区要强化农村基层党组织的责任意识，尤其是"一把手"严抓党风廉政建设的责任意识和忧患意识。通过开展"强村带弱村""富村带穷村""支部联建"等工作，着力整治软弱涣散，细化整改办法，开展"双诺双评"，逐级签订目标责任书，逐项分解落实责任，做到整改事项、整改目标、整改办法、整改时限、整改责任人"五明确"，确保各项措施落到实处、见到实效。大力推行"四议两公开一监督"制度，实行"六步工作法"，健全村级议事决策、财务管理、干部管理三项工作运行机制，做到制度上墙、公开透明、规范运行。

2. 在科学设置党组织、实行党员分类设岗定责上下功夫。一是创新村党组织设置，将村党支部统一升格为党总支，充分发挥总揽全局、组织协调作用。二是因地制宜在村党总支下设不同类型党支部，如经济发展党支部、从严治党党支部、流动党员党支部和老年党支部，前三个党支部由青壮年党员组成，老年党支部由65岁以上党员组成。三是依据各类型党支部的党建重点工作，赋予不同类型的党员不同的岗位职责，如经济发展党支部主要负责向群众传授种植养殖技术，在带头致富上发挥示范作用；从严治党党支部主要负责民主生活会、组织生活会的严格开展，在严肃党内政治生活上发挥模范作用；老年党支部主要围绕乡风文明、民主监督和民事调解等发挥带动作用。

3. 在抓牢"苏施"①支部建设、拓宽入党渠道上下功夫。凉山彝区要进一步加强"苏施"党支部建设的工作力度，积极探索适合凉山彝族聚居区的操作模式，选好配强"苏施"支部领导班子，规范日常工作机制。按照发展党员新标准，借助"苏施"党支部平台，逐步完善5类人才信息库和流动党员数据库，狠抓农村党员发展工作。结合实际重点培育，着力打造精品示范"苏施"党支部，通过典型示范，以先进带后进，带动各级村党组织比学赶超、晋位升级，充分发挥其优化党员队伍结构"加速器"、流动党员管理"服务器"、两新组织党建"孵化器"、支部争先创优"驱动器"、后备干部培养"储备器"五大职能作用，为彝区基层党组织源源不断地注入新鲜血液与活力。

4. 在加强人才梯队建设、实现"内培外引"上下功夫。凉山彝区要加强农村基层干部队伍建设，实施"内培外引"发展战略，吸引高校毕业生尤其是凉山籍高校毕业生回村工作。通过建立农村本土人才库，将熟悉本村情况、群众信得过的人才吸纳到基层党组织中，采取培训轮训、提升锻炼等方式，实现内培；通过推进制度改革，破解基层

---

① 苏施，彝语意为"优秀青年人才"。

干部发展瓶颈，招贤纳士，将外来的优秀人才吸纳到基层党组织中，达到外引，推进基层干部年轻化、知识化、职业化。同时继续选派优秀人才到贫困村担任"第一书记""禁毒副书记"，解决好农村党支部普遍存在的内生动力不足、缺乏组织活力的现状，培养发展农村精英，壮大党的力量，筑牢党建根基，切实提升基层党组织领导力、凝聚力和战斗力。

（三）完善体制机制，为凉山彝区从严治党提供制度保障

做好凉山彝区从严治党工作，持续发挥基层党组织的政治核心作用，需要完善的制度保障和政策机制，将基层各项事务纳入制度化和法制化轨道。

1. 规范党组织生活，健全管党治党责任机制。一是坚持民主集中制，进一步健全和完善党组织工作规则、"三重一大"议事规则等制度，规范权力运行，增强党组织领导班子的团结和合力。二是进一步规范基层党员干部组织生活会、民主生活会、党性分析会等各环节工作步骤要求，建立健全生活会报告和通报制度，综合运用约谈督查、述职述廉、批评与自我批评等形式，接受乡镇党组织和基层群众的监督。三是建立以"筑底强基·凝聚民心"工程为载体，以基层党组织自查与乡镇部门督查、领导评议与群众测评相结合为主要方式的目标考评制度，健全基层党支部书记向乡镇党组织汇报工作制度，定期通报情况，让全面从严治党在基层党建工作中落地生根。

2. 抓好基层队伍建设，健全基层农村人才制度。一是创新培养选拔机制，拓宽选人用人渠道。凉山彝区可尝试从机关、企事业单位、大中专毕业生、复退军人中选拔优秀人才到村担任村支部书记等。建立以德、能、勤、绩、廉为主要指标的人才选拔培养体系和村干部后备人才库，将那些有文化、懂技术、会经营的农村致富能手、外出经济能人、乡土拔尖人才、乡镇站所专业技术干部等优秀人才选拔到村级后备干部中来。二是完善激励保障机制，充分调动工作积极性。凉山彝区要保证农村基层干部的基本报酬和经济待遇，逐步实行"基础职务补贴＋绩效补贴＋集体经济创收奖励"的结构补贴制度。建立健全表彰和社会激励相结合的农村乡土人才表彰奖励体系，大力宣传、表彰和奖励思想进步、作风优良、带领群众致富、广大群众拥护的村干部。三是建立健全农村基层干部综合考核评价机制。凉山彝区应坚持定量考核与定性考核相结合，不仅考核村干部的业务能力，还要考核他们的思想政治水平，并把考核结果作为决定其奖惩、职务升迁、级别和报酬的依据，将连续三年考核优秀的村干部纳入乡镇后备人才库，打通向上晋升的渠道。

3. 加强农村村务管理，健全村务监督管理制度。凉山彝区基层党组织不仅肩负着带领群众脱贫致富的"头等大事"，还肩负着确保村务工作规范化运行的"基层要事"。因此，凉山彝区要充分挖掘农村发展潜力，发展集体经济，促进农民增收，同时健全农村村务管理制度，将农村社会治理推上制度化轨道。强力推进村务公开、政务公开、乡镇监督、党内监督、审计监督、村民小组监督等工作，建立健全农村基层干部监督管理制度，坚持走群众路线，拓宽参评主体范围，让更多的"知情人"参与民主推荐、民主测评、民意调查和考察座谈。对工作不扎实、履行职责不到位、推诿扯皮的不合格村干部给予及时批评教育；对目标任务完成差、作风不好、群众反映强烈的问题，按规定及

时调整；对搞家族势力、派系争端甚至以权谋私、违法违纪的基层，务必及时严肃查处。

推进全面从严治党向基层延伸是时代发展赋予中国共产党的历史使命。建设一个政治坚定、纪律严明、作风顽强的农村基层党组织，凉山彝区全体党员干部必须紧紧把握时代脉搏，增强管党治党意识，落实管党治党责任，直面基层党建中存在的矛盾和问题，以勇于担当的精神和锐意进取的态度积极推进全面从严治党，巩固党在基层社会的执政根基，为实现中国梦奠定最广泛、最稳固的社会基础。

凉山州红色党性教育基地情况调查 *

周　燕　马娅群　李宇林　罗春艳　李筱堰

　　党的十八大以来，习近平总书记多次在重要场合强调，理想信念是共产党人的精神之钙，党性修养是共产党人的终身必修课。党性教育的重要性不言而喻，而要将抽象的理论知识变成鲜活的现实行动，党性教育基地将在其中发挥重要作用。一方面，它是对红色革命的收集和保存，直观展现先辈们的奋斗和牺牲，缩短了古今对话的历史时间，具有历史见证人的作用；另一方面，它与时代结合，不断丰富和发展，在坚定理想信念、升华思想境界和增强民族凝聚力方面，发挥着时代里程碑的作用。

　　中国共产党领导中国人民在长期的革命斗争中缔造的红色文化，是中华民族的宝贵精神财富，无论是物质状态的红色资源，还是精神状态的红色精神，经过特定历史时期的锤炼，均已成为当今时代的精神支柱。大量事实表明，红色文化作为一种独特的文化类型，由于蕴含着深厚的革命情感和厚重的历史文化内涵，成为开展党性教育的有效载体。红色文化资源对党员干部树立正确的理想信念、培养艰苦奋斗的作风、养成无私奉献的精神、培育高尚的道德情操有着重要的教育意义。

　　红军长征过凉山，留下了永不褪色的红色足迹。借助这些宝贵的红色文化资源，如何发挥好党员干部的党性教育作用？如何发挥好普通群众和青少年的理想信念教育作用？本课题组着重调研以会理县和冕宁县为代表的红色党性教育基地，通过现场考察、走访座谈、参与教学、收集资料等方式，盘点红色党性教育基地的现状，总结红色党性教育的经验，找到建设红色党性教育基地的不足，思考改进的措施和发展的方向。

一、凉山州红色党性教育基地基本情况

　　凉山州红色党性教育基地的提法主要还在理论研究阶段，是一个统称概念，既包含纪念馆等硬件设施建设，也包括专题教学的设置和现场体验式教学的组织。

　　红军长征过凉山，留下了两个重要的历史事件：一是会理会议。1935 年 5 月，红军在抢占皎平渡、巧渡金沙江之后，进入会理地区，因守城坚固，攻城失败。5 月 12 日，党中央在铁厂村召开了入川以后的第一次中央政治局扩大会议。其内容是：总结遵义会议以来新的战略方针；任命刘伯承为先遣司令，为大部队开路；进一步确立了毛泽东在党和红军中的领导地位。二是彝海结盟。当时，红军为了避开国民党的追兵，在泸

---

　　* 2017 年度四川省党校系统调研课题。作者单位：中共凉山州委党校。

沽改道分兵，在冕宁彝海，与彝族家支首领小叶丹歃血为盟，顺利通过彝区，抵达安顺场。其历史作用是：在生死存亡之际保存了红军主力，第一次提出了"万里长征"一词，形成共产党民族政策和民族工作的雏形。

表1　凉山州17县（市）革命遗址数量统计表①

县市	数量（个）	占百分比	县市	数量（个）	占百分比
冕宁县	16	20%	布拖县	1	1%
会理县	12	15%	昭觉县	2	2%
西昌市	7	9%	金阳县	1	1%
德昌县	3	4%	雷波县	7	9%
会东县	4	5%	美姑县	1	1%
宁南县	4	5%	甘洛县	4	5%
普格县	3	4%	越西县	7	9%
喜德县	6	7%	盐源县	1	1%
木里县	2	2%	合　计	81	

根据表1数据，冕宁县和会理县的红色文化资源最多，是开展党性教育和建立党性教育基地的首选之地。从目前教学基地挂牌的情况来看，中共冕宁县委党校和中共会理县委党校分别为四川凉山彝海结盟党性教育学校和四川凉山会理会议党性教育学校。党性教育的对象主要是党政机关、事业单位的党员。党性教育基地在现有的革命遗址和纪念场馆的基础上，改建、扩建了部分设施，增设了陈列内容，丰富了教学内容，规范了管理模式。

（一）冕宁县红色党性教育基地情况

中共冕宁县委党校利用红军文化广场、红色冕宁纪念馆、彝海结盟遗址、西昌卫星发射中心等红色资源，以弘扬"民族团结""长征精神""航天精神"为目的，以"党校＋基地""课题＋现场"为教学模式，将"穿红军服装、走长征路线、听红色党课、讲红色故事、吃红军粗粮、演结盟剧情、唱红色歌曲、跳团结舞蹈、传结盟精神"贯穿在情景模拟和现场体验教学中。此外，还根据班次需要，加入了稀土工业园区、漫水湾镇西河村、复兴镇建设村的现代工业和新农村现场教学。

1. 红军文化广场。红军文化广场南北长260米，东西宽90米，占地19亩，总投资约1 400万元。广场东面有名为"长征颂"的大型雕像，高7米，宽20.5米，从左到右依次是王稼祥、陈云、张闻天、周恩来、毛泽东、朱德、刘伯承、聂荣臻。雕像后面的四组浮雕分别再现了当年红军长征经过冕宁时，冕宁人民"欢迎红军""建立政权""彝海结盟""护送红军"的历史情景。

---

① 根据《四川省革命遗址通览（凉山彝族自治州）》一书整理。

2. 红色冕宁纪念馆。红色冕宁纪念馆原址在县城东街，是毛泽东会见彝族代表和召集地下党员开会的民居，现在仍然保留使用，但其面积太小，不足以展示红军过冕宁的历史。在中宣部、国家发改委、国家旅游局、国家文物局等部门的大力支持和多方帮助下，新建的红色冕宁纪念馆于 2015 年 5 月投入使用，占地 4.9 亩，与红军文化广场融为一体。它以红色主题为背景，通过字、形、物与声、光、电超感官视觉、听觉和触觉，全景展现出红色冕宁在新民主主义革命斗争和社会主义建设进程中所取得的辉煌成就，以及未来冕宁的发展前景。

3. 彝海结盟遗址。彝海结盟遗址位于革命老区冕宁县彝海镇境内的彝海湖边，距离县城 28 千米，是刘伯承和小叶丹的结盟之地。在清澈的彝海旁边，刘伯承、聂荣臻和小叶丹当年坐过的三块石头被保护下来。1985 年，冕宁县委在旁边修建了彝海结盟纪念碑，纪念碑总高 9.5 米，台阶高 1 米，底座高 3.5 米，人像高 5 米、宽 2.2 米。碑名由江泽民题写，并用彝、汉、英三种文字书写了碑文介绍。彝海结盟纪念馆于 2005 年修建，馆名由刘清华题写，建筑面积达 13 000 平方米，馆内陈列了大批红军文物和图片，图文并茂地介绍了彝海结盟的伟大时刻。馆外有 1935 年过彝海的红军将领刘伯承、聂荣臻、萧华、罗瑞卿、陈云、张爱萍、何长工等的半身雕像，并刻有先烈们的生平介绍。彝海结盟遗址被列为 3 个国家级教育示范基地（国防教育、民族团结、爱国主义教育）、5 个省级教育基地。2015 年以来，彝海结盟遗址每年接待游客 10 万人次以上，为传承红军长征精神、维护民族团结进步做出了积极的贡献。

（二）会理县红色党性教育基地情况

中共会理县委党校依托会理会议遗址、会理县红军长征纪念馆、会理钟鼓楼和会理北城门等，打造了红色党性教育现场教学点，设置了"从遵义会议到会理会议""红军长征精神""会理会议历史地位""会理攻防战"等专题教学课程，以及重走红军长征路、红色誓词宣誓等体验式教学。

1. 会理会议遗址。会理会议遗址在距离县城 5 千米的铁厂村半山坡上。由于当时敌机轰炸，会议几次转移，白天在树林里，晚上在石灰窑中，没有一个建筑物来承载此次重要会议的记录，现在也无法恢复当时会议的全貌。目前，会理会议遗址仅有一座高 3 米、宽 8 米的露天纪念碑。此处的现场教学主要以老师讲解会理会议的经过为主，学员通过走红军小道、吃红军粗粮饭、进行红色誓词宣誓等对会理会议的历史地位有大致的了解。

2. 会理县红军长征纪念馆。会理县红军长征纪念馆建于 2007 年 12 月，位于环城西路，建筑面积为 2 070 平方米，是集收藏、保护管理、研究和展示于一体的小型专题性纪念馆。纪念馆以中央红军长征过会理为主题，采用图文并茂、实物陈列、场景复原、多媒体影像的形式，分六个篇幅着重介绍了中央红军长征途中发生的重大历史事件和在会理期间的主要活动。

3. 会理钟鼓楼和会理北城门。会理钟鼓楼和会理北城门是会理古城的标志性建筑。会理钟鼓楼主要展示古代晨钟暮鼓的城楼文化，登楼可以俯瞰东、西、南、北四条古街道。会理北城门是会理攻城战遗址，1935 年 5 月 9 日至 14 日，红军在彭德怀的带领下对会理县城发起进攻，守敌刘元瑭奋死抵抗，最终攻城失败，红军战士尸骨如山，伤亡惨重，以此代价为主力部队转移北上冕宁争取了宝贵的时间。激烈的战争损毁了城墙和民房，经过多次维修，如今的北城门以旧貌新颜屹立在历史的进程中，用血染的身躯默默地讲述着那段可歌可泣的英雄壮歌！

二、凉山州红色党性教育基地取得的进展和经验

中共凉山州委党校从 2015 年开始开设红色党性教育现场教学，经过摸索改进，形成了较为成熟的凉山州红色党性教育模式。2016 年 3 月，凉山州委组织部在冕宁党校和会理党校分别挂牌"四川凉山彝海结盟党性教育学校"和"四川凉山会理会议党性教育学校"，培训人数逐年增加，培训效果反响良好，周边效应积极明显。

（一）基地硬件建设有了大幅度提升

根据《四川省革命遗址通览》的记载，不论文物单位、爱国主义教育基地，还是革命遗址，凉山州所拥有的数量都较少，级别也都较低。例如，巴中有 257 个国家级文物保护单位，凉山为零；巴中有 867 个革命遗址，凉山仅 26 个。虽然会理会议和彝海结盟在长征途中具有重要的历史作用和现实意义，但由于各方面原因，相关的场馆和遗址建设保护工作未能跟上经济发展的速度，始终滞后于全省大部分市州水平。

近十年来，借着红色党性教育的开展，凉山州联合冕宁、会理积极谋划、多方筹措资金，新建红色冕宁纪念馆、彝海结盟纪念馆、会理县红军长征纪念馆；对会理会议遗址、会理古城楼、彝海结盟遗址、彝海环海栈道等进行了维护和翻修；对通往遗址的道路进行了柏油路硬化加宽。总体来说，红色党性教育基地的基础建设有了很大的改观和进步，老百姓对红色党性教育基地的知晓度和认可度也有了很大提升。

（二）红色党性教育在干部轮训中取得实效

四川凉山会理会议党性教育学校以"传承革命优良传统，弘扬红军长征精神"为核心理念，构建常态化的运行模式。在重点班次中，开展"四个一"活动，即开展一次现场体验教学（会理会议遗址、会理县红军长征纪念馆等）、进行一次专题教学（党校红色精品课程）、组织一次交流讨论、写一份高质量的党性分析材料。2016 年 3 月以来，四川凉山会理会议党性教育学校成功打造出会理会议党性教育和红色印象古城文化两种"红色线路"课程套餐，截至 2017 年 4 月，培训学员达 668 人次。

四川凉山彝海结盟党性教育学校以彝海结盟圣地为核心教学点，围绕结盟精神和"三个冕宁"建设展开教学，组织教师从历史事件、历史人物、历史遗迹中挖掘、提炼和编写教案，综合运用体验式教学、激情教学、现场教学、情景模拟教学和实物展示等方法，利用语言文字、音像资料、实物实景等媒介，把"看、听、走、思、悟"融为一体，使学员在加强作风建设、坚定理想信念、提高党性修养方面得到了锻炼。2014 年至 2017 年 3 月，四川凉山彝海结盟党性教育学校共接待各类班次 55 个，培训学员 4 529 人次。四川凉山会理会议党性教育学校、四川凉山彝海结盟党性教育学校开展红

色党性教育具体情况见表2。

表2 凉山州委党校开展红色党性教育班次统计表（2016.4—2017.9）

时　间		班　次	地点
2016年	4月12日	州委党校第48期县干班、第51期中青班	冕宁
	5月11日	绵阳市涪城区、游仙区、三台县地方税务局及江油市局一分局税务干部党性教育及综合知识培训班	冕宁
	5月16日	达州市开江县地方税务干部党性教育及综合知识培训班	冕宁
	10月18日	州委党校第52期中青班	冕宁
	12月12日	州委党校第9期（2015年）选调生一班、二班	冕宁
	12月14日	州委党校第9期（2015年）选调生三班	冕宁
2017年	3月27—28日	州委党校第49期县干班	会理
	4月11日	佛山市直机关工委推动市直机关培育和践行社会主义核心价值观培训班	冕宁
	4月17日	州委党校第53期中青班	冕宁
	5月16—17日	达州万源市地方税务局红色革命党性教育培训班	会理
	5月19日	达州万源市地方税务局红色革命党性教育培训班	冕宁
	7月11日	自贡市富顺县优秀公务员党性教育与能力提升专题培训班第1期	冕宁
	7月18日	自贡市富顺县优秀公务员党性教育与能力提升专题培训班第2期	冕宁
	8月2日	佛山市里水镇人大代表培训班第1期	冕宁
	8月8日	佛山市里水镇人大代表培训班第2期	冕宁
	8月8日	遂宁市地税局、工商局党性教育培训班	冕宁
	9月6日	深圳市福田区2017年第2期法治专题培训班	冕宁

中共凉山州委党校立足本位，加强与会理和冕宁两个党性教育学校的密切合作，派出优秀教师参与课程研发和规划，在主体班次安排红色党性教育必修课，在州外短训班积极推广红色党性教育模块，深受学员和主办单位的好评。

（三）红色旅游路线初步形成

红色党性教育基地的建成，不仅为提升党员干部的党性修养提供了规范的教学场地，也带动了以红色文化为主线的旅游产业的发展。一是打造了几条红色旅游精品路线：会理红色党性教育+古城文化；冕宁彝海结盟民族团结丰碑+西昌卫星发射中心+新农村建设；冕宁彝海结盟+西昌卫星发射中心+邛海湿地+奴隶博物馆+会理古城+会理会议遗址深度游。二是通过红色党性教育基地的宣传和带动，会理会议和彝海结盟成为红色凉山的两张重要名片，在做好思想教育和意识形态工作的同时，还带动了当地旅游业的增收。近年来，随着《彝海结盟》《索玛花开》等影视剧的开播，以及中国魅力城市的竞选，凉山州的知名度蜚声海内外，红色党性教育基地的建设得到更长足的发展机遇。

三、凉山州红色党性教育基地存在的问题与不足

（一）资金投入不足，配套设施有待完善

在调查中我们发现，不管是教学实施还是场馆维护，资金短缺成为最棘手的问题。一是住宿条件跟不上。会理党校没有学员住宿楼，学员只能住在校外宾馆。当前，冕宁党校已经筹集到资金对党性教育学校原址进行升级改造，建成后将有 72 个标间、40 个单间，可以在很大程度上解决学员住宿的问题。二是交通路况较差。会理距离州府西昌 185 千米（含 100 千米高速），大多数是盘山公路，弯道多，车流量大；彝海距离西昌 117 千米（含 88 千米高速），也有一段盘山路，雨天泥石流灾害多，经常都在维护中，致使现场教学计划常被耽搁。三是教学设施简陋。党性教育活动主要集中在户外，为保证学员都能听到老师的声音，县级党校配备了"小蜜蜂"扩音器，州委党校配备了便捷式音响，尽管如此，授课效果仍不理想。四是缺少交通工具。党性教育学校没有教学用车，每次教学任务前都需提前与公交联系，预约车辆，费用极高。五是场馆建设维护滞后。会理县红军长征纪念馆与文史馆两馆合一，共有工作人员 5 名，均是兼职解说员。纪念馆免费开放，无经济收入，依靠国家和四川省每年下拨 40 万元资金用于工作人员的工资发放和场馆水电维护，也只是勉强运营，艰难度日，不敢有大的改善和升级。冕宁红色党性教育基地也存在缺少专题报告厅和情景剧的表演场地的情况。红色冕宁纪念馆和彝海结盟纪念馆缺少相关服务设施，比如宣传资料、参观休息处、饮水机等。

（二）师资力量薄弱，教师水平有待提高

承担红色党性教育的老师应具备深厚的党建知识、扎实的基础理论和较强的语言表达能力。虽然各校已经抽调精兵强将，组成党性教育师资团队，但是师资力量仍长期短缺。一是县级党校教师人员不足，能上课的只有两三人，凉山州委党校红色党性教育团队只有 3 位老师，她们不仅负责所有班次现场教学的组织管理、后勤保障，还要负责在教学点上课。有时班次较多，3 位老师无法分身，若安排其他老师去，又不能确保现场教学的严肃性和有效性，所以急需培训老师补充后备力量。二是纪念馆缺少解说员，冕宁县新招录的解说员普通话和党建理论水平不高，会理县红军纪念馆的解说任务几乎都由聂馆长本人承担。总的来说，红色党性教育还没有形成一支稳定而充实的校内外研究队伍和培训师资队伍，难以满足大规模培训干部、大幅度提高干部素质的现实需求。

（三）办学方式单一，强强联合有待加强

目前，我们所了解到的红色党性教育办学模式有三种：一是由凉山州委党校主办，

由凉山州委党校制订教学计划和方案；二是由会理县和冕宁县主办，由县级党校制订教学计划和方案；三是培训单位与州委党校或者县级党校联合办学，由主办方和承办方共同制订教学计划和方案。不管哪种方式，教学计划和方案都基本相同，红色党性教育成了流水线作业，缺乏针对性和深入性。因为交通、经费等原因，学员参加一次教育，最多2天，去冕宁就不去会理，去会理就不去冕宁，时间短，不利于党性教育的连续性，学员大都表示刚刚点燃红色激情，培训却又结束了。

（四）教学内容单薄，红色资源亟待开发

井冈山为什么有这么大的魅力，吸引成千上万的人去追赶井冈山精神？因为井冈山红色故事教育基地有很多红色资源：红色家书、红色后代、革命故事……凉山的红色资源其实也是很丰富的，有很多革命遗址处于待开发和待保护的状态。例如，乌东德水电站建好后，金沙江水位上升，皎平渡遗址存在被淹没的隐患。要不要保护、如何保护、重建地址等问题，都是亟待我们思考和解决的。冕宁党校虽然组织人员对红军故事和革命后代进行了挖掘、梳理，但力度还不够，最重要的是，这些宝贵的非物质红色遗产还没有融入当地的党性教育中，加之培训时间短暂，难以起到深远影响。

四、凉山州红色党性教育基地未来的展望

（一）突出红色党性教育基地的特色性

凉山州红色党性教育基地应思考自身优势，找准立足点，突出特色，吸引广大党员干部、党外人士和群众慕名而来。一是打好"民族团结"这张牌。凉山州少数民族团结、稳定，"木里经验"已在全省得到推广学习，也可以作为党性教育的重要内容。二是打好"民族文化"这张牌。凉山州是全国最大的彝族聚居区，这个古老神秘的民族具有深厚的文化资源，可以作为党性教育的特色内容。三是打好"生态保护"这张牌。凉州山拥有富甲天下的水电资源、矿产资源和丰富的野生动植物资源，具备发展生态农业和生态旅游的有利条件。生态环境保护是绿色文化，党性教育是红色文化，二者可以相互补充、相互促进、共同发展。

（二）突出红色党性教育的主体性

习近平总书记在全国党校工作会议上指出，党校姓党，决定了党校工作的重心必须是抓党的理论教育和党性教育。领导干部到党校学习，主要任务是学习党的理论、接受党性教育。深入贯彻落实习近平总书记对干部培训教育的新要求，要确保基础理论教育和党性教育、理想信念教育占到干部教育的70%以上。加强红色党性教育基地建设，就是坚持党性教育在干部教育中的主体地位。突出党性教育的主体性，要不断丰富红色党性教育内容，不断创新红色党性教育方式，不断挖掘红色文化资源，加强纪念馆的维护和更新，加强师资队伍的建设和补充，加强干部教育资金补贴和政策倾斜。

（三）突出红色党性教育的整合性

凉山州红色党性教育基地建设较为零散，存在各自为政的情况。因此，成立全州红色党性教育学校很有必要，将凉山州红色党性教育融入全国干部培训的大家庭中。一是由组织部牵头，对全州红色党性教育基地建设情况进行梳理，该抢救的抢救，该保护的保护，该提升的提升。二是联系相关部门，将红色党性教育基地与爱国教育基地、文物保护单位、革命遗址等多项名目整合利用，打造综合性教育纪念地。三是统筹安排全州党性教育培训计划，关于如何搞、什么时候搞、哪些人参加、培训效果如何等，都要制定详细的规划和目标。四是做好州外相关部门和学校红色党性教育接待工作，按照不同的需求培训和培训对象，制订独特的教学计划，积极利用凉山红色党性教育基地向社会推广凉山的魅力文化，加强经济、文化、教育等方面的合作。

（四）突出红色党性教育的专业性

红色党性教育是非常严肃的事情，不是临时抽调几个人就能应付了事的。从长远来看，要办好红色党性教育基地，必须从人力、财力、物力上下功夫。一是加大师资力量的选调和培训，最好由专职老师担任教学工作；招聘、培训普通话标准的场馆解说员；招聘、培训红色歌舞剧演员，成立专业的红色歌舞剧表演团队；设计红色党性教育基地标识和学员培训手册。二是配齐红色党性教育的教学用车和教学工具，配备便携式无线扩音器。三是加大红色党性教育的医疗、食品等后勤保障供给。四是尽快完善主要场馆的配套设施升级换代，确保现场教学的交通路况安全畅通。

（五）突出红色党性教育的传承性

意识形态建设工作要常抓不懈，对培训过的同志应该再及时进行第二次、第三次培训。凉山州红色党性教育基地每次要能呈现新的东西，层级深化党性教育，让学员们切身感受，每次都能收获新的体验和感悟。培训对象不要局限于机关企事业单位的党员干部，长征精神、结盟精神是每一个中国人应该具备的，只要愿意来学习的人，我们都欢迎，但需要在教学侧重点和方式上有所调整。特别是青少年群体，他们是红色文化和长征精神的传承者，对他们开展性教育，也是红色党性教育基地的一大贡献。在这方面，阿坝长征干部学院做得比较好，开设的红色体验夏令营得到了众多家长和孩子的喜爱。这种做法应该得到推广，凉山州要争取对青少年多开展体验式的现场教学，将红军长征精神、民族团结精神代代相传。

习近平总书记曾强调，推进干部教育培训改革创新，要在创新培训方式方法上下功夫。建设红色党性教育基地，就是为适应新形势、新任务和领导干部的新特点而大力开展的一种新的教学方式，具有很强的针对性、实效性。红色党性教育基地不仅是人们汲取宝贵精神财富、开阔眼界、更新知识、激发热情、锤炼党性、加强修养的好课堂，也是引导各类人群弘扬民族精神、传承红色文化、传播正能量的好课堂。

德昌县现代农业发展情况的调查与思考[*]

廖海秀　李　莉

在现代社会发展中，农业信息化是国民信息建设的重要构成部分，也是我国由传统农业发展模式向现代化农业发展模式转化过程中的组成内容。从实际情况来看，德昌县长期以农业种植为主导。随着时代的发展，推动德昌县农业发展信息化建设，成为完善现代农业信息服务的必然要求。

结合对国内外先进农业信息建设结构的研究，因地制宜地发展农业，才是适合我国农业信息化发展的道路。德昌县发展现代农业，必须在确保县内生态安全、经济平衡发展、保证社会公平的前提下，全面优化农业结构体系，以提高农业生产效益为发展目标。笔者针对德昌县农业生产效益偏低、产业结构不完善等问题，对德昌县农业产业机构现状进行分析，从而提出优化农业产业模式的建议。

自20世纪初以来，现代农业发展迅速。在人均耕地面积逐渐减少的背景下，极大提高农业生产效率及土地附加值，有助于解决世界人口的粮食问题。现代农业主要是依靠较高的耗能及投入，获取较高的经济效益。随着社会的快速发展，世界各国都在寻求以生态为根本的新的现代农业发展战略，探索高效、低碳、环保的现代生态农业模式，实现现代农业的可持续发展。

发展现代农业，对于转变传统农业生产经营方式及统筹城乡发展具有很大的帮助，而建设社会主义新农村和发展县域经济，能够有效提升农业经济效益、增加农民收入，有利于全面小康社会的发展。德昌县是农业县，发展现代农业是社会主义新农村建设的首要任务，是提高农业综合生产能力和增加农民收入的基本途径。随着国家惠农政策实施力度的加大，德昌县的农业产业化更具有广阔的前景。因此，德昌县农业发展要以科学发展观为指导理念，结合惠农政策，大力推进农业产业化发展，从而提高德昌县农民的经济收入，带动全县经济的快速发展。

一、德昌县现代农业发展现状

德昌县紧紧围绕建设社会主义新农村，深化农业结构调整，改善农业生产条件，积极推进科技兴农，加大对农业的投入力度。目前，德昌县现代农业建设取得了重大突破，为又好又快地发展经济提供了强有力的支撑。

* 2017年度四川省党校系统调研课题。作者单位：中共德昌县委党校。

（一）具有自然资源优势

德昌县处于安宁河谷地带，土壤肥沃，水资源丰富，灌溉便利，水质优良。受两种性质不同的大气环流的交替影响，这里亚热带季风气候特点显著，形成了干湿季节分明、雨热同季、冬无严寒、夏无酷暑、四季如春的气候特点。德昌县历年平均日照时数为2 147.4小时，太阳辐射量为126.608千卡/平方厘米，全年的日照百分率在49%以上。其中，春季680.7小时，太阳辐射量41.629千卡/平方厘米；夏季455.1小时，太阳辐射量31.682千卡/平方厘米；秋季402.1小时，太阳辐射量24.216千卡/平方厘米；冬季609.5小时，太阳辐射量29.081千卡/平方厘米。干季日照数为1 456.5小时，雨季日照时数为690.9小时。县内历年平均降水量为1 047.7毫米，日照时间长，昼夜温差大，适合很多农产品的种植、生产。

（二）具有交通区位优势

德昌县多渠道筹集建设资金，完善乡村公共基础服务设施，通过成昆铁路、成昆高速的铁路客运双线德昌西站、G5高速公路、108国道、省道、专用道路、园区道路建设等，形成了功能完善的综合绿色交通体系；同时完善了水利设施建设和能源基础设施建设，保障了现代农业发展的需要。城乡道路更是四通八达，全县村村通了汽车。农产品外运便捷，具有良好的运输条件。

（三）优化农业结构，大力发展特色农业，促进农民增收

结合得天独厚的自然资源优势及交通区位优势，德昌县大力发展现代农业，增加农民的经济收入。德昌县在发展农业的时候，针对实际情况进一步优化农业结构体系，从而形成了特色产业。

德昌县着力发展蚕（果）桑、蔬菜、畜牧、林果等特色支柱产业，抓好"工业跨越、农业提升、旅游突破、城镇做精、投资拉动、管理创新、环境创优"七大重点。德昌县地处低纬度高原的亚热带季风气候区，冬、春光热资源丰富，草莓、枇杷、桂圆、石榴、樱桃、早海椒、早豌豆等特色水果、蔬菜品质优异，特色农业规模不断扩大，形成了以枇杷、草莓、杜果、梨、樱桃、蔬菜、核桃、果桑等八大现代农业产业园区为引领的特色产业。德昌县大力实施"大凉山·德昌"农产品品牌建设，"德昌桑葚""建昌板鸭"获国家地理标志产品保护，全县获"无公害、绿色"食品认证品牌达到15个、地理标志保护产品4个，153个农产品通过授权获得"大凉山"特色农产品标识使用权。

德昌县依靠科技发展，打造现代畜牧，统筹实施"畜禽良种繁育、规范化养殖示范、畜禽产品质量安全、产业链延伸开发、畜禽疫病防控、畜牧科技创新示范"六大工程建设。同时，不断提高畜牧业综合生产能力，推进畜牧业向技术集约型、资源高效利用型、环境友好型转变，努力把德昌建设成攀西地区现代畜牧业生产基地。"十二五"时期，以建昌鸭、生态鸡为主的家禽出栏达到246万羽，以生猪、肉兔为主的圈养牲畜达到50万头（只），以牛、羊为主的大牲畜达到12万头（只），肉类总产量达2.5万

吨，畜牧业总产值达 8.5 亿元，占农业总产值的比重提高了 50%，德昌县农民人均牧业收入显著增加，规模养殖比重大幅提高，优质畜产品生产、加工和供应基地基本形成，现代畜牧业实现了又好又快的发展。

德昌县以建设大基地、培育大产业、打造农村大品牌、全面开拓大市场为出发点，全面构建农业发展新模式。运用现代农业万亩示范区建设及"千斤粮、万元钱"的复合型产业建设基地，同时结合德昌县的地理优势，以蔬菜示范建设、花卉产业园区建设为抓手，全面推动德昌县的果蔬、花卉、烟草等特色产业的发展。德昌县依托资源优势，大力发展特色效益农业，形成了以烤烟为主导产业的现代农业发展模式，在推进产业基地增加的同时，结合科学技术全面促进农业发展，帮助农民获得更多的经济收入。

（四）把休闲农业和乡村旅游业作为支柱产业培育发展

休闲农业和乡村旅游业是发展潜力巨大的"朝阳产业"，是第一、第二、第三产业的协调互动和深度整合。四川省委、省政府明确提出"建设美丽富饶文明和谐的安宁河谷"、凉山州人民政府也提出"西昌、德昌、冕宁同城化发展战略"，为德昌县旅游业的大发展带来了新机遇。德昌县将休闲农业和乡村旅游作为促进农民增收的一项支柱产业，出台《德昌县人民政府关于加快旅游发展的意见》，要求全县抢抓机遇，大力发展休闲农业和乡村旅游，并将休闲农业和乡村旅游接待人数、收入、贡献率、政府引导性投资、带动就业人数、促进农民增收、精品建设情况和列入省级示范项目数量等指标纳入工作目标考核。

（五）龙头企业不断发展壮大，产业化经营扎实推进

德昌县政府通过组织实施龙头带动战略、农业品牌战略优势，制定扶持政策，打造培育主导产业的发展模式。德昌县根据区域优势及农业发展的现状，提出用畜牧产业转化发展，进而促进整体发展。只有大规模及超大规模的产业化龙头企业，才有可能带动农户的发展，规避市场风险。因此，德昌县引导优势龙头企业采用资本运作、资源整合等方式，发展成集团，从而打造该县最大的产业集群。同时，制定相关的激励政策，支持优势龙头企业发展全产业链的一体化经营模式，通过政策鼓励及资金扶持等方式激发企业帮助农民发展家庭牧场的积极性，鼓励企业将农户纳入全产业链中，构建产业化经营模式。近年来，德昌县的龙头企业不断发展与壮大，有效带动了特色优势产业的快速发展。

（六）服务体系正在逐步建立完善，农业科技进步明显加快

德昌县坚持"政府引导、市场运作、自主自愿、协同推进"的原则，积极开展多渠道的农业保险，全面完善农业保险体系，努力提升农业保险服务水平，让每一位农民放心。

德昌县利用田网、路网、渠网等综合配套，有效改善了冬、春干旱季节的水源排灌问题。可以说，德昌县以帮助农民增收为出发点，大力发展现代农业体系，结合农业科技进步，有效带动农业的发展，让农民得到更实惠、更方便的帮助，减轻农民的劳动强

度，真正意义地帮助农民解决种地问题。同时，德昌县为夯实农业基础，打造高产高效示范基地，整合现代农业生产发展资金（水稻）、农业综合开发、烟基土地整理等项目，在安宁河流域、茨达河流域的粮食、经济作物主产区进行田网、路网、渠网改造，为农业发展打下基础，促进土地流转和适度规模经营，推进现代农业的建设步伐。

（七）农业基础设施日趋完善，综合生产能力显著提高

结合德昌县的发展现状来看，目前农业基础设施投入增加，农业生产实现好转。尤其是这几年，德昌县累计投资1.3亿元，及时实施农田水利的基本建设，完善7.5万亩土地整理。经过及时的整治与规划，德昌县的农业生产条件得到了良好的改善。

（八）大力实施农业标准化生产，推动现代农业的快速发展

德昌县充分利用多种形式，如广播、电视、报刊、网络等媒介，大力宣传现代农业发展的科学化和规范化，在县城主要街道以及乡镇进行农业标准化相关知识的宣传，全面提高农民的标准化意识。同时，建设一批技术含量高、经济效益好、示范效果强的农业标准化示范区域，更好地推动农业标准化生产。

德昌县将工业标准化建设与龙头企业建设有效统一起来，将农业标准化与产业化紧密结合在一起，加大农产品深加工的力度，全面提高产品质量，促进农业综合效益的发展。同时，德昌县针对现代农业自身的品牌特点，强化品牌意识，立足本地资源，引导农民生产一批市场前景好、发展前景广的优势产品，并以其为突破口，加大投入力度，形成品牌群体，促进社会经济的发展。

（九）农民专业合作经济组织较快发展，农村市场体系建设进一步完善

为确保合作经济体系的运行机制，德昌县运用科学的管理机制、有效的管理约束机制，最大限度地保护农民利益，促进合作经济组织形式的健康发展。德昌县加强与企业之间的合作管理，充分运用经济、法律及政治手段，确保合同履行。德昌县结合自身优势，通过保护价格、利润返还等形式，形成利益均沾的发展模式。2017年，德昌县共有农民专业合作社254家，其中国家级农民专业合作社示范社1家（德昌县群英板栗专业合作社）；省级农民专业合作6家（德昌县德兴草莓专业合作社、德昌县傈僳人家生态养殖专业合作社等）；州级农民专业合作社10家（德昌县兴康农业种养殖业专业合作社、德昌县兴达果树专业合作社等）。入社农民成员数达4.82万人，比上年增加约1.1万人。德昌县家庭农场不断发展，家庭种植业生产规模逐步扩大，几年来，德昌县按照转变农业增长方式、大力发展农业产业化的工作思路，积极引导和鼓励农民规范流转土地，提高农业规模经营水平。截至目前，德昌县已有家庭农场102家，其中省级示范家庭农场3家（德昌县金桂花家庭农场、德昌县星月水果种植家庭农场等），州级示范家庭农场6家（德昌县金茶园水产养殖家庭农场、德昌县继华李子种植家庭农场等）。

二、德昌县现代农业发展过程中存在的问题

（一）农业生产技术较为落后

当前，德昌县在现代农业的发展过程中，虽然取得了一定的成绩，但是总体来看，因受物质技术装备水平、产业化进程等因素的制约，生产没有跳出小规模、低水平及传统经营发展的模式；且由于农产品多以粮食、水果为主，故而深加工产品较少。

（二）龙头企业规模小、数量少，农业产业化水平不高

针对目前德昌县所引导的龙头企业来看，以农民专业合作组织为代表的产业组织形成了一定的发展规模，但企业规模较小、数量较少，导致德昌县农业产业化水平不高，带动能力较弱。同时，农民专业合作经济组织层次较低，加之管理水平不高，导致其市场竞争力较弱，农村服务体系存在一定问题。

（三）农业科技推广力度不大，科技成果转化率和贡献率低

现代农业在实际发展中，存在农业科技成果难以满足农业生产需求的问题。德昌县的农业科技成果推广功能还不健全，没有从根本上全面推广农业科技，导致其科技成果转化市场不完善，转化率较低。

（四）农民自身文化素质不高，市场经营观念不先进

德昌县地理位置偏远，农民的文化素质不高。同时，在农村劳动力非农化流动的过程中，流至非农行业的人员大部分都是年富力强、受过较多教育的农村精英；而留在德昌县的农民大多都是人力资本含量较低的劳动力，因此从事农业生产的农民自身文化素质不高，导致其市场经营观念落后，很难很好地承担现代农业发展的重任。

（五）农产品市场体系建设尚不完善，农民组织化程度比较低

在市场建设方面，德昌县的农产品批发市场数量较少，没有一家设施功能齐全的农产品专业批发大超市。在市场监管方面，没有实施市场准入制度及责任追究制度，未能及时制止不合格的农产品流出。

（六）支持现代农业发展的资金投入相对不足

农民专业合作经济组织形式是主要的对接平台，在这儿年发展中占据市场优势。但是德昌县由于资金不充足、信息不健全、机制不健全，存在管理不规范、运作不正常的问题，导致农民组织化程度仍处于较低水平，没有得到实质性的发展。德昌县目前共有农民专业合作社 254 家，在农业经济上仅支持了 5 家，支持资金为 300 万。德昌县目前已有家庭农场 102 家，相应支持资金仅 30 万元。从支持力度可以看出，德昌县对现代农业发展的资金投入相对是不足的。

三、对加快德昌县现代农业发展的几点思考

随着社会经济的快速发展，信息化程度得到很大的提高，而农业是我国发展的立国之本，信息的推广与引用将给农业发展带来很大的帮助。结合现代农业的发展情况，笔者提出德昌县现代农业发展的几点思考。

（一）将现代农业与乡村旅游结合起来

当前，德昌县应继续借助自然资源优势，紧紧围绕建园区、带基地、兴产业、促增收的工作思路，以高产、优质、高效、生态、安全为目标，通过对现有特色产业的优化升级，夯实产业基础，做大规模、做优品质、做强品牌，拓展精品农业内涵，发展乡村旅游及康养产业，形成以一带二、接二连三、三产融合的发展新格局。

同时，德昌县要着力打造小高镇高丰枇杷现代农业园区采摘体验、德州镇角半沟农业主题公园、王所镇大凉山核桃产业科技园区和森林康养主题公园、永郎镇光伏现代农业观光园等四个核心示范区，完善配套功能，实现休闲农业和乡村旅游配套设施的上档升级。

（二）加强基础设施建设，不断改善现代农业的生产条件

农业基础建设主要包括两方面：农民技能培训和农业硬件设施建设。在现代农业发展中，农业硬件设施直接体现为网络大型数据库的建设。目前，德昌县已实现村村通电话、移动信号等全覆盖。德昌县还需加强农田水利建设，充分利用地理优势，实现全方位的基础建设；加强农田保护工作，严格控制建设用地规模，引导农民合理运用土地；加强生态环境建设，充分利用现代农业的发展理念，做好国家项目与财政对现代农业的支持与投入，为生态现代农业发展奠定良好的基础。

（三）重视培育和发展龙头企业，促进农业产业化向纵深发展

针对德昌县的实际情况，全面培养发展科技含量大、能够带动农户发展的龙头企业，是促进现代化农业发展的好办法。德昌县要结合具体优势，将其落实到扶持农业产业化经营的各项政策中，加大对农业产业化的资金投入，全面推进现代化产业的发展。德昌县可依据地理位置优势，选取特色产业，打造具有竞争力的品牌，引导农民跟着产业走，跟着良好的发展市场走。

（四）加快农业科技进步，强化科技支撑作用

德昌县不能单纯地追求农业粮食生产量，而需要不断拓展农业发展领域，创新农业科技，生产一些相关的农产品，比如烤烟、桑葚、核桃、草莓等，并加强后期管理与服务等，更好地扩大农业生产领域。在发展的过程中，在满足我国农业需求的基础上，德昌县可引导国内农业慢慢过渡到国外市场，提高农产品的综合竞争力。

在后续发展中，德昌县需要强化农业科技制度改革，加大对农业科技的投入，加强

农业科技研究，全面培养专业的技术人员，为农业科技的发展提供人才支撑。针对农业科技的实际情况，德昌县要建立完善的农业科技创新系统及运行机制。德昌县现有的农业科研机构之间要加强合作与交流，深化现代农业科研项目，加强农业科技产业化建设。德昌县各个地区之间要加强联系，结合互联网平台，实现农业科技成果分享与现代农业知识创新等资源的共享。德昌县也要强化科技知识产权的保护，不断借鉴国内外先进科技成果，促进现代工业科技的二次创新与发展。

（五）搞好农民培训工作，进一步提升农民素质

要想促进农业发展，必须搞好农民培训，全面提升农民的文化水平。德昌县应该加大培训力度，大力发展职业教育，培养专业人才。德昌县可组织农民积极参加培训，鼓励用工单位、企业培训机构开展定期培训，积极构建农村基层干部、推广员及农民的培训机制，还可实施"村官"或农村科技特派员制度，提高农民的综合素质，促进现代农业朝着更好的趋势发展。德昌县应以培养新农民、服务新农村为目标，大力开展科技推广活动，积极开展农民科技教育培训，培养农村实用人才。

（六）注重生态环境保护，加快农民专业合作经济组织发展步伐

现代农业发展建立在保护环境的基础上，德昌县应结合地区优势，防范现代农业治理工业污染、农业污染及水土流失等隐患，保证土地、水资源的可持续发展，构建一个良好生态环境系统，保障现代农业的可持续发展，有利于实现经济效益、社会效益及生态效益的和谐发展。

农民专业合作经济组织主要是以分散化、小规模的农业家庭联合为基础的农民专业经济合作组织体系。在我国现代化农业发展中，这种组织体系依据科学发展观，以农民自愿、农民受益为出发点。德昌县要结合现代农业产业融合的视角，创设好的政策、法律及社会环境，重点发展德昌县农民专业合作经济组织。德昌县应积极引导，建立各地合作组织，结合本县农业发展规划与经济发展实际情况，制定近期及长远专业合作经济组织规划，有效带动社会经济的全面发展。

通过对德昌县农业发展情况现状及存在问题的分析，笔者发现，在现代农业的发展过程中，德昌县已经尝试做出了很大的改革创新。但从目前情况来看，德昌县还未能完全脱离传统农业的束缚，部分农民缺乏现代农业发展的新理念。要改变现有状况，实现农业增产、农民增收和财政增效，其根本出路在于转变农业发展方式，加快农业现代化建设。因此，在今后的发展中，德昌县还需加大对现代农业的投资力度，依托得天独厚的自然资源优势及区位优势，大力发展现代农业，提高农民收入，促进德昌县经济水平的快速发展。

甘洛县海棠镇打造四川省旅游休闲型
特色小镇的调查与思考[*]

周姝君　黄元奇

旅游休闲型特色小镇不是行政区划单元上的一个镇，也不是产业园区的一个区，而是按创新、协调、绿色、开放、共享的发展理念，结合自身特质，找准旅游休闲定位，进行科学规划，挖掘旅游特色、人文底蕴和生态禀赋，有明确旅游规划、文化内涵、旅游特色和一定社区功能，形成特色小镇集群效应的重要功能平台。地处凉山州北部，素有凉山"北大门"之称的甘洛，以甘洛县海棠镇纳入"旅游休闲型小城镇"规划的发展机遇，以甘洛县特色景观、历史文化、民俗宗教、休闲养生等资源为依托，发展甘洛县旅游业。甘洛县海棠镇如何打造四川省旅游休闲型特色小镇，实施旅游兴县战略，使旅游业以其绿色产业和"无烟工业"成为甘洛县拉动经济发展的优势产业，是我们必须思考的课题。为此，本课题组就相关问题进行深入、广泛的调查、分析和研究。

一、甘洛县海棠镇打造四川省旅游休闲型特色小镇的基本情况

旅游休闲型特色小镇将适应大休闲时代的发展趋势，按照提升甘洛资源品质和旅游品牌、培育战略性支柱产业的内在要求，建设综合性、多功能、多业态的旅游圈，辐射甘洛县其他地方独特的自然旅游资源和人文旅游资源，形成特色小镇集群效应，使甘洛丰富的资源得到更好的开发利用，促进甘洛旅游经济又好又快地发展。经广泛的调查分析可知，甘洛县境内拥有富甲一方的、独特的自然旅游资源和人文旅游资源且类型齐备、分布广泛、数量众多、特色明显的自然、人文、复合旅游资源。

（一）甘洛地缘特色

甘洛县位于凉山州北部，素有凉山"北大门"之称，是凉山连接雅安、乐山、成都等地的重要门户，南距州府西昌 237 千米，北距省府成都 320 千米，均有公路相连。同时，成昆铁路由北向南纵贯县境 62.5 千米，境内设有 7 个火车站，成昆铁路复线正在建设中。甘洛县属中亚热带气候区，境内山峦起伏、沟壑纵横、雄奇美丽，全县森林覆盖率达 57.25%。

---

* 2017 年度四川省党校系统调研课题。作者单位：中共甘洛县委党校。

（二）海棠古镇及灵关古道的基本情况

1. 甘洛县海棠古镇地处甘洛县城西北部，距甘洛县城 22.5 千米，紧邻石棉县，距成雅高速石棉高速路口 39 千米。海棠镇属高山气候，境内最高海拔 4 000 米，最低海拔 1 700 米，平均海拔 2 200 米左右，四季分明，干湿分明，雨热同季，气候凉爽。年均气温 16℃～17℃，盛夏天气凉爽，为避暑胜地；严冬山中气候寒冷，山顶终年有冰，是人们观雪、滑雪的好地方。

2. 甘洛县海棠古镇的农作物以马铃薯、荞麦、苦荞、白芸豆、玉米为主。牧业以绵羊、山羊、黄牛、猪为主，境内生长着具有很大药用价值的天麻、党参、贝母等名贵药材和野牛、岩羊、獐子、雉鸡等珍稀动物。矿产资源富集，已探明储量的矿种有煤、铅、锌、铜、铝、铁、磷等。特产有腊肉、灰豆腐、玛玛菜、海棠白酒和苦荞酒等。

3. 甘洛县海棠古镇至今已经有 2000 多年的历史，被称为茶马古道上的明珠，是古代南方丝绸之路灵关道进入凉山的第一重镇与重要关隘，是藏彝走廊的重镇，现有保存较为完好的古街古城门，还挖掘出了明代"将源石刻"、千佛寺、关押太平天国翼王石达开遗址和城西部分清道光年间的古墓群等遗迹。

4. 海棠古镇远古时主要居住着越嶲羌和笮人，唐时称该地为"达士驿"，今彝族仍称为"嘎达铺"（彝音）。古镇因一度庙宇众多，被称为成都出南门外的第一座庙林古城。现在每年农历五月二十七的千佛寺庙会，仍然吸引着四面八方的人们前来参拜祈福。汉武帝元鼎六年（公元前 111 年）置越郡时海棠设阑县。明朝时在此置"镇西守卸后千户所"，有步、骑、勇兵丁 310 名。嘉靖四年（1525 年）观察使胡东皋修筑土城，后倒塌。雍正八年（1730 年）再筑土城，开有西、北两门，古镇初具规模。道光十八年（1838 年），修筑砖石城墙，开东、西、北三门，现北门保存较好，城周约 400 米，古城墙尚依稀可辨。

5. 历史悠久的灵关古道位于县城西北部，距县城 47 千米，灵关古道上的清溪峡地处坪坝乡境内，南北走向，全长 5 千米，灵关古道沿峡底穿峡而过。从牦牛道算起，甘洛有人类活动的历史可推至公元前 4 世纪的战国时期，在汉武帝时期，西汉王朝在甘洛境内设置了县级治所。在 4000 年前，四川盆地就存在几条从南方通向沿海，通向今缅甸、印度地区的国际大通道，它由贯通四川和云南的灵关道、五尺道、博南道、永昌道和缅印道连接而成，这条通道古时称蜀身毒道，现代史学家沿用"丝绸之路"称呼的惯例而称之为"南方丝绸之路"。灵关古道是南方丝绸之路上的主要线路之一。公元前 129 年，汉武帝派遣司马相如开"西夷道"，由今之成都经邛崃、雅安、汉源、甘洛、越西至西昌，此为西线灵关道，也是历史最为悠久的一条古道。甘洛县是南方丝绸之路（灵关古道）的重要节点，至今保留着源远流长、多姿多彩的古道文化。

6. 唐代剑南西川节度使韦皋在峡内设置的清溪关（有学者认为此关即汉之灵关），被称为南方丝绸之路迈向横断山脉的第一关，是成都平原的"南城门"，正所谓"清溪、邛崃二关破，则成都破矣"。因而，清溪关成为汉、唐设关御敌之要津，古来兵家必争之地，中原汉文化与西南少数民族文化之分水岭，因而成为境内名胜。峡内植被茂盛、水流淙淙，古庙宇遗址、古兵站遗址、石桥、马道、天心眼、飞观音、断头崖等景观以及两侧 6 座 3 000 米以上的险峰，让人充分感受到自然和历史文化的双重神奇。灵关古道清溪峡段是国内仅存的年代最久远、保存最完整、路程最长、马蹄印最深的古代青石板路。2013 年，甘洛清溪峡古道荣升为全国第七批重点文物保护单位，实现了甘洛县国家级、省级文物保护单位零的突破，为甘洛历史文化厚度抹上了浓墨重彩的一笔。

7. 最适宜的度假胜地——松树坪。坪坝乡附近的松树坪，属于高山地区一片美丽的小平原，海拔 2 100 米，坪坝总面积达 2 万余亩，四周是舒缓的山坡，草甸、牧场、耕地、林地环绕，环境极其迷人。松树坪夏季气候凉爽，空气湿度适中，是绝佳的避暑胜地。冬季又有赏雪和开展冰雪运动的良好条件。附近的万亩高山草甸，地势舒缓起伏，海拔 2 500～3 000 米，冬季积雪时间长达 2 个多月，可以开发为重要的冬季冰雪运动度假基地。

（三）蓼坪旅游景区的基本情况

1. 高山生态复合景小月山。小月山是小相岭的北延部分，位于蓼坪乡境内，最高海拔 4 000 米。蓼坪乡紧邻着海棠古镇。小月山自然景观极其丰富，观赏价值很高，高山草甸、杜鹃花海、大小海子、原始森林、云海、雾瀑和众多野生动物，成为十分重要的自然景观荟萃地。牛角海是位于海拔 3 700 米处的高山湖泊，湖面面积 200 余亩。群山环抱的牛角海明丽、静谧，恰似镶嵌在小相岭上的一块明镜。牛角海周边的冷杉林郁郁葱葱、苍翠挺拔，远处的古冰川遗迹山体裸露、怪石嶙峋，牦牛群聚而游，构成一幅金色的山野诗画。

2. 世界濒危文化——尔苏藏族文化。尔苏是藏族的一个分支，其文化作为一种古老的濒危文化现象，正引起国内外学术界的关注。受联合国教科文组织委派来甘洛研究尔苏文化的国际知名民族语言学家、中国社会科学院教授孙宏开先生指出，尔苏人拥有比东巴文字更原始、文字发展层级更低的图画文字——萨巴文，其童话挖掘出来不比安徒生童话逊色。尔苏藏族的服饰文化、民俗文化、民歌民乐独具特色，值得认真研究和保护，其中，尔苏射箭节等已被列入省级"非物质文化遗产"名录。

（四）吉日波旅游景区的基本情况

1. 神秘的彝族文化。彝族史前传说中的神山吉日波，地处甘洛县南面，距甘洛县城 12 千米，高 30 余米，底部周长 400 余米，侧面外观为金字塔形。吉日波在彝语中的意思为"闪光的地方"或"秤星"，传说它是彝族繁衍的原初，由此成为彝族人民心中的神山。

2. 普昌梯田。普昌镇位于甘洛县东南部，距县城 6 千米，普昌梯田总面积为 8 000 亩左右，明末清初由外地迁徙来甘洛居住的彝人开发，大春种稻谷，小春种豌豆、小麦、油菜、蚕豆等，四季种植的农作物构成了独特的梯田景观。梯田景观与当地原生态村落共同构建为梯田村落民俗风情旅游体验区，成为境内壮美的农业景观。

3. 阿嘎温泉。甘洛境内有 6 处温泉，平均水流量达 428 万立方米，已开发的一号温泉距县城新市坝镇 7 千米处苏雄乡埃岱火车站西侧约 50 米处，流量达 118.298 升/秒，水温 31℃，现已建成 15 亩水面渔场，养有罗非鱼和台湾淡水白鲳等热带鱼类。三号温泉位于县境南部，距县城 43 千米的阿嘎乡格古河南侧，水温 43℃，有硫化氢气味，现已建成约 5 亩水面渔场，养有中华鳖、罗非鱼等热带鱼类。还有二号、四号、五号、六号温泉，水温均在 20℃～30℃不等，都具有待开发前景。

（五）大渡河旅游景区的基本情况

1. "世界最深的峡谷"——大渡河大峡谷。大渡河大峡谷西起大瓦山，东抵寿屏山主脉，南起甘洛县乌史大桥乡，北抵老贡山主峰，南北长 26 千米，东西宽 14 千米，面积达 400 余平方千米。峡谷最深 2 600 米，谷宽最窄处 30 余米，峡谷深度远在长江三峡和美国科罗拉多大峡谷之上。峡谷岩层几乎水平重叠，记录了几十亿年来地质演化的历史，被誉为巨厚的地质天书。2002 年被批准为国家级地质公园，2005 年又以其雄浑险峻的自然景观和峡谷内多民族聚居的人文资源，从 20 个入围名单中脱颖而出，入选"中国最美的十大峡谷"。而大峡谷最美景点在甘洛县境内，有 26 千米长。大峡谷两岸山峰林立，景色绮丽，气候垂直分布，物种多样、典型、完整、稀有，独具特色的大桥彝族风情及其独特的生产生活方式，构成了大渡河悬崖村寨的无限风光。从谷底登顶，会给人以"跃上葱茏四百旋""上有六龙回日之高标，下有冲波逆折之回川"之感慨，峡谷之内，"两岸青山相对出，天门中断楚江开"的壮美景观随处可见。大渡河大峡谷雄比三峡，险胜峨眉，险峻雄奇，变幻莫测，是甘洛自然旅游资源的精品，具有巨大的开发价值。

2. "绿色瑰宝"——四川省马鞍山自然保护区。甘洛马鞍山是被专家诠释为"东方多瑙河"朋辈水系上的"绿色瑰宝"，总面积达 28 206 公顷，是一个以大熊猫等野生动植物为保护对象的省级自然保护区。保护区内，森林植物达 180 科 447 属 1 500 余种，栖息着包括大熊猫在内的 300 多种野生动物。世界级珍禽——四川鹧鸪的第一只模式标本就出自马鞍山。它还拥有美丽的"植物活化石鸽子树"——珙桐。海拔 4 288 米的马鞍山主峰是甘洛的最高峰，围绕主峰，山岭起伏、峰峦叠嶂、沟壑纵横、瀑布高悬，并以"五绝四海"——佛光、日出、圣灯、云瀑、花山、云海、林海、雾海、花海受到外界青睐。

3. 瀑布沟水电站，是大渡河流域水电开发的控制工程之一，是一座以发电为主，兼有防洪、拦沙等综合效益的特大型水利水电枢纽工程。电站总装机容量为 3 600MW，安装了 6 台单机容量 500MW 的混流式水轮机。电站正常蓄水位为 850 米，水库总库容 53.9 亿立方米，其中防洪 8.43 亿立方米，水库干流回水长 72 千米，库水面积为 84 平方千米。电站枢纽工程由高 186 米的心墙堆石坝、溢洪道、泄洪洞、引水发电系统等组成。特大型水利工程的景观优势、交通区位优势、科技优势，必将成为甘洛旅游的新亮点。

4. 彝族的饮食、服饰等民俗文化。地处甘洛县北面（观赏大峡谷旅游景点的途中），距县城 12 千米的苏雄乡的杆杆酒味美香醇，是彝族待客的佳品，太平天国名将石达开饮此酒后，以诗赞美："千颗明珠一瓮收，君王到此也低头。五岳抱住擎天柱，吸尽黄河水倒流。"甘洛坨坨肉、豆渣菜、酸菜汤因烹制工艺的不同，呈现出有别于其他彝区的独特风味。甘洛县彝族白色擦尔瓦等服饰在凉山彝族服饰中别具一格。在这些彝族文化中，甘洛县乌史大桥乡独特的彝俗是甘洛民俗文化中的一件珍宝，至今无人解开她神秘的面纱。其神秘之处在于，家里供奉的神位与汉族神位相似，传统就餐多用碗筷；女子服饰色彩区别于大多数彝区，通常用红黄蓝黑色，图案呈现浅色底上绣花或染小碎花；酷爱唱山歌，但又拒绝外人录音、采风；村寨大多建在"鸡鸣云中，犬吠天闻"的绝崖峭壁之上，住房呈丁字形……这种独特的生产生活方式，形成了大渡河悬崖村寨的奇特彝族风情。

二、甘洛县海棠镇打造四川省旅游休闲型特色小镇及形成旅游集群效应存在的困难和问题

（一）海棠旅游特色小镇产业发展基础相对薄弱

打造旅游休闲型特色小镇存在自身财力不足、缺乏有效资金筹措及投入机制等问题，特色小镇利用社会资本建设的能力不够、经验不足。

（二）旅游集群效应的辐射性不强，尤其是旅游资源的整合和保护力度不够

甘洛虽然有很多景点，但受经济的限制，食、住、行、游、购、娱六要素结合得不够理想，行、购、游、娱设施滞后。休闲项目相对较少，而且受消费水平、生活方式影响较大，对游客缺乏吸引力。各旅游点之间、旅游线之间缺乏紧密的联系，整合力度不够。人文景点与自然景区、景点之间存在隔离，在设计旅游路线时不能将其连贯起来，景点分散、不集中。如果不能有效整合域内的旅游资源，旅游资源的整体性就展示不出来，规模效应也就发挥不出来，这些散落的旅游资源吸引旅游者前来观光的能力就减弱了，游客的数量和居留的时间也会随之减少。

（三）海棠古镇许多旅游资源的保护和建设状况还较滞后

由于历史、人为原因，海棠古镇内古街及古城门、明代"将源石刻"、千佛寺、关押太平天国翼王石达开遗址等都有所损毁。这些损坏的古迹没有得到及时修复，旅游产品的完整性遭到破坏，导致许多旅游点沉寂，甚至逐渐消失了。

（四）海棠旅游特色小镇非正式部门发展不规范，不利于旅游资源的开发和保护

非正式部门包括家庭旅馆、旅游纪念品小商贩、个人旅游汽车等以劳动密集和简单方法进行生产或提供服务的无组织的、非正式的小型旅游经济活动单位。这些非正式部门产业人员大多专业素质低，而且只追求个人利益的最大化，诚信度较低，环保意识较差。这一方面影响了旅游资源的整体形象，另一方面旅游资源的开发又造成了严重的环境问题。

（五）海棠特色小镇旅游品牌缺失

海棠旅游特色小镇产业发展正处于起步阶段，虽然具备后发优势，但是从整个凉山州的旅游资源来看，民族民俗文化、山地自然旅游资源大致雷同，面临着区域旅游品牌的同质化竞争。甘洛县很多优秀旅游资源在同类旅游资源中都具有较大优势，但是旅游品牌的缺失使得甘洛海棠特色小镇的知名度不够、影响力小，导致其客源市场受到很大的影响。

（六）海棠特色小镇旅游附属产品开发没有形成产业化

一种旅游商品衍生另一种旅游商品的系列化生产格局，是一个景区旅游业发展到一定阶段的产物。目前，甘洛县的旅游业发展处于起步阶段，旅游商品开发结构单一、种类稀少，仅限于彝族服饰、彝族工艺品和苦荞茶等少量旅游产品，其中大部分旅游商品都是以家庭或个体作坊为生产主体，没有形成规模化的产业化生产。甘洛旅游商品的销售市场主要在凉山州内，没有向成都、重庆等大市场拓展，销售规模小，销售对象范围窄，没有体现出旅游产品应有的独特魅力和效益。除此之外，甘洛县尚未建立旅游商品宣传营销体系，政府相关部门和企业在旅游商品宣传营销方面的人力、资金等方面投入力度不足，旅游商品纯属自然发展状态，使得旅游附属产品开发没有形成产业化，知名度较低。

三、甘洛县海棠镇打造四川省旅游休闲型特色小镇及旅游集群效应的对策建议

根据以上调查分析，甘洛县海棠镇打造四川省旅游休闲型特色小镇处于起步阶段，必须紧紧依托甘洛县独特地域、资源能源及交通优势，响应四川省休闲旅游型特色小镇发展相关政策，加快打造甘洛县海棠镇旅游休闲型特色小镇发展模式，积极推进特色小镇与旅游集群的融合发展，防止出现运动式造城，盲目投资，千镇一面。当地政府及有关职能部门应抓紧制定《甘洛县海棠镇旅游管理办法》，将旅游资源的保护与开发、招商引资的管理与保护、旅游管理人才引进和培养、从业人员的制度化管理等内容纳入其中。相关立法部门应针对甘洛县海棠镇打造四川省旅游休闲型特色小镇的实际问题，进一步完善有关法律法规，对甘洛县海棠古镇的管理能科学处理好开发与保护的辩证关系，以实现经济效益型管理。

（一）合理定位，科学论证

甘洛县要以现有基础条件为支撑，以当前各项利好政策为契机，抢抓机遇，适度超前。认真落实省委打造四川省休闲旅游型特色小镇的工作部署，主动对接四川旅游产业发展总体规划。围绕建设四川休闲度假旅游目的地，按照特色景观、历史文化、民俗宗教、休闲养生的"四位一体模式"构架四类景区：一是海棠古镇休闲避暑旅游景区，包括海棠古镇、茶马古道。二是蓼坪旅游景区，包括小月山自然生态景观、尔苏藏族民俗

文化、天然温泉、民族山寨、历史文化（太平天国古战场、民碉遗址等）。三是吉日波旅游景区，包括彝族神山吉日波、彝族鬼山德布洛莫、普昌镇及阿尔乡梯田村落、阿嘎温泉。四是大渡河旅游景区，包括大渡河大峡谷、大渡河畔云崖彝寨、大型水电站瀑布沟电站等。在此基础上，甘洛县要进一步编制完善本县旅游发展总体规划和景区建设、旅游产品开发等专项规划。结合甘洛县脱贫攻坚战，大力发展乡村生态旅游，坚持以生态建设为本底，在提升持续发展能力上精准发展，整合各个旅游资源，真正把旅游功能融入"十三五"等相关产业规划，相互渗透、互促并进，全力打造旅游特色鲜明、综合效应的"特色小镇旅游集群"。

（二）充分利用好区位优势，融入旅游大环境

如前所述，甘洛具有地处凉山"北大门"、在成都四小时大旅游经济圈上具有襟"四地"连"五县"的区位优势。成都四小时大旅游经济圈已步入成熟轨道，凉山是四川省打造旅游经济强省的旅游产品储备基地之一。因此，甘洛县只要以雅西高速北进、成昆复线南进旅游线路为切入点，并精心规划、精心开发、精心发展、加强合作，就能融入旅游大环境，从而以自身魅力吸引更多的游客，进而获得可观的旅游经济效益。

（三）恢复部分重要古迹

古迹是历史的实证之一，尊重历史就要关注古迹。古迹被毁固然遗憾，但仅靠遗憾不能抢救历史之迹。恢复部分重要古迹，既有历史价值又有旅游价值。就甘洛部分古迹恢复而言，凉山州博物馆馆长唐亮在第三次全国文物普查中的材料和《甘洛县文史资料》可作为重要依据资料。

（四）建设培育多样性、多元化的旅游产品，开发特色旅游商品和纪念品

结合当地丰富、特色、多样化的旅游资源，甘洛县应根据各种资源特色及其组合风格，建设培育多样性、多元化的旅游产品，使其成为凉山北部旅游产品储备基地不可或缺的重要组成部分。其旅游产品主要有：以名胜风景观光、避暑度假为主题的蓼坪游；以访古寻秘为主题的海棠古镇游和古老濒危的文化寻踪游；以体验民族文化为主题的吉日波游；以探险、探秘为主题的大峡谷游；以巨型水电站观光为主题的瀑布沟游；以理疗、健康为主题的阿嘎、苏雄乡埃岱温泉游；以神奇自然景观欣赏为主题的小月山游；以科普、生态为主题的马鞍山自然保护区游等。另外，甘洛县应充分利用县境内资源优势，开发天麻、苦荞、核桃、玛玛菜以及彝族器皿、服饰、杆杆酒（彝族杂酒）等特色旅游商品。

（五）重视并加强"甘洛县海棠镇旅游知识"的挖掘、整编及相关培训

"甘洛县海棠镇旅游知识"的挖掘、整编工作具有"功在当代、利在千秋"的历史价值，同时也是甘洛旅游业的宝贵资料。甘洛县应组织相关专家、专业人员对县境内自然的、人文的旅游资源进行广泛、深入的调研、整编，尤其是濒危资源，一方面应加强保护，另一方面应做好相关记载和建档工作。提高大众旅游意识和从业人员素质是改善

旅游软环境质量、增强当地旅游魅力的重要因素，而相关培训是培育大众旅游意识、提高从业人员素质的有效途径之一。甘洛县应主动联合四川大学、甘洛职业技术中学等院校进行相关培训。培训应注意三点：一是培训内容以甘洛海棠镇旅游知识、旅游业管理知识、旅游业服务技能知识、导游知识为主体内容；二是培训的整个过程要充分整合社会资源：场所、培训人员（专业培训人员、客座培训人员）；三是旅游业的管理逐步引入"资格准入制"，将"旅游参训合格证"作为从业人员应具有的必要条件之一，从而形成一支具有现代化水平的旅游人才队伍，保证旅游小镇历史人文和生态旅游转型升级对人才的需要。

（六）强化旅游宣传力度

甘洛县应通过"互联网＋旅游"，开发甘洛特色旅游网站平台，实现网上订酒店、订餐、订车票等功能，利用互联网平台的便捷性、互动性、趣味性，为游客带来全新的全流程智慧体验。甘洛县还可通过广电途径对甘洛旅游知识实施滚动式播放，编撰、发放甘洛旅游知识小手册，举办以旅游为内容的小品、歌舞等表演节目，将甘洛旅游知识、旅游信息融入县乡村及社区各级群众性活动中，使每一个甘洛人都能了解甘洛旅游，懂得甘洛旅游，并能积极地宣传甘洛旅游。尤其是发挥好"名人效应"，借助本土的文化界、商界、政界、艺术界等名人名气，比如邀请风靡全国的甘洛籍歌手、演员吉克隽逸作为甘洛旅游的形象大使，加大甘洛旅游的宣传力度，尤其是要多上中央电视台，达到"墙内花开墙外香"的宣传效应。

总之，只要充分运用好得天独厚的资源优势和区位优势，以创新、协调、绿色、开放、共享"五大发展理念"为统领，坚持科学规划、合理开发、协调发展，甘洛县海棠镇打造四川省旅游休闲型特色小镇品牌指日可待。

凉山州基本公共文化服务均等化问题调查
——以甘洛县为例[*]

朱盛华　黄伟平　曹　平　王　珊

　　实现基本公共文化服务均等化是国家对民族地区文化扶贫项目的重点内容，对保障民族地区广大人民基本文化权利、传承发展少数民族文化、构建社会主义核心价值体系与整合国家认同、实现全面建成小康社会具有重要的实践价值和现实意义。甘洛县位于四川省西南、凉山彝族自治州北部，素有凉山"北大门"之称，境内重峦叠嶂、沟壑纵横，自然风光雄奇壮美，名胜古迹声名远播，历史文化丰富厚重，民族文化绚丽多彩。全县面积为2 156平方千米，总人口为 22.44 万人，辖 28 个乡镇、231 个行政村（居委会），境内居住着彝、汉、藏等 14 个民族，是以彝族为主的少数民族聚居县和国家扶贫开发工作重点县。西部大开发以来，特别是开展精准扶贫工作以来，甘洛县经济社会加快发展，人民生活水平显著提升，推进基本公共文化服务均等化取得了良好的社会效益，同时也存在亟待解决的问题。甘洛县推进基本公共文化服务均等化的现状在凉山彝族自治州具有代表性，本课题组以甘洛县为例，对凉山彝族自治州基本公共文化服务均等化开展调查研究，旨在能够更好地贯彻落实中央和地方加快构建现代公共文化服务体系的重要战略部署，较快提高基本公共文化服务能力，以满足民族地区人民群众日益增长的精神文化需求。

一、甘洛县基本公共文化服务现状

　　近年来，随着西部大开发战略和精准扶贫工作的深入开展，以及国家对集中连片贫困地区的持续投入，甘洛县基本公共文化建设投入稳步增长，覆盖城乡的公共文化服务设施网络基本建立，公共文化服务效能明显提高，人民群众精神文化生活不断改善，现代公共文化服务体系建设取得显著成效，呈现出整体推进、重点突破、全面提升的良好发展态势。

（一）文化服务设施建设情况

　　甘洛县以公共图书馆、文化馆、博物馆、乡镇综合文化站、村（社区）文化室为重点，以流动文化设施为补充，统筹规划，均衡配置，推动县乡两级基本公共文化设施加

---

　　* 2017 年度四川省党校系统调研课题。作者单位：中共甘洛县委党校。

快建设。截至目前，城区有建成多年正在使用的文化馆，有投资1 500万元建成的综合体育馆和大渡河电影院，有投资60万元修缮的彝族土司文化博物馆，有投资400万元正在建设的图书馆，有流动电影设备6套。乡镇有投资877万元建成的28个乡镇综合文化站和31个乡镇（社区）书屋，有总投资1 589万元正在建设227个村文化活动室、文化院坝和村级农家书屋等。

（二）文化产品及服务情况

1. 开放文化馆站、开展全民阅读情况。甘洛县免费开放县文化馆1个、图书馆1个、电子阅览中心1个和乡镇文化站28个。在全县范围内开展全民阅读活动，并举办读书比赛活动，收到了良好的效果。2016年借阅图书量达2 512人次。

2. 搭建实践平台、举办文化活动情况。甘洛县为西南民族大学艺术学专业研究生搭建文化艺术创作与表演社会实践体验平台，还举办了各类文化活动，2016年举办石海文化惠民、五四文化惠民、凉山国际火把节、玉田镇火把节、黑马乡第二届核桃节、普昌镇彝族年文化、县庆六十周年文艺晚会等活动。2016年组织指导乡镇文化体育比赛、春节期间舞龙舞狮等文体活动，观众人数达4 064人次；送文化文艺下乡30次，观众达84 300余人次。丰富多彩的文化活动为甘洛县营造了一个良好、有序的文化市场氛围。

3. 非遗项目申报与历史文化整理情况。甘洛历史悠久，自古就是西南各民族迁徙的重要走廊，境内的海棠镇为古代南方丝绸之路的重要驿站。独特的自然条件和人文环境为甘洛县留下了众多非物质文化遗产及历史文化遗迹。甘洛县委、县政府高度重视民族民间文化和非物质文化遗产保护工作，将非物质文化遗产保护工作列为全县文化建设的重要任务，要求加强普查工作，进行系统、有针对性的挖掘和抢救。

甘洛县建立和完善本级非物质文化遗产名录体系。2008年县政府公布了216个非遗项目，其内容涵盖民间文学、传统音乐、曲艺、传统技艺、民俗等类别。甘洛县积极开展非遗项目申报，截至目前，已经获得省级非物质文化遗产名录11个、州级非物质文化遗产保护项目20个。甘洛县有8个省级代表性传承人，培养州级、县级传承人500多名，各非遗项目代表性传承人积极参加公益性文化活动并多次获得奖励。甘洛县积极开展历史文化整理，2016年完成了《藏羌彝文化产业走廊（核心区域）·甘洛卷》文本的编撰；完成了《甘洛六十年变迁画册》《甘洛辉煌六十年》《美丽甘洛》等的编辑、出版工作；完成了《甘洛彝族年》的缮写、编辑工作；完成了甘洛作品版权登记工作，对甘洛县民间艺人作品进行及时收集、整理与汇编。

（三）基层文化队伍建设情况及公共数字文化建设情况

甘洛县基层文化队伍建设滞后。县文化局有4人，县文化馆有5人，县文管所有2人，县文化执法大队有5人，县农村电影放映中心有12人，县级文化单位不足30人；乡镇综合文化站长为28人；行政村（居委会）文化志愿者为231人。人员总量严重不足，结构不合理。甘洛县公共数字文化建设刚刚起步，只在县图书馆、乡镇文化站搭建了公共文化信息共享平台。

（四）群众文化活动情况

甘洛县作为多民族聚居区，沉淀了极其丰富、风情独特、极具魅力的民族传统文化，包括尔吉沙嘎文化、藏族尔苏文化、土司文化等；甘洛县民族节日众多，如藏族还山鸡节（藏名"拉干比"）、彝族的"磨尔秋"（体育竞技活动）、藏族尔苏射箭节、开耕节、神仙节、火把节等；加之婚俗、丧葬习俗、彝族年文化、杆杆酒文化、彝族宗教、藏族宗教等，丰富多彩的民族文化、节日、民俗相互交织、异彩纷呈。县乡还组建有舞龙舞狮队、鼓舞队、健身操队等各种群众自发组建的文化队伍 10 多支。近年来，在政府文化职能部门的引导下，甘洛县借助文化馆、图书馆、乡镇文化站、村活动室等平台，每年有序开展文艺演出、全民阅读、民俗活动等群众文化活动。

二、甘洛县推进基本公共文化服务均等化面临的主要问题及原因分析

从调查情况可以看出，甘洛县推进基本公共文化服务均等化主要面临以下四个问题。

（一）配置不均衡，基层设施不足，利用率不够

调查发现，一方面，甘洛县县域经济总量小，2016 年国内生产总值只有 26.68 亿元，地方公共财政收入只有 1.8 亿元；民生事业欠账太多，基本公共文化服务设施建设主要靠项目支撑，靠中央、省州转移支付，文化设施不足，功能不全，服务层级较低。另一方面，甘洛县公共文化设施建成后，缺乏有效监管，特别是乡村文化站（室）的管理和运行机制缺失，主要表现在：城区公共文化设施开放时间不够；农村公共文化设施闲置或随意挪作他用，使用率不高，服务水平较低。

究其原因，主要是受经济社会发展阶段及历史原因限制。基层设施不足，是由投入不足造成的；利用不够，是缺乏有效管理。

（二）文化产品数量和质量与各民族人民多元文化需求不相适应

调查发现，城市享有的基本公共文化产品数量远高于农村，质量也远优于农村，基本公共文化产品数量和质量与城乡人民多元文化需求不相适应。少数民族优秀传统文化资源是少数民族人民的精神富矿，但挖掘保护发展滞后、传承人匮乏，少数民族优秀传统文化产品数量和质量与人们的多元文化需求不相适应。开发和提供适合老年人、未成年人、残疾人、农民工、农村留守妇女儿童、生活困难群众等群体的基本公共文化产品和服务尚未提上议程。一些服务项目存在覆盖盲区，尚未有效惠及全部流动人口和困难群体。

以上种种情况，发展不足是主要原因，数量和质量的需求增加是重要原因。随着从温饱到小康、从封闭到开放，民族地区正在积极、稳健地迈向小康社会。"仓廪实而知礼节，衣食足而知荣辱。"衣食住行等基本生活资料满足之后，人们对精神文化产品的需求就急剧上升。这不仅仅表现在数量上要求更多，更表现为质量上趋向于多元、多

样、多变。显然，过去那种低水平、广覆盖、区域性、同质化的文化产品供给方式，已经与之不相适应了。

（三）农村文化供给与需求错位

目前，甘洛县农村文化的供给是政府的公共供给，主要体现在文化服务基础设施和文化活动供给两方面。农村文化服务基础设施主要是乡镇综合文化站、村（社区）文化室、文化院坝等，使用频率很低，每年不足 2 次。过低的使用频率表明政府文化供给效率的低下，这与政府公共文化提供的初衷是相违背的。调查发现，甘洛县农民每天的闲暇时间都在 8 小时以上，从某种程度上讲，农民闲暇时间多，其文化需求也相应增加，但农民大量的闲暇时间仍然不能被文化活动充实，供需不对口。农民只得将这些闲暇时间分配在睡觉、看电视、打麻将及串门聊天上，其文化需求未得到充分满足。

究其原因，主要在于农村文化服务设施建成后，没有进行有效宣传和开放，导致农民的认知与实际建成情况的差别，供给与需求错位。

（四）基层文化队伍人才匮乏

从甘洛县调查情况来看，基层文化队伍人才匮乏，主要表现在三方面。一是人才总量严重不足。甘洛县属民族山区小县，全县人口不足 23 万，由于历史原因，县级文化单位长期缺编缺人，包括文化局、文化馆、文管所、文化执法大队、农村电影放映中心不足 30 人；乡镇综合文化站设站长 1 名，全县 28 个乡镇共 28 名站长，由副乡（镇）长兼任；村文化室设文化志愿者 1 名，全县 231 个行政村（居委会）共 231 名文化志愿者。二是人才队伍结构不合理。现有县级文化单位人才队伍中，有相关专业背景的不足三分之一，复合型人才和高技能人才更少；中高级技术人才老龄化现象突出，人才梯队有断层，知识结构相对老化。三是人才发展机制不完善。基层文化人才投入严重不足，许多公共财政文化项目及文化惠民工程只提供设备购置费，而没有工作人员经费。

究其原因，主要在于县乡政府扶持文化人才的政策措施落实不到位，文化人才培养、引进和使用机制不完善。

三、加快推进凉山州基本公共文化服务均等化的对策建议

凉山彝族自治州努力实现惠及全体人民的基本公共服务均等化目标，是人们共享现代化成果的重要举措，是改善民生、统筹城乡发展、构建和谐社会的重要任务，更是与全省全国同步建成小康社会的内在要求。凉山州各级政府是基本公共服务的提供者和落实者，加强公共服务体系建设，提高政府公共服务能力，全面落实基本公共文化服务国家指导标准和地方实施标准，是实现民族地区基本公共服务均等化的关键所在。根据调查、分析，本课题组提出以下对策建议。

（一）以人民为中心，加快构建现代公共文化服务体系

现代公共文化服务体系建设是文化建设的核心内容，关系到文明传承和民生福祉。

享有基本公共文化服务是公民的基本权利，保障人人享有基本公共文化服务是政府的重要职责。

1. 以政府为主导，全面落实基本公共文化服务国家指导标准和地方实施标准，以标准化促进均等化。凉山彝族自治州各级政府必须紧紧抓住国家扶贫开发战略机遇，用好用活国家扶贫相关政策、项目和资金，全面落实国家基本公共文化服务指导标准和地方实施标准。健全基本公共文化设施运行管理和服务标准体系，规范州县（市）乡（镇）各类公共文化机构服务项目和流程。以标准化促进均等化，填平补齐公共文化资源，推动县市间、城乡间公共文化服务均衡协调发展。加大财政投入并随财政收入增长而增长，形成对公共文化事业投入的稳定增长机制。

2. 建立公共文化治理体制，提升公共文化治理能力，实现基本公共文化服务多元化。一是坚持政府主导作用，激发人民群众参与公共文化服务的主动性和积极性，既发挥公共文化管理机构的重要作用，又发挥各类社会组织的力量，实现公共文化治理主体多元化，形成"政府主导、社会参与、共建同享"的良好格局。二是建立合理、充分的政府、社会、公众共同参与的渠道和相关配套规则、程序，打破政府作为公共文化服务唯一主体的治理模式。

3. 推进公共文化服务均衡发展。构建现代公共文化服务体系，就必须将工作重心下移基层，引导文化资源向城乡基层和特殊群体倾斜，实现公共文化服务均衡发展。为此，甘洛县应该努力创新公共文化服务方式，搭建各类展示文化成果平台，从"送文化"向"种文化"转变，吸引广大群众积极参与，提高基层特别是农村文化自我发展能力，打通公共文化服务"最后一公里"，在城乡各地形成"群众参与、群众同建、群众共享"的良好局面。

（二）创新公共文化管理体制和运行机制，提高公共文化服务效能

甘洛县要创新公共文化管理体制和运行机制，完善公共文化服务体系建设协调机制，推动县（市）乡党委和政府统筹实施各类重大文化工程和项目。建立健全州县（市）乡级文化馆、图书馆（室）总分馆制。深入推进公共图书馆、博物馆、文化馆（站）、美术馆等公共文化设施免费开放，提升服务水平，提高群众文化参与度。开发和提供适合老年人、未成年人、残疾人、农民工、农村留守妇女儿童、生活困难群众等群体的基本公共文化产品和服务，更好地满足群众精神文化生活需求。同时，建立群众需求反馈机制，将人民群众的评价作为对公共文化服务体系效能考核的重要依据，保障人民群众基本文化权益的充分实现，真正实现文化发展为了人民、文化发展依靠人民、文化成果由人民共享。

（三）按照"定向培养＋引进"的方式，加强文化人才队伍建设

甘洛县要坚持"服务发展、人才优先、以用为本、高端引领、整体开发"的理念，培养和造就规模适当、结构优化、布局合理、素质优良的文化人才队伍。

1. 乡村需要留得住的"常驻"文化人才。基层文化人才队伍建设根在基层、根在群众。只有"在根上浇水"，才能盛开更加绚烂的文化之花。乡村层面上，吸引外来人

员很困难，最好的办法是内部挖掘。甘洛县要把现有的文化爱好者培养成文化骨干，把优秀的文化骨干培养成文化辅导员，把优秀的文化辅导员发展成弘扬社会主义核心价值观的文化服务志愿者或文化宣传员，形成一个配置合理的文化人才梯队。

2. 吸引外来优秀人才。可以从以下三方面着手：一要打破人才体制壁垒，建立科学、合理、灵活的柔性人才引入机制，由人才引进为主转向人才引进与智力引进并重。二要充分利用发挥专职院校对基层文化人才培养的主体作用，建立健全公开、公平、公正的招考录用机制，吸引有专业知识、专业背景的高校毕业生投身基层文化工作。三要为优秀人才、青年人才提供干事创业的平台，让他们觉得在基层能学有所用，真心愿意留在基层，实现自己的人生理想。

（四）盘活民族文化资源，推动文化惠民，提高公共文化服务水平

当前，社会文化消费正进入快速增长期，文化已经成为改善民生、提高人们生活质量幸福指数的重要因子。在相当长的一段时期内，民族地区相对落后的文化生产与人民群众日益增长的精神文化需求间的矛盾，仍是文化建设领域的主要矛盾。这就要求我们通过改革，立足本州民族文化资源，充分发挥人民群众参与公共文化服务建设的积极性和主动性，激发文化发展的动力、活力，提高文化产品和服务的供给能力，推动社会主义文化大发展大繁荣，促进人的全面发展。

一是深入挖掘民族传统文化的精神富矿，加大文化传承人培养力度，规划建设大凉山彝族文化生态保护试验区，实施重点文化项目，打造具有浓郁民族风情的特色村寨和街区，创作生产底蕴深厚、涵养人心的优秀文化作品。

二是突出"文旅结合、以文兴旅"，围绕凉山州委提出的"打造国际阳光康养休闲度假旅游目的地"，深入挖掘民族文化潜力，着力培育文化领军企业，积极发展文化旅游、影视网络、演艺娱乐、文化创意等新业态，推动文化产业成为战略性支柱产业。

三是深入推进理念创新、手段创新、基层工作创新，加快构建现代公共文化服务体系，稳步提高基本公共文化服务标准化、均等化水平。

四是大力实施"千村文化扶贫行动"，切实保障贫困群众的基本文化权益；深入实施核心价值观建设工程，抓好"民族团结进步示范州"创建工作，组织开展感动凉山人物、"凉山好人"等评选活动；弘扬传统家庭美德、现代家庭理念，抓好法律"七进"，完善村规民约，推动形成爱国爱家、向上向善、共建共享的社会主义家庭文明新风尚；深入推进"四好"村、"四好"文明家庭创建活动，引导群众参与"三建四改五洗"，主动摒弃陈规陋习，养成现代文明生活方式，增强脱贫奔康内生动力，提高人民生活幸福指数。

金阳县脱贫攻坚工作的调查与思考[*]

罗泽洪　沙古鲁日　陈　平

消除贫困、改善民生、实现共同富裕是社会主义的本质要求，是我们党的重要历史使命。全面建成小康社会，是我们党对人民的庄严承诺。金阳县是一个集少数民族地区、边远偏僻地区、贫困地区为一体的国家级贫困县，故而要进一步解放思想、抢抓机遇、攻坚克难、凝聚力量，扎实推动金阳脱贫攻坚进程。

一、金阳县脱贫攻坚目标任务

金阳县有 176 个行政村，贫困村占 150 个。全县总人口 20.41 万，其中建档立卡的扶贫对象达 7 175 户、34 049 人，因此，金阳县脱贫攻坚任务十分艰巨。按照"五年集中攻坚，一年巩固提升"的总体要求，金阳县脱贫攻坚的目标任务是：2019 年，150 个贫困村如期全部"摘帽"，7 175 户、34 049 人如期全部脱贫，全面消除绝对贫困。2020年，农民的人均收入比 2010 年翻一番，实现基本公共服务均等化、社会保障全覆盖，乡乡有标准中心校、达标卫生室、便民服务中心，村村通公路，有学前教育设施、卫生室、文化室、民俗文化坝子、宽带网，户户有安全饮用水、生活用电、广播电视，让贫困群众住上好房子、过上好日子，养成好习惯、形成好风气。

二、2016 年度金阳县脱贫攻坚工作完成情况

2016 年，金阳县全面落实"七个一批""十二个专项扶贫方案""十八个扶贫专项工作计划"任务，累计投入资金 8.2 亿，瞄准贫困村和贫困户，采取超常举措，拿出过硬办法，扎实开展贫困户脱贫、贫困村退出工作。

（一）贫困户脱贫情况

金阳县聚焦"一超六有"退出标准，2016 年完成 1 159 户、5 630 人贫困户的退出工作。

1. "一超"方面。立足金阳实际，因地制宜，大力发展以青花椒、核桃、华山松为主的"3+X"立体林业产业。深入实施借芋还芋、借苗还果、借羊还羊、借猪还猪、

* 2017 年度四川省党校系统调研课题。作者单位：中共金阳县委党校。

借薯还薯的"五借五还"增收项目，增加了农民收入。退出的1 159户贫困户人均纯收入达到3 100元以上，基本上实现了"两不愁"。

2. "三保障"方面。实施彝家新寨建设326户，易地扶贫搬迁649户、2 799人。住房的户型设计、建筑质量均符合国家标准，实现了脱贫户住有所居，住房保障率达100%。脱贫的贫困户子女入学率达100%，无因贫辍学儿童。脱贫的贫困户均纳入医疗保障，贫困户新农合参合率达100%，在县域内医疗机构就诊的贫困群众医疗费用控制在10%以内，群众因病致贫返贫问题彻底改变。

3. "户三有"方面。大力实施农村安全饮水提质增效工程，23个贫困村安全饮用水问题已经解决，贫困户饮水的水量、水质、使用方面均达到要求。投入567万元大力实施农网升级改造，脱贫的农村群众生活用电达标率100%。23个贫困村实施户户通和村级广播覆盖工程，广播电视系统达标率100%，群众通过地面数字电视均能收听收看广播电视节目。

（二）贫困村退出情况

金阳县锁定"一低五有"退出标准，完成2016年23个贫困村退出工作。

1. 降低贫困发生率。经过县自查验收和第三方的评估验收，金阳县23个贫困村的贫困发生率均低于3%，达到贫困村退出衡量指标。

2. 培育村集体经济。以村两委为主导，通过种植大棚蔬菜、建设育苗育种基地、种植经果林和畜牧养殖等渠道建立村集体经济组织23个，其中，依达乡瓦屋村林下养鸡、热柯觉乡丙乙底村蔬菜裸种、芦稿镇油房村青花椒套种白魔芋等示范经营模式最为成功。村集体经济均已制定规范财务管理制度，有合理的、持续稳定的收入来源，以及健全的运行机制，资金流动账目、交易凭据等软件资料齐全，经营性收入人均达3 000元以上。

3. 推进通村硬化路建设。投入资金9 502万元实施23条通村公路和17条通组公路建设，解决了贫困村交通制约瓶颈问题。23个贫困村的群众出行"晴天一身土、雨天一身泥"的情况及"出门靠两脚、运输靠人背马驮"的现象不复存在。

4. 推进卫生室建设。建成卫生室23个，均配齐常用药品，医务人员达到相关执业要求，贫困人口看病就医记录等资料齐全，基本能够满足医疗卫生服务需求，群众看病难的问题得到有效解决。

5. 推进文化室建设。建成村文化室23个，室内面积均在40平方米以上，广播器材、图书、音像制品、宣传栏等资料齐全，能满足村民文化需求。

6. 推进网络基站建设。实施网络信号覆盖工程建设，23个贫困村均已建成网络基站，手机2G、3G或4G信号已实现全覆盖，通信网络问题得到解决。

三、金阳县脱贫攻坚工作面对的主要困难和问题

金阳县在脱贫攻坚中做了大量工作，取得了显著成绩，群众也得到了较多实惠。在肯定成绩的同时，我们也要清醒地看到金阳县是一个边远山区少数民族聚居县，在脱贫

攻坚的路上还面临许多困难和问题，需要不断去攻破、解决。

（一）地势险峻，基础薄弱

区域边缘化导致的基础设施落后、产业发展不足、社会事业滞后仍是金阳县面临的最大问题。金阳县位于四川省西南部，凉山州东部边缘，金沙江下游北岸，属于典型的高山峡谷地形。面积达1 588.23平方千米的土地上高山林立、沟壑纵横交错，最高海拔4 076.5米，最低海拔460米，自古以来素有"地无三分平、出门就爬坡，一山有四季、十里不同天"的说法，千古绝句"蜀道难，难于上青天"是金阳地形地貌的真实写照。金阳地势险峻，地广人稀，农村居民居住比较分散。特殊社会历史、边缘化地理环境和较差自然条件等多种因素交织，金阳县农村的电力、通信、交通等基础设施较为薄弱，农田公共配套设施不完善，农业生产条件差，生产水平低下，经济发展相对滞后，脱贫攻坚难度大。

（二）贫困面宽、量大、程度深

区域性贫困导致的贫困面广、贫困人口多、贫困程度深仍是金阳最大的县情。金阳县是少数民族聚居县，彝族占总人口的81%。贫困村、贫困人口主要集中在彝族村寨。这些地区山高坡陡、气候恶劣、交通相对闭塞、商品相对流通不畅，严重制约着农村经济的发展，农牧民收入十分微薄。贫困群众接受文化教育程度低，残留着的传统旧习惯、不良习俗影响着人们的思想，限制着人们的行动。贫困群众的眼界不够开阔，种养殖业靠传统经验，经营是粗放、原始、简单的劳作，停留在小范围状态。外出务工的群众没有一技之长，多为"卖体力"，经商无经验、无资金，脱贫内生动力不足。贫困地区连片，贫困人口集中，相互影响，相互制约，左看右看，差距不大，贫困群众反而感觉不到"贫困"二字。金阳的贫困问题根深蒂固，1988年被国务院确定为首批4个国定贫困县之一，实施新一轮扶贫开发后又被列为国家乌蒙山片区贫困县。金阳县贫困面宽、量大、程度深的状况仍然没有根本转变，离全面实现小康目标还有很大的差距。

（三）项目资金缺口大

按照退出"一低五有"要求，30户以上的自然村要通硬化路，2017年金阳拟退出39个贫困村中，除行政村外，30户以上的自然村就有30余个，需要修硬化路142公里，缺口资金3 550万元。另外，既要为计划搬迁的贫户在安置地修建公共基础设施，又要为非贫困户在原地修建公共基础设施，两项建设额外增加了建设成本，资金缺口更大。某些扶贫项目的实施国家预算投资与实际总投资有差距。金阳县是国定贫困县，财政支出主要靠转移支付，县本级财力十分匮乏，无力解决缺口资金问题。

（四）易地搬迁指标少，搬迁落户难

经省委、省政府同意，金阳县在临界贫困村人口中新增14 200名建卡贫困人口指标。这部分贫困人口有95%居住在海拔2 300米以上"一方水土养育不起一方人"的高山地区，需要搬迁，而原来易地搬迁的指标又远远不够。金阳跨州安置到眉山等地的移民已将县内土地流转，在迁入地购买了安全住房，但无法在当地落户。落户难给移民群众的生活带来诸多不便。今后还有许多想搬迁到州外的群众，落户难的问题将始终影响着金阳跨州移民安置的进程。

（五）致贫返贫因素交织

金阳县贫困地区的文化教育相对落后，贫困群众文盲和半文盲还占一定比例，文化素质差，发展家庭经济无计划，管理能力弱，外出打工收入低，贫困群众缺文化是致贫返贫的根本所在。金阳县贫困群众大多生活在抵御灾害能力低、靠天吃饭的高寒山区、高二半山区，因多发的自然灾害致贫返贫的概率大。金阳县的毒品问题、艾滋病问题形势十分严峻，因毒因病致贫返贫人数多。金阳县贫困群众的思想观念落后，因好面子、讲排场、摆阔气而铺张浪费，因多子多福、重男轻女而超生，因薄养厚葬、高额彩礼而债台高筑等致贫返贫人数不少；因疾病残疾、缺乏劳动力、缺乏技术、缺乏资金等因素致贫返贫情况严重；没有脱贫致富志向，"等、靠、要"思想严重，因懒惰成性、游手好闲致贫返贫者依然存在。灾、病、毒、愚、穷、懒等致贫返贫因素叠加，使金阳县脱贫攻坚难任务困难重重。

（六）部分干部思想僵化，不主动作为

由于种种原因，部分干部不同程度地存在一些僵化的思想，落后的观念影响了扶贫工作的开展。有的干部存在苦熬守穷的"贫困宿命论"，抱有"三苦"地区保稳定即可，干多干少一个样，干好干坏一个样，抱残守缺保住"贫困县帽子"的想法，安于现状，精神不振，碌碌无为，"庸懒散浮拖"。这些人缺乏宗旨意识、公仆意识，没有夺取扶贫攻坚胜利的责任感和使命感，一味地讲客观条件制约，不讲主观努力，只任职，不担责，不求有功，但求无过，扶贫方式简单，办法不多，措施不力，开展精准扶贫工作不实、不准、不力。

（七）部分群众不思进取，现代文明意识差

有的群众不思进取，没有创业意识，依赖思想严重，自身行动不积极，对送钱送物感兴趣，期待政府"赐之以鱼"，帮助他们解决日常生活困难，而懒于做长远打算。有的群众小农意识严重，只求吃饱穿暖，缺少脱贫致富的决心和勇气，没有拼搏进取的精神。有的群众萎靡懒散，宁愿苦熬，不愿苦干，没有振作起来改变自身现状的动力。一些贫困群众身在贫中不知贫，对自己的生活现状感到满足，认为"建设新生活，树立新形象"与自己无关，席地而卧、裹毡而眠、人畜混居等陋习没有彻底改变。

四、进一步做好金阳县脱贫攻坚工作的建议

党中央对凉山彝区的贫困问题高度重视，制定了支持凉山等三州加快建设小康社会进程的若干意见。省委、省政府在制定凉山彝区"十项扶贫工程"等方案的基础上，专门出台17条特殊支持政策。州委、州政府将全州乌蒙山片区县尤其是凉山彝区作为脱

贫攻坚的重中之重,并安排州发改委等12个单位和德昌县对口帮扶金阳。这些强有力的政策支持,为金阳县加快脱贫攻坚的步伐注入了强劲动力。

金阳县脱贫攻坚时间紧、任务重。奔向小康是民生所向,脱贫攻坚是我们的责任所在。打好脱贫攻坚战,加快金阳县奔康步伐刻不容缓、时不我待。本课题组对做好金阳脱贫攻坚工作做出如下思考。

(一)加强组织领导,严格落实责任

金阳县要始终把脱贫攻坚作为当前的中心任务,加强组织领导,把扶贫攻坚责任压紧压实,把严要求、实作风贯穿于脱贫开发各项工作,充分调动社会力量参与扶贫,整合多领域、全方位的扶贫资源,凝聚脱贫攻坚力量。

1. 县委、县政府要起好主导作用。在脱贫工作中,县委、县政府的主导作用是无可代替的。全县脱贫攻坚"一盘棋",从脱贫攻坚政策的制定到基层扶贫政策的落实,都离不开县委、县政府的宏观把握。县委、县政府要把脱贫攻坚摆在重中之重的位置上,结合金阳县的实际状况,对新阶段的脱贫攻坚工作做出新的战略部署;要定期研究重大问题,安排好全县脱贫攻坚工作,发挥好统筹协调作用,站在全局抓扶贫,统筹推进扶贫工作进程;明确行业部门责任,搭建社会参与平台,形成协同推进扶贫工作格局;整合扶贫资源,把有限的资金综合使用好,把多头的项目统筹实施好。

2. 健全"五个一"帮扶机制,强化主体责任。联村县级领导要担负起组织领导、统筹协调、督促检查落实脱贫攻坚工作的责任。联村县级部门要积极与乡镇协同配合,找准差距,出主意、想办法、补齐短板、推动落实,要全力支持驻村工作组工作。驻村工作组组长、驻村"第一书记"、驻村农技员要严守驻村帮扶规定,切实履职,针对定点贫困村的实际情况,采取有针对性、时效性的措施;全面摸清帮扶对象的基本情况,分析贫困原因,制定脱贫方案,建立扶贫台账;要下足"绣花"功夫,落细落小落实,做到因户施策,精准帮扶;要激发群众内生动力,自力更生奔小康。金阳县要通过健全"五个一"帮扶机制,强化主体责任抓落实,使各方参与力量齐心协力、合力攻坚,扎实推进精准扶贫工作。

3. 明确相关部门职责,落实工作任务。人大、政协要团结带领班子成员和人大代表、政协委员,发挥各自优势,助力脱贫攻坚。人武部门要广泛动员民兵预备役官兵发扬敢打硬仗精神,投身扶贫攻坚主战场。统战、工会等部门要积极开拓社会各级各类组织的参与渠道,团结一切可以团结的力量参与扶贫工作。宣传部门要聚焦脱贫攻坚,以正面宣传为主,广泛报道脱贫攻坚好经验、好做法、好典型。各对口联系帮扶部门要健全常态化沟通协商机制,努力寻求更宽领域、更深层次、更高效率的帮扶合作。各相关部门、各相关人员要认真履职,相互配合,凝心聚力,打赢金阳脱贫攻坚大决战。

4. 强化督查,奖惩分明。金阳县要健全脱贫攻坚"大督查"工作体系,充分整合县委巡察办、县目督办、县脱贫攻坚指挥部督查办公室等督查力量,建立督查任务台账,明察暗访,对任务落实情况、责任主体履职情况等全面、深入地开展督查,定期不定期通报督查结果。加强督查责任,对督查走过场、搞变通、做选择、网开一面等影响脱贫攻坚进度的情形,严肃追究督查主体责任。强化督查,做到奖罚分明,把督查结果作为单位个人评先评优、目标绩效考核重要内容。对扶贫攻坚中涌现的先进典型应及时表扬，对成绩突出的干部应提拔重用。对因失职、渎职影响工作的，该通报的通报，该调换工作岗位的调换工作岗位，该降职的降职，该引咎辞职的引咎辞职，该免职的免职。

（二）突出"五个坚持"，奋力推进脱贫攻坚工作进程

丰富的工作实践，将会积累弥足珍贵的经验。奋力推进金阳脱贫攻坚进程，打赢脱贫攻坚战，必须牢牢把握县委"五个坚持"工作思路。

1. 坚持政治方向不动摇，增强攻坚政治责任意识。脱贫攻坚是一项紧迫的政治任务，要始终站在政治的角度抓好脱贫奔康。以"两学一做"为契机，强化党员干部理想信念教育，继续开展"决战贫困、党员在行动"活动，持续推进解放思想工作，侧重向普通干部和群众延伸，有效解决个别干部在脱贫攻坚中不想担当、不会担当、不敢担当等问题，实现干部从"重稳定轻发展"向"稳定和发展并重"观念转变；有效解决群众"等、靠、要"等问题，实现从"要我脱贫"向"我要脱贫"观念转变，进一步激发干部群众投身脱贫攻坚的内生动力。

2. 坚持加快发展不动摇，锁定目标助农增收致富。始终牢牢把握"发展才是硬道理"的内在要求，紧紧抓住脱贫攻坚"领导力度强、政策支持多、资金投入力度大"等机遇，全力实施"五个富裕农民"举措。着力构建合力攻坚工作机制，不断深化农村经济体制改革，做大做强特色支柱产业，大力发展电子商务，加大劳动力培训力度，让进城农民"融得进城镇、返得回故里"，帮助农民增收致富，让贫困群众享受更多的发展成果。

3. 坚持脱贫攻坚不懈怠，着眼精准添措施求实效。紧紧围绕"两不愁、三保障、四个好"的目标，明确"扶贫不养贫、帮勤不帮懒、脱贫不掉队"的工作导向，卓有成效地推进脱贫攻坚各项工作。持续将全县新增财力大部分用于扶贫领域，认真落实"六个精准"要求、"七个一批"举措，加快住房和基础设施建设，拓宽群众致富门路，统筹推进各项社会事业发展，健全社会保障体系，卓有成效地推进精准扶贫各项工作。精准扶贫贵在精准，重在精准，扶贫必须做到底数清、情况明。精准扶贫对象涉及村村寨寨、千家万户，情况千变万化，要因人因地因时施策、因致贫原因施策、因贫困类型施策，精准扶贫就是要扶到点上、扶到根上。

4. 坚持依法治县不松手，推进扶贫攻坚稳定开展。强力依法依规治理社会，彰显法治精神。坚持依法办事，坚决摒弃"摆平就是水平"思维定式，着力解决有法不依、执法不严的问题，提高干部的法律意识。优化"德古"调解模式，依法规范农村调解矛盾纠纷行为，推动农村"大调解"工作法治化健康发展，增强群众法治观念。善于用法律手段解决扶贫攻坚问题，保稳定、促和谐，确保扶贫攻坚工作顺利、有序开展。

5. 坚持宗旨意识不变色，紧扣民生转作风强堡垒。树牢宗旨意识，坚定党员干部脱贫攻坚的思想自觉和行动自觉。围绕脱贫攻坚抓党建，以党建推动脱贫攻坚。重视基层党组织建设，加大农村党建经费投入，夯实基层战斗堡垒，提升带领群众致富能力；抓好意识形态工作，强化宣传思想教育工作，树立正确舆论导向，坚定党员干部"全心

全意为人民服务"宗旨意识；坚持把纪律和规矩挺在前面，持续深入改进作风，重点整治扶贫攻坚中的"庸懒散浮拖"和侵害群众利益等问题；强化党风廉政建设，预防和严肃查处扶贫中的腐败，大力营造风清气正的扶贫攻坚环境。

（三）扎实做好扶贫攻坚重点工作

按照四川省委提出的十项重点任务，金阳县要结合实际，切实推进"十二项扶贫方案""十八个扶贫专项工作计划"，用非常之举，尽非常之责，扎实做好扶贫攻坚重点工作。

1. 大力夯实发展基础。（1）夯实交通电力基础。全面加快通乡油路、通村公路和通组硬化路建设，加快城乡客运站点建设，做好乡村公路的养护工作。加快农网升级改造步伐，切实解决贫困人口的用电问题。（2）夯实农田水利基础。大力开展水土保持治理、高标准农田建设、中低产田土改造、太阳能提灌站、机耕道基础设施建设，提高农业综合能力。加快县域河流综合治理工作，实施灌溉配套与节水改造工程，深入实施农村安全饮水用水提质增效工程，保证贫困群众用上安全水、饮上放心水。（3）夯实城镇建设基础，提高城镇化率。以县城东区建设为龙头，4个区域中心集镇建设为支撑，溪洛渡水电站库区迁建集镇为补充，多点多极实施，加快新型城镇化建设，推动生产要素向城镇集中。（4）夯实金融通信基础，大力支持县域金融机构在有条件的乡镇、街道设立金融网点和POS机布点，大力推进"三网融合"，实施"宽带乡村"，加快网络基站建设，消除信号盲区。（5）夯实生态环境基础，大力开展"今天人养树、明天树养人"植树造林活动，提高森林覆盖率，筑牢长江上游生态屏障。加大节能减排力度，积极开展城乡综合治理。

2. 不断壮大产业支撑。（1）大力发展特色农业。持续抓好青花椒、黑桃、华山松"三棵树"套种套养产业，发展绿色蔬菜产业。狠抓农牧产品自主知识产权建设，着力打造"大凉山金阳"农特产品名优品牌，进一步提升"一青一白"（青花椒和白魔芋）的知名度。（2）推动发展绿色工业。坚定不移地走工业绿色发展路子，认真贯彻落实国家、省、州支持稳增长系列政策，在符合环保的前提下，全力推进矿产品开发，以国投公司为主体，大力支持本土建筑企业，使之做大做强。（3）加快发展第三产业，主动融入凉山全域旅游发展战略，开发10万亩索玛花、30万亩百草坡、金沙江高峡平湖等县域旅游资源，大力发展乡村旅游、智慧旅游、文化旅游，着力将金阳打造成香格里拉大环线藏羌彝走廊精品节点。大力发展电子商务，加快发展现代物流业，发展壮大现代金融业，着力发展养老服务业，加快推进信息化建设。

3. 加快推进民生工程进程。（1）优先发展教育事业。着力夯实基础教育，稳步推进15年免费教育，健全控辍保学机制，改善办学条件，不断提高教育教学质量。加强教师队伍建设，鼓励优秀教师向乡村流动，推进义务教育均衡发展，促进教育公平。（2）大力提高卫生计生水平。健全城乡公共医疗服务体系，强化医疗卫生能力建设，加强医疗卫生机构管理。大力实施艾滋病防治工程建设，持续强化计生工作，坚决遏制"越生越穷，越穷越生"恶性循环，阻断贫困代际传递。（3）着力优化公共服务。健全完善社会保障救助体系，精准认定帮扶社会救助对象，巩固"阳光低保"建设成果。进一步完善创业带动就业机制。全力落实文化惠民工程，不断提高公共文化服务提供能力，丰富人民群众文化生活。

4. 加大社会治理工作力度。（1）深化法治金阳建设。强力推进"七五"普法，不断提升干部队伍，尤其是公务员队伍的依法履职能力。着力彰显宪法和法律权威，依法严惩策划煽动群体性事件、聚众赌博放水放贷、坑蒙拐骗敲诈勒索、利用家支家族势力干政等违法行为。（2）深化平安金阳建设。加强政法队伍建设，不断提升打击犯罪、应急处理突发事件能力，深入实施"网格化"和"亮雪"工程，推动立体化社会治安防控体系建设，维护良好的社会治安秩序，确保人民群众健康安全。（3）深化净土金阳建设。加强流动人口痕迹管理，深化"打防管控"举措，大力开展"无毒乡镇、无毒社区、无毒家庭、无毒学校"示范创建活动，巩固"摘帽"成果。

5. 加强健康文明生活建设。（1）深化城乡环境治理。不断改善基础设施建设，着力配套乡村环卫设施，巩固"七进活动"和"六乱治理"成果，全力推进"三个一"绿化工程，做好城乡净化、亮化、美化工作，加强城乡环境治理工作，加大监管力度、巡查力度，形成常态化管理，创建一个优美舒适的生活工作环境。（2）深化移风易俗工作。深入推进除陋习、尚新风活动，引导青少年从小养成讲卫生、爱劳动、尊老爱幼等良好行为习惯；引导群众崇尚科学、抵制迷信、破除陋习，不酗酒、不赌博、不染毒；完善村规民约，采取建立彝俗会、红白理事会等方式，推行喜事新办、丧事简办，革除高额身价许嫁、盲目攀比办婚嫁等陈规陋习。

脱贫攻坚任务光荣而艰巨，同步奔小康责任神圣而重大。金阳县干部、群众务必牢牢抓住机遇，勇于面对困难，积极应对挑战，紧紧围绕县委"五个坚持"工作思路和金阳扶贫攻坚的目标要求，以高度的政治责任感、坐不住的使命感、慢不得的紧迫感，扎实做好扶贫攻坚各项工作，为金阳县如期脱贫、实现同步全面小康而努力。

雷波县农业供给侧结构性改革的路径选择[*]

吴顺贤　张大勇

习近平总书记曾强调，要始终重视"三农"工作，持续强化重农强农信号；要准确把握新形势下"三农"工作方向，深入推进农业供给侧结构性改革。

农业供给侧结构性改革是促进农业生产力与农业生产关系相适应，培育和发展新的农业生产力、挖掘和拓展新的农村经济增长点的重大举措，是实现农业有效供给与需求匹配、破解农业供需矛盾的新途径。2016年12月，《中共中央国务院关于深入推进农业供给侧结构性改革 加快培育农业农村发展新动能的若干意见》对"推进农业供给侧结构性改革"这一重大战略做了进一步明确和阐述。文件指出，优化产品产业结构，着力推进农业提质增效；推行绿色生产方式，增强农业可持续发展能力；壮大新产业新业态，拓展农业产业链价值链；强化科技创新驱动，引领现代农业加快发展；补齐农业农村短板，夯实农村共享发展基础；加大农村改革力度，激活农业农村内生发展动力，从而吹响了农业供给侧结构改革的"集结号"。

一、正确把握雷波县推进农业供给侧结构性改革的背景及意义

雷波县是国家大凉山综合扶贫连片开发区和乌蒙山连片开发区之一，是国家级扶贫开发工作重点县，是四川精准脱贫2018年摘帽县，是金沙江下游经济带规划县之一，是典型的传统农业大县。研究雷波县农业供给侧结构性改革的路径选择，对于雷波县农业产业结构调整、深化县域农村改革、优化农产品结构和质量、做强雷波农业产业、实现农业资源大县向农业经济大县转变、推动雷波脱贫攻坚及全面同步小康，具有重要的现实指导意义和深远的历史意义。

根据中央、省、州、县委关于农业产业化发展的部署和举措，我们期望通过调研雷波县农业产业供给侧结构，分析雷波县农业产业供给侧结构改革的基础条件、面临现状和开发潜能及前景展望，提出雷波县农业产业供给侧改革的路径与创新举措，为雷波县推进农业产业供给侧改革提供决策咨询和建议，为四川的农业产业供给侧改革提供可资借鉴的区域性经验。

---

[*] 2017年度四川省党校系统调研课题。作者单位：中共雷波县委党校。

二、雷波县农业供给侧结构的问题、开发潜能及前景

（一）雷波县农业供给侧结构现状

1. 雷波县情况

雷波县位于四川省西南边缘、凉山州东部、金沙江下游北岸，地处两省（四川、云南）、四市州（宜宾市、乐山市、昭通市、凉山州）、七县（屏山、马边、美姑、昭觉、金阳、永善、绥江）的接合部，是凉山的东大门、彝区门户和川滇咽喉，是区域合作的"金三角"。它处于攀西战略资源创新开发试验区与成渝经济区的连接点上，是金沙江下游沿江经济带的中心城市，是凉山乃至攀西地区融入成渝经济区、川南经济圈的前沿阵地，也是未来攀西地区通江达海的桥头堡和凉山东部交通枢纽。全县面积为2 932平方千米，辖48个乡（镇）、281个村、9个社区居民委员会，总人口26万，是国家扶贫开发工作重点县，大小凉山综合扶贫开发和国家乌蒙山片区连片开发重点县。雷波县境内地势悬殊，最高海拔4 076米，最低海拔380米，山地面积占84%，年平均气温12℃，素有"一山分四季、十里不同天"之说，属亚热带山地立体气候，四季分明，垂直变化明显，年平均气温12.2℃，无霜期271天，降水量850.64毫米，日照1 225.2小时，常年湿度保持在70%左右。独特的地理环境和小区气候，孕育了县内丰富的农副特产资源。雷波县可使用土地面积28.54万公顷，规划中工业用地0.21万公顷，商业用地0.36万公顷，住宅用地0.15万公顷，农业用地2.4万公顷，其他用地25.8万公顷。雷波县农副土特产资源十分丰富，以莼菜、茶叶、竹笋、山葵、天麻、脐橙、魔芋、马铃薯等为主，是"中国有机食品认证县"。

2. 农业现状

近年来，县委、县政府围绕"生态、特色、有机、优质"的产业定位，按照"长短结合、远近兼顾"的原则，发展"1+X"生态产业和"果、薯、蔬、草药"农牧富民产业。2016年，雷波县实现农业总产值19.2亿元，农民人均可支配收入7 095元。其中，粮食作物种植面积43.53万亩，总产量91 247吨，产值2.9亿元；水稻种植2.98万亩，总产量14 428吨；玉米种植14万亩，总产量40 050吨；小麦播种面积36 015亩，总产量4 638吨；马铃薯播种2.54万亩，总产量2 511吨；薯类播种面积8.64万亩，总产量25 606吨。经济作物种植面积18 480亩，总产值4.6亿元。四大牲畜出栏37.33万只（头）、存栏44.38万只（头），产肉17 041吨。蔬菜种植1.5万亩，总产量1.9万吨。现有各类农村种养专合社302个，种养大户600户。

围绕农业提速增量、提质增效的双提升战略，县委、县政府充分审视县情，积极调整县域农业产业结构，一是大力发展"短平快"项目。青薯9号播种面积常年保持在10万亩，地膜玉米5万亩；2016年种植设施蔬菜500亩、山葵1 400亩；通过"借畜还畜，借禽还禽"投放种公羊442只、基础母羊9 509只、母猪和商品仔猪1 854头、小凉山土鸡42 580羽、西杂牛80头。建立有机牛羊小区养殖基地2个，小凉山土鸡小区养殖基地2个。二是积极规划发展长远项目生态产业。仅2016年在171个贫困村中发展

脐橙 1.2 万亩、莼菜 600 亩、茶叶 5 000 亩，金秋砂糖橘 100 亩；规划发展芭蕉芋猪种养循环养殖基地 5 个，年新增出栏芭蕉芋猪 2 万头，带动农户种植芭蕉芋 2 000 亩。三是努力壮大村集体经济。整合林业产业、农业生态环境治理、产业扶持周转金 2 727 万元，县级财政配套 3 000 万元资金，帮助贫困村发展集体经济。其中，按 30 万元/村向 159 个贫困村划拨产业周转金 4 770 万元，按 20 万元/村向 12 个贫困村划拨产业周转金 240 万元。投入 1 225 万元，在回龙场乡小湾村、谷米乡柏木村等 5 个村建设芭蕉芋猪产业基地 5 个。目前，171 个贫困村中 107 个有村集体经济。四是抓好特色优势产业。瞄准脐橙、茶叶、山葵、马湖莼菜、芭蕉芋猪、小凉山土鸡、有机牛羊等特色农产品，抓好特色优势产业，采取"公司＋专合社＋农户"的模式，建立返乡农民创业奖励基金，试点"种养游"产业化项目，让第一、第二、第三产业联动，分"东西南北中"五个产业带合理布局我县特色产业。2016 年，我县第一、第二、第三产业增加值分别为 11.22 亿元、35.5 亿元、12.73 亿元。

我们在调研中发现，雷波县农业供给侧存在总量不足、质量不优、结构不合理的问题。大宗农产品供给还主要依赖外调和外运，导致本地农产品市场占有份额低，农业增产不增收的问题凸显，供需结构化矛盾突出，有效供给不足。

（二）存在的问题

雷波县农业的主要矛盾是：总量不足和结构性矛盾同在，阶段性、区域性供过于求和供给不足并存。矛盾的主要方面在供给侧：主要农副产品品种丰富，但总量偏小，不具规模和档次，品质优良但美誉度不高，销路不畅，市场有效供给不足。

近几年，雷波县确立"农业立县"和"四带"（沿江综合农业开发带、二半山多种经营带、高山林草畜牧业带、西宁河及马湖周边的温湿区域生态林草畜牧业带）农业经济，在转方式、调结构、促改革等方面进行积极探索，为雷波县进一步推进农业转型升级打下一定的基础。但总体来看，县域农产品供需结构失衡、要素配置不合理、资源环境压力大、农民收入增长乏力等问题仍很突出，小农经济与市场需求不足、传统小生产比重大，规模化、节约化、集约化程度不高等矛盾亟待破解。因此，雷波县必须顺应新常态、新形势、新要求，坚持问题导向，深入推进农业供给侧结构性改革，加快培育农业农村发展新动能，构建县域农业产业新格局和农业现代化新局面。

1. 农业基础脆弱，发展空间有限

雷波县是典型的山地县，山地面积占全县面积的 83.8%，县域内水土流失面积为 964.94 平方千米，泥石流、山体滑坡等自然灾害易发频发，占总面积的 32.3%。雷波县作为全国生态脆弱地区之一，水土流失面积大，全县 90% 以上是山地，"地无三尺平，出门就爬坡"，生态脆弱，抗自然灾害能力弱，广大群众特别是少数民族群众住在海拔 2 000 米以上的高寒山区、干旱缺水地区、滑坡泥石流易发多发地区。雷波县农业基础薄弱，耕地少，山地多，平地少，坡地多，沃土少，贫地多。基础设施历史欠账多，截至 2016 年年底，全县有 2 个通乡公路还是土坯毛路，8 个不通公路，乡、村道路弯、陡、窄、烂、险，通畅通达能力不足；281 个村中 65 个不通网络；县内省干线和农村公路等级较低，防护设施薄弱，安全性和抗灾能力弱；出行难、入学难、看病

难、饮水难问题没有得到根本解决。2016年，全县国内生产总值仅为61.1亿元，农业总产值仅为19.2亿元，本级财政一般预算收入5.8亿元。县域经济量小质弱，对县域经济、基础设施、产业化发展的投入不足，制约发展的瓶颈因素多且发展滞后。

2. 供需结构性矛盾突出，缺乏竞争优势

由于资源环境状的约束，雷波县农业产业发展不可持续的问题日渐凸显。雷波因属于边远山区传统农业县，长期以来，主要靠增加资源要素投入来实现农业产业的外延式增长。过量使用化肥农药农膜，对本就不足的水资源、土地资源造成严重面源污染，加上近年来为加速发展引进了网箱养殖、磷化工企业，虽然一定程度上增加了财政收入，创造了就业空间，但同时也破坏了农业生态环境，危及农产品质量安全。农业资源环境承载能力有限，资源不具备竞争优势，对农业投入不能满足现代农业的需要，传统农业老路遇到制约瓶颈，大宗农产品和主要农副特产不能满足县域市场的需求，县域内消费的主要农产品粮食、蔬菜、肉禽、水产、水果等还主要依赖外来市场。

3. 县域农村条件所限，产能和动能发展不足

雷波县在新一轮"两化互动、三化联动"的协调发展中，农村发展产能、动能不足的问题更加凸显。从内部环境看，随着经济增速放缓和居民收入增速放缓，农产品消费需求增长也相应放缓。从外部环境看，雷波县属于劳务输出大县，外出务工农民是一支庞大的队伍，他们的收入是雷波县农村消费市场的晴雨表。由于第二、第三产业结构调整和转型升级加快，农民外出务工增收难度加大，加之近年实施精准脱贫工作，县级财政收支矛盾加大，每年大幅度增加财政支农投入难以为继。经济发展滞后，导致老百姓经济意识不强，千百年来形成的河谷文化和山地文化意识禁锢了干部群众的开放意识，"1亩地，2头牛，老婆孩子热炕头""养牛为耕田，养猪为过年，养鸡为换盐"的小农经济观念在老百姓中普遍存在，个别地区的"等、靠、要"思想比较盛行，农民自身投入再生产和扩大再生产动力不足，农村产业发展、农民增收的传统动能明显减弱。

4. 农业资源环境不优，处于被动和劣势

雷波县虽然属于大凉山传统农业县，经济运行相对封闭，但随着经济全球化和市场一体化进程的加快，县域农业外部竞争形势发生了深刻变化。传统的家庭农业、手工作坊、种养专业户、小农经济已经很难适应现代农业经营方式，县域农业面对的外部竞争日趋激烈，以小规模经营为主的经营方式、经营理念在现代大农业竞争环境中处于被动和劣势地位。

5. 农产品结构单一，难有综合竞争力

雷波县农产品结构相对单一、粗放，精深加工水平不高、能力不强，初级产品多，精深加工产品少，特色产品少，农产品加工业产值低，供给结构调整相对滞后，农产品结构不合理现象日趋凸显，导致农产品供需失衡。一方面，本地具有竞争优势的名优农特产品仍然偏少，消费者青睐的东西供不应求，许多中高端产品、大宗产品大量从县外引进；另一方面，县域内农产品质量不高、品牌不响，农民辛辛苦苦生产出来的东西销路不畅，甚至积压滞销，导致增产不增收，农业发展难，农村创业难，农民增收难。我们通过调研发现，供给和需求两方面都存在这些问题，但矛盾的主要方面在供给侧，主要是结构性、体制性问题。

由上述分析可见，要保持县域农业持续稳定发展，雷波县必须从供给侧入手，在体制机制创新上发力，加快转变农业发展方式。

（三）发展潜能

1. 政策优势

《中共中央国务院关于深入推进农业供给侧结构性改革 加快培育农业农村发展新动能的若干意见》和《中共中央国务院关于落实发展新理念 加快农业现代化实现全面小康目标的若干意见》，四川省委、省政府《关于以绿色发展理念引领农业供给侧结构性改革 切实增强农业农村发展新动力的意见》和《关于解决雷波综合扶贫紧迫问题专项方案》，以及雷波县关于"农业立县"战略等纲领性政策，为雷波县农业供给侧结构性改革提供了决策保障和政策支撑。因此，我们应顺势抓住政策机遇，做好县域农业供给侧改革顶层设计和发展规划、产业规划等各项具体规划，集聚优势，奋力拼搏，实现雷波县农业农村发展新跨越。

2. 机遇优势

国家新一轮西部大开发，大小凉山综合扶贫开发，乌蒙山连片扶贫开发，中央、省、州三级纪委的定点帮扶，广东佛山、省内宜宾翠屏区的对口帮扶，不仅给雷波带来了精准脱贫的政治优势、机遇优势、人才优势，而且为雷波县深入推进农业供给侧结构性改革带来了新的机遇优势。我们应紧紧抓住战略机遇期，以只争朝夕、时不我待的紧迫感、使命感、责任感，锐意改革、大胆创新，实现雷波县脱贫奔康和农业农村发展再上新台阶。

3. 自然优势

雷波县属于亚热带山地立体气候，物产丰富、种类繁多，尤其以大凉山特色农产品闻名全川。雷波县的绿色无污染有机食品在市场上占有一席地位，莼菜、茶叶、竹笋、天麻、脐橙、青花椒、魔芋、核桃、马铃薯、芭蕉芋猪、小凉山土鸡、生态有机肉羊、生态肉牛等较为有名，具有较强的市场竞争力，市场前景看好，我们应在品质、规模、深加工方面做大做强，保障市场有效供给。

4. 产业优势

近年来，县委、县政府狠抓三农工作，压实"菜篮子""粮袋子"工程，始终把农业农村工作放在首位来抓，基本形成了条块结合、农业"四带"经济融合发展的产业布局。加之新农村建设、彝家新寨建设、精准脱贫推进，水、电、路、网等基础设施进程加快，国土综合治理、农田水利改造，全县农村呈现出新面貌、新气象，精准脱贫"1+X"专项产业规划稳步推进，第一、第二、第三产业日趋合理，农业产业初具特色，规模效应逐渐形成，为农业供给侧结构性改革奠定了良好的产业基础。

（四）有效推进农业供给侧结构性改革的前景展望

农业供给侧结构性改革即"农业供给侧结构调整＋改革"，包含农业供给侧结构调整和深化体制机制改革两个方面的任务。一方面，要调优、调好、调顺农业结构，优化产品结构、产业结构、经营结构、区间结构，推行绿色生产方式，促进民族地区农业发展再上新台阶；另一方面，要紧紧围绕使市场在资源配置中起决定性作用和更好发挥政府作用，推进农产品、林产品、畜产品等价格形成机制和收储制度改革，深化农村产权制度改革，改革财政支农投入使用机制，健全农村创业创新机制，全面激活市场、激活要素、激活主体，为农牧业发展注入强大动力。

我们要通过有效推进农业供给侧结构性改革，发挥雷波县独特的绿色优势、有机优势、无污染优势，打好绿色牌，注重品牌效应，理顺供给端，大力发展绿色农业、观光农业、休闲农业、特色农业，利用区位优势拓展川内市场和西南大市场，实现县域农业增产、农民增收、脱贫奔康、安居乐业、社会和谐、生态美好，把雷波县建成宜居宜业、宜农宜游、山清水秀、天蓝地绿的美丽家园和大都市后花园。

三、有效推进雷波农业供给侧结构改革的路径选择和创新举措

雷波县作为大凉山综合扶贫开发县、乌蒙山连片扶贫规划县和金沙江下游经济圈区域中心小城市，要充分利用县域优势和城市集群效应，发展好大凉山特色农业产业，充分研究市场需求变化，以促进农业发展、增加农民收入、保障有效供给为目标，以农业提质增效、提高农产品供给质量为主攻方向，以体制改革和机制创新为根本途径，优化农业产业结构、生产结构、经营结构，提高单位土地产出率、有限资源利用率、劳动生产率，促进雷波县农业农村发展由过度依赖资源消耗、主要满足量的需求，向追求绿色生态可持续、更加注重满足质的需求转变。

（一）路径选择

1. 夯实基础，着力改善农业生产条件

雷波县农业基础设施建设薄弱，要进一步强化农业供给物质支撑，加强县域内农业农村基础设施建设，加快推进农村生态、农田水利、农村公路、电力、网络等公共服务建设。加大土地整治和综合利用力度，建立县内农业生产机械化试点，加快建设高标准农田，全面实施基本农田保护政策和"耕地红线"，整合农业综合开发、土地整治和增减挂钩、水土保持、节水灌溉等农田建设资金，建设一批高标准绿色农田，加快建立耕地数量、质量、生态"三位一体"保护制度。严格执行耕地占补平衡制度，允许通过土地整治增加的耕地作为占补平衡补充耕地的指标调节使用，提高土地产出率、资源利用率和劳动生产率。

2. 强化政策，做好改革制度总体设计

雷波县要在充分研究中央、省、州关于农业供给侧结构性改革政策的基础上，广泛调研、摸清家底，强化县域改革的顶层设计。我国农村第一轮土地改革（以家庭联产承包为基础的统分双层经营体制）就是首先从安徽凤阳小岗村开始的，供给侧改革中，我们也要充分吸取农村基层经验，在体制、机制、制度上理顺关系，协调好结构性改革与转型升级、改革主体与政府推动、顶层设计与基层创新"三个关系"，确保"三增"（农业增效、农民增收、农村增绿），充分发挥市场在资源配置中的决定性作用，激发农村发展活力。

3. 彰显特色，大力发展现代农业

（1）转方式，调结构，优化产业布局。雷波县要充分利用县域农业资源，盘活现有资源、挖掘潜能资源，在转变发展方式、调整产业结构方面下功夫。要防止产业调整一哄而起、千篇一律、盲目跟风，应在充分调研的基础上，因地制宜，因村施策，因势利导，充分尊重市场规律和农民意愿，依托雷波独特的生态环境、气候条件、资源禀赋和区域发展定位，大力发展名、优、特、绿产业。在"大凉山雷字号"特色农产品方面下功夫，积极发展大凉山雷波绿色产品、大凉山雷波生态产品、大凉山雷波有机产品。在区域布局上宜农则农、宜牧则牧、宜林则林，在确保粮食产量的原则下，果、薯、蔬、草药梯次配置，农林牧齐头推进，第一、第二、第三产业协调发展，"强一优二兴三"（做强第一产业、做优第二产业、做兴第三产业），优化县域产业布局。

（2）建基地，育龙头，走规模发展路子。雷波县要充分发挥基地、龙头企业的示范引领作用，在县内已有基地、专合社的基础上，通过论证再建一批农业示范基地，引进一批农特产品深加工龙头企业，通过基地、龙头企业的带动作用，引导农村走规模经营、规模发展路子。

（3）创特色，树品牌，走效益发展之路。围绕"米袋子""菜篮子"工程，大力实施农产品品牌战略，立足雷波县独特的气候优势和绿色生态优势，积极发展优质农产品、特色农产品，探索开发健康功能农产品。大力推广水稻、玉米、小麦、马铃薯等优质专用品种更新换代，着力发展"大凉山雷字号"脐橙、莼菜、青茶、青花椒、芭蕉芋猪、小凉山土鸡、生态肉牛、生态肉羊、竹笋、山葵等特色农产品，发展一乡一业、一村一品特色乡镇，实施"县域公用品牌＋企业自主品牌"的战略，支持重要产品品牌和重点企业品牌做大做强，积极创立"大凉山雷波""绿色雷波""有机雷波"等县域公用品牌，并进一步扩大其影响力。积极探索开发健康功能型农产品，走"产学研企"结合的路径，加强与高校、科研机构、企业的合作，引进营养化技术研究，大力支持培育具有健康改善功能的农产品，研究培养开发优质脐橙、生态玉米、生态青花椒、生态畜禽产品，开发核桃、板栗、山葵、莼菜、苦荞等农产品，逐步实现普通农产品功能化、功能农产品常态化，加快申报绿色农副产品、有机农副产品、功能农副产品地域标准及认证，启动建设绿色农副产品、有机农副产品、功能农副产品示范园区和生产基地。

4. 优化环境，强服务，尽力筑巢引凤

雷波县要积极营造重视"三农"工作、大抓农业的氛围，进一步改善农业基础设施条件，制定及出台鼓励农业发展的相关优惠政策，优化软硬件服务环境，构建适应农业供给侧改革的强农体系、惠农体系、服务体系，加大招商引资力度，吸引外地优质农产品生产、加工企业入驻雷波，激发农业产业化发展的后劲和活力。

5. 壮规模，倾力实施集聚化战略

雷波县要积极推进县域农村改革，激发农业农村发展内在活力。按照中共中央、国务院《关于完善农村土地所有权承包权经营权分置办法的意见》和《关于引导农村土地经营权有序流转 发展农业适度规模经营的意见》等精神，按照"三权分置"相关规定，开展好县域农村土地确权登记，理顺和处理好农民与土地的关系，在稳定所有权的基础上，逐步实现承包权和经营权分离，让有能力经营土地的人有地耕作。按照自愿有偿的原则，允许农民以转包、出租、转让、互换、股份合作等形式出让土地经营权，鼓励村集体土地、荒山、荒坡、林地、水域等资源要素通过入股方式盘活，实现"三变"（资源变资产、资金变股金、农民变股东），发展农民合作型、专业服务型、土地集中型等多种适度规模经营，采取"专合社＋种养大户＋基地＋公司＋市场"的模式，培育新的经营主体，打造规模经营优势，激活农村发展要素和内在活力，有效提高资源利用率、土地产出率、劳动生产率，促进粮增产、地增值、人增收。

6. 树品牌，强力打好效益战役

全县上下要树立品牌意识，特别要引导农民群众的品牌意识。一是要优化产品结构，培育"凉雷"字号特色农产品品牌，把"有效提供安全农产品、大力发展优质专用农产品、积极发展特色个性农产品、探索开发健康功能农产品"作为优化农产品供给的鲜明导向，加快形成结构合理、保障有力的农产品供给体系。二是要优化产业结构，全面拓展农业供给多种功能，利用县域农业资源优势，加快发展休闲农业、观光农业、乡村旅游、康养产业、农村电子商务、农产品深精加工业等新产业，实现"四变"（农村变景区、农舍变宾馆、农家变餐厅、农民变导游），构建一村一业、一村多业的特色村落。三是毫不松懈地打赢脱贫攻坚战，补齐短板，全面推进以"四个好"为目标的幸福美丽新村建设，启动"四好村"创建。

7. 重视生态，建设绿色新农村

雷波县要大力实施土地整治，加强耕地数量、质量、生态"三位一体"保护。实施土壤污染治理与修复，开展耕地质量保护与提升行动，推进土壤改良、地力培肥和治理修复，逐步减少并取缔农药、化肥、除草剂的使用，大量使用农家肥、有机肥和生物肥，建设绿色新村。建立城乡土地增减挂钩机制，全面落实"河长制"，强化江河湖泊水生态保护和污染治理，全面取缔金沙江溪洛渡、向家坝库区网箱养殖，加强县内小流域和湖库生态环境修复，加大县内"两湖"（马湖、落水湖）水环境保护力度。大力实施"生态产业化、产业生态化"战略，牢固树立"绿水青山就是金山银山"的意识，坚守住发展和生态两条底线，大力开发"凉雷"字号绿色、无污染、有机产品，推动特色化、精品化、差异化发展战略，提高供给侧质量和效率。

（二）创新举措

1. 挖掘增长活力

我们在调研中发现，雷波县农业供给侧增长活力不足，人均耕地为 1 亩左右，且多为贫瘠的坡耕地。实行家庭联产承包经营以来，以户为单位的单一耕作激发了劳动力活力，劳动生产率和土地出产率得到了极大提高，但由于分散经营，不具规模效应，抵御市场风险能力差。雷波县应在现有土地和政策的基础上，按照"三权分置"要求，进一步深入推进新一轮土地制度改革，破解"后土地财政"压力，从制度上激励生产要素和公共产品供给，促进经济增长和经济发展方式转变，挖掘增长活力，释放供给活力。

2. 培育发展动力

我们在调研中发现，随着城乡一体化进程的加快，农村劳动力流动的加速，外出务工农民工数量的攀升，农村许多地方出现空心村、空壳村，留守在农村的是一支

"386199"部队，大多为老人、儿童、妇女，农村劳动力不强、素质不高，且"小富即安、小进则满"的小农经济思想严重，发展劲头不足，缺乏发展的动力。一方面，雷波县要加快经营体制改革，激活各类人才到农村创新创业，鼓励大学生、农业专业技术人才、外出务工者回乡创业，从政策资金方面给予支持；另一方面，雷波县要通过农民"素质提升"工程和创业、就业培训，大力培养农村实用人才，努力提升农业从业者劳动素质，激发农村发展的动力。全面落实"三免一补""寄宿制"政策，实施好"9+3"免费职业教育、农村贫困地区定向招生等专项计划、农村义务教育学生营养改善计划。改善彝区"一村一幼"办学条件，兴办县域职业中学，开设职业学校涉农专业，提升县内农村基层医疗卫生服务水平和农村气象服务农业的水平，培养一批新型农村合格劳动者和经营型人才。

3. 厚植发展优势

我们在调研中发现，雷波县农产品质量上乘、质优价廉，深受消费者青睐，但量小不具规模和品牌效应。一方面，雷波县要充分利用县域优势特色农产品，做大做强规模；另一方面，雷波县要积极做好绿色产品、有机产品申报认证工作，发挥名特优效应，厚植发展优势，提升市场份额，牢固树立品牌意识，大力实施品牌兴农战略，为农业供给侧注入新动力，进一步提升产品的核心竞争力。

4. 拓展发展空间

雷波县要充分利用县域农业资源，通过新一轮农村经营权改革，鼓励农民以土地等生产要素，以经营权转移、流转、入股、合作等方式，拓展新的发展空间，大力发展农村各类新型专业合作社、种养大户，积极引进龙头企业，做好农特产品深加工、精加工，采取"大户＋专合社＋公司＋市场"的模式，做强做大供给侧。同时，要大力发展农村电商，为农产品销售拓展空间，瞄准周边市场，盯住川内、西南市场，辐射全国市场，延伸供给链条，确保农业增效、农民增收。

雷波县大学毕业生就业难问题研究*

吴春莲

当前，经济的发展、社会的进步、国力的强盛，离不开知识，更离不开人才。大学生蕴藏知识、充满生机活力、富有创造力，是推动社会进步的强大动力。然而，作为人才重要组成部分的大学生，其就业率却徘徊不前，高校毕业生就业难的问题已逐渐成为社会关注的焦点。雷波县地处川西南，是国家扶贫开发工作重点县。笔者结合县情，探析雷波籍大学毕业生就业难的表现形式及成因，以提出相关的对策建议。

一、雷波县基本情况

雷波县位于四川省西南边缘、凉山州东部、金沙江下游北岸。全县面积2 932平方千米，最高海拔4 076米，最低海拔380米，年平均气温12℃，山地面积占84%，属典型的亚热带山地立体气候，辖48个乡（镇）、281个村、9个社区居委会，总人口为25.6万，其中以彝族为主体的少数民族占53%。雷波县历史悠久，区位独特，地处两省、四市州、七县接合部，有"彝区门户""川滇咽喉"之称，是区域合作的"金三角"。它处于攀西战略资源创新开发试验区与成渝经济区的连接点上，是金沙江下游沿江经济带的重要组成部分，是凉山乃至攀西地区融入成渝经济区、川南经济圈的前沿阵地，也是未来攀西地区通江达海的桥头堡和凉山东部交通枢纽。雷波县资源富集，境内拥有矿产、风能水电、生态气候、农副土特产、旅游、港口岸线等六大资源。2016年，全县GDP完成59.49亿元，地方一般公共预算收入完成7.01亿元，社会消费品零售总额达12.39亿元，城、乡居民可支配收入分别达22 039元、7 865元，经济总量居全州17县市第7位。

二、雷波籍大学毕业生就业现状

（一）近年高考录取情况

2017年，1 060名考生在雷波县参加高考，本科上线共273人，其中，一本上线62人，二本上线211人，高职（大专）录取908人。2016年，934名考生在雷波县参加高

---

* 2017年度四川省党校系统调研课题。作者单位：中共雷波县委党校。

考，本科上线共 224 人（不含艺体本科），其中，重本 35 人，二本 189 人，高职（大专）录取 832 人。2015 年，894 名考生在雷波县参加高考，本科上线共 255 人，其中，重本 42 人，二本 213 人，高职（大专）录取 773 人。

（二）雷波籍大学毕业生返县报到及就业情况

近年来，大学毕业后到雷波县报到并在雷波县就业的人数为（据不完全统计）：2012 年报到 157 人，就业 51 人；2013 年报到 231 人，就业 9 人；2014 年报到 329 人，就业 23 人；2015 年报到 517 人，就业 135 人；2016 年报到 586 人，就业 42 人。近五年，共有 1 820 名大学毕业生回雷波县报到，在雷波县就业的有 260 人，占总人数的 14%。

三、雷波籍大学生就业难成因探析

（一）雷波县域内就业岗位十分有限

根据《雷波县第三次全国经济普查主要数据公报（第一号）》，截至 2013 年年底，全县共有从事第二、第三产业活动的法人单位 887 个，产业活动单位 1 312 个，有证照个体经营户 3 164 个，产业法人单位从业人员 19 552 人，有证照个体经营户从业人员 6 430 人。第二、第三产业法人单位中位居前三位的行业是：公共管理、社会保障和社会组织（574 个，占 64.71%），教育（70 个，占 7.89%），卫生和社会工作（65 个，占 7.33%）。企业法人单位 127 个，内资企业占 98.40%（国有企业占全部企业法人单位的 8.94%，私营企业占 83.74%），外资企业占 1.60%。有证照个体经营户中位居前三位的行业是：交通运输、仓储和邮政业（1 432 个，占 45.26%），批发和零售业（1 198 个，占 37.86%），住宿和餐饮业（292 个，占 9.23%）。法人单位从业人员中位居前三位的行业是：公共管理、社会保障和社会组织（5 949 人，占 30.43%），制造业（4 284 人，占 21.91%）；采矿业（3 306 人，占 16.91%）。有证照个体经营户从业人员中位居前三位的行业是：批发和零售业（2 425 人，占 37.71%），交通运输、仓储和邮政业（2 303 人，占 35.82%），住宿和餐饮业（1 004 人，占 15.61%）。总体来说，受限于县域经济的发展水平，雷波县能够提供的就业岗位十分有限，符合大学生就业期望的更是屈指可数。

（二）社会历史因素的影响

由于历史原因，雷波县的人口主要由本地居民、近代移民及中华人民共和国成立初期支援凉山建设的移民三部分组成。本地居民占比约 20%；明末清初时期，一些移民从陕西、内蒙古、湖北、湖南、云南、贵州等地迁入；中华人民共和国成立后，大批知识分子、技能人才响应党和国家的号召，前来支援凉山（雷波）的经济社会建设，部分南下干部等也主动驻扎雷波，支持雷波建设。受此影响，大部分早期移民后代及中华人民共和国成立前后移民后代，均有回原籍安享晚年、安居乐业的意愿，这在一定程度上影响了部分雷波籍大学生返乡就业的选择。

（三）城镇化思潮的影响

国家提出的"大众创业、万众创新"战略及四川省近年来大力实施的"两化互动、统筹城乡"发展战略，促使新型城镇化步伐显著加快。城镇化的过程，带来人口的集中、人口密度的增大，市场需求也随之增加，人才市场对高质量人才，特别是对大学生的需求也是愈发增加。各地先后出台的促进大学生就业创业、落户、购房等系列优惠政策，吸引大学生群体留在大、中城市发展，这也在一定程度上影响了雷波籍大学生返乡就业的意愿。

（四）综合素养的影响

雷波县作为农业大县，交通不畅，通信落后，基础教育薄弱。历年来，雷波县农村中小学的音、体、美等专业师资力量不足，社会力量办学条件不成熟及大多数学生家庭经济收入不宽裕，致使中、小学生接受的音、体、美等素质教育十分有限。大部分学生在大学毕业后，琴棋书画一样不通，诗酒花茶一样不晓，业余爱好偏少，健康情趣不够高雅。在愈发重视综合实力和专业素养的今天，雷波籍大学毕业生除了吃苦耐劳的优良品性，与外界的差距渐次拉大、竞争力日渐不足，这在一定程度上增加了他们的就业难度。

（五）社会性歧视（偏见）的影响

雷波县居住着汉、彝、苗、蒙等20多个民族人群，境内民族文化繁荣昌盛，区域文化特色突出。受多元化的民族风俗、差异化的传统习惯等影响，他们的节假日休息制度、生活习惯、行为习俗等与外界存在差异，社会及部分用人单位对此存在一些误解。用工单位的不理解、不支持，在一定程度上影响了雷波籍大学生的就业。

（六）自身原因的影响

一是期望值过高，自身定位不准，理想与现实脱节。一些大学生认为，读了大学就应成为国家干部，就应该有一份待遇丰厚的固定工作，认为留在大城市、大单位才能体现自己的人生价值，才能实现自己的理想和抱负。二是缺乏职业生涯规划。很多大学生在校期间没有做好求职准备，更没有一个长远的职业规划，对未来就业认识模糊。由此导致在就业过程中，很多大学生不能进行正确的自我评价，分析自身的优缺点，制定求职标准，常常把大多数毕业生求职相对集中的职业和单位作为求职对象，在求职路上随大流，盲目性较大。三是自身综合素质欠佳。部分大学生在校期间缺乏广泛的多学科知识积累，社会适应能力弱，解决问题能力、组织管理能力、社交协调能力、心理承受能力及开拓创新能力也较弱，走上工作岗位后的敬业精神和实践能力更是与岗位要求相差甚远。

四、雷波县大学生就业难问题的解决之道

（一）大力发展社会经济，广泛挖掘就业岗位

一是大力实施"大众创业、万众创新"战略，打好高校毕业生创业就业培训、创业指导、创业补贴、财政贴息无担保贷款等"组合拳"，以创业促就业，促进雷波籍大学毕业生返乡创业、就业。二是抓住脱贫攻坚期间项目多、资金多等机遇，培育一批适合雷波本土需要的市场主体，吸纳一批有发展潜力的雷波籍毕业生返乡创业，鼓励一批具有一定市场竞争力的雷波籍大学生创业团队"走出去"。三是立足雷波县"六大资源""十大机遇"，加强政府引导和市场规范，营造良好的用工环境，维护劳资双方的合法权益，充分运用小额担保贷款、贫困村产业发展基金等金融杠杆，培育新兴市场主体和小微企业，充分挖掘适合大学毕业生就业的就业岗位，吸引雷波籍大学毕业生返乡就业，共建美好雷波。

（二）加快城镇化步伐，用事业、感情留人

一是抓住县城新区建设及 G4216 新市至金阳段高速公路、宜西铁路开工建设的契机，以义务教育均衡化发展、全面小康建设及群众医疗健康、养老服务需求快速增长为抓手，党政机关、教育、医疗卫生等单位及国有企业在编制空缺的情况下，大力吸纳雷波籍大学毕业生返乡创业、就业，强力实施本土人才培养计划。二是在经济增速换挡提质、供给侧结构性改革深入推进的过程中，为企业牵线搭桥、当好参谋，引导企业与雷波籍大学毕业生进行双向选择，为雷波县社会经济的提质增效与又好又快发展提供人才保障、智力支撑。三是在现有物质条件及人事人才政策的基础上，用好政策、用活政策、开拓创新，激发大学生的干事创业热情，创造安居乐业条件，用事业、用感情将雷波籍大学生留下来，吸引非雷波籍大学生来此就业创业、安居乐业，共同建设雷波，共享雷波发展成果，促进雷波经济社会的可持续发展。

（三）改善办学条件，提升综合素养

一是利用当前义务教育均衡发展的契机，配齐、配强县域内中小学的音、体、美等专业教师，从现在的中小学在校生抓起，培养其基础的、与当前经济社会发展阶段相适应的综合知识，逐渐转变唯成绩论的观念，让教育回归到立身、立德、立学、立艺、立才的本真。二是利用大学生就业培训、创业指导的时机，邀请专业人员有针对性地对大学生进行综合素养方面的知识培训，引导其不断提升综合素养。三是综合运用职工俱乐部、工会活动室、创业孵化中心、各协会训练场等社会资源及志愿者等社会力量，为大学毕业生提升综合素养提供场地和专业辅导。

（四）转变大学生就业观念，提高自身素质

部分大学生就业观念滞后，我们应对大学生进行形势教育，助其转变观念、合理定

位、调整心态。一是要让大学生认识到我国高等教育进入大众化阶段后，社会精英岗位的增长与高校毕业生数量的增加没有形成正相关的关系，部分大学生通过竞争进入了社会精英岗位，还有部分大学生只能在一般的岗位上从事一些基础性的工作。我们要教导学生，在普通的工作岗位上同样可以发光发热。二是要引导大学生形成正确的就业观，不能只把眼光盯在大城市或经济发达地区，而是要立足自身实际，做好到基层、到西部、到农村就业的心理准备和思想准备。三是要教导大学生在校期间努力提高自身素质，勤奋学习，加强修养，不断提升自身综合素质和竞争实力。

大学生是家庭、社会和国家的希望，大学生的就业关乎每个家庭的幸福，关乎国家的经济社会发展。雷波籍大学生就业难的问题，有共性的原因，如经济新常态、供给侧结构性改革深入推进的影响，自身定位不准、自我认识不清、期望值过高的影响；有地域性的原因，如整个群体综合素养方面的竞争力不具优势，地域的、民族的歧视或偏见客观存在等。雷波籍大学生就业难的问题，既有社会经济欠发展、就业岗位有限的原因，也有社会历史、城镇化进程等方面的原因。在"大众创业、万众创新"战略的引领下，在新一轮西部大开发及决胜脱贫攻坚全面奔小康的时代背景下，雷波县只有采取"内外兼修""引回来、走出去"的措施，才能助力大学生充分就业。"内外兼修""引回来、走出去"指的是通过发展自身经济、增加和挖掘就业岗位的手段，吸纳雷波籍大学生及非雷波籍大学生返乡就业、创业，建设、发展雷波；通过义务教育均衡发展、就业创业培训等措施，提升中小学生及大学生的综合素养，阻断"低竞争力"代际遗传，提高当前及今后的雷波籍大学生的就业竞争力，使他们能够在县内外找到合适的岗位。雷波人自古就包容大气、吃苦耐劳，雷波籍大学生更是如此。有此优良品性相伴，内强素质、外树形象，雷波籍大学生就业难的问题在相关政策支撑、各级党委政府关怀且自身努力的情况下，将会得到及时改善。

木里藏族自治县族际通婚问题调研*

罗　燕

民族间的通婚情况是反映民族相互关系和融合程度的重要方面。只有当两个民族的大多数成员在政治、经济、文化、语言和宗教等方面达成相互一致或高度和谐，存在广泛的社会交往时，他们之间才有可能出现大量的通婚现象。

木里县是一个典型的多民族聚居地区，境内居住着藏、彝、汉、蒙古、回、苗、纳西、布依、傈僳等 22 个民族，其中超过千人的有藏、彝、汉、蒙古、苗、纳西、布依 7 个民族。自古以来，各民族在这片神奇的土地上世代繁衍生息、和睦相处、共存共荣，使得木里县成为全国稳定民族聚居区之一。其中各民族之间的通婚起到了十分重要的作用，本课题组就木里藏族自治县的族际通婚问题进行调研，具体情况如下。

一、木里县各民族的传统婚配习俗

（一）藏族

木里县藏族大部分是一夫一妻制。民主改革前，有些地方保留着原始群婚的残余，表现为一妻多夫、一夫多妻和不定配偶。姨表兄弟姊妹之间不能通婚，但姑表兄弟姊妹之间可以通婚。可以迎娶，也可以入赘（俗称当锅庄）。传统的封建统治阶级中实行等级内婚制，严禁其子女与劳动人民子女通婚。农奴间通婚须经农奴主认可，并交纳赎身费。僧人严禁娶妻。

（二）彝族

木里县彝族实行一夫一妻制，不允许本族和其他民族通婚。婚姻中的包办、买卖以及对奴隶实行强迫婚姻等情况与州内彝族聚居地区相同。

（三）汉族

木里县汉族实行一夫一妻制。婚姻一般由父母包办，媒人说合，男娶女嫁。男子在家庭经济生活中占主导地位，而女子掌管家务，所生孩子随父姓，重男轻女。宗族观念极强，同姓不婚，说亲、送彩礼、迎娶均与外地汉族相同。

---

* 2017 年度四川省党校系统调研课题。作者单位：中共木里县委党校。

（四）蒙古族

木里县蒙古族因居住环境的不同而具有差异。散居地方的蒙古族在周围其他民族地区的影响下，已完全过渡到"一夫一妻"制，实行嫁娶，但一般多为父母包办。多数地方的"纳日"也实行固定对偶婚。局部地方保留一种男女双方在建立朋友关系基础上的"阿注"（朋友）偶居生活的婚姻形式，亦称"走婚"，是一种女不嫁、男不娶、由男子走访女方而实现同居的婚姻形式，所生子女随母系亲族生活，由母亲、舅舅抚养，财产按母系继承。

（五）纳西族

木里县纳西族实行一夫一妻制，儿女婚姻多数由父母包办。还有一种类似"阿注"婚姻的"安达"结交方式。男女青年婚前结交"安达"的形式很多，有的是用事前约好的暗号，向天窗投下石子或用石块敲墙、敲门等，家中女子发现暗号，即出来相见；有的则是先藏在女子家的畜圈内，待女子出来，拉上就走。男女青年相见后，有的对唱情歌交流感情，倾吐爱情。此后如女子看上这个男子，"安达"关系一般就固定下来，形成婚姻基础，过几年女子就嫁给这个男子，但也有其不稳定性。

（六）苗族

木里县苗族实行一夫一妻制，青年男女结婚后，多与父母分居组成小家庭。男子在家中占主导地位，处理家中较大事务，负责农事及粗重活以及对外交往。女子主管家务，抚养孩子，饲养牲畜。

木里县苗族素有外族不婚、同姓不婚、贫富不婚、辈分不同不婚等习俗。有的地方还有亡夫兄弟可娶寡嫂或弟媳的"转房"习惯，也有极少数因婚后女方无生育能力而纳妾的，也有入赘的。婚姻一般实行父母包办，媒人说合，认为这才是"大亲"和"正娶"。一般都要履行订婚、讨庚、结婚、回门等烦琐手续，彩礼也重。

（七）布依族

木里县布依族实行一夫一妻制，同宗和同姓严禁通婚。过去，青年男女间的交往比较自由，未婚男女可以利用节日、外出劳动等机会，聚集在一起对歌，倾吐爱情，表达感情，如果男子同意，就可盟誓终身。但在封建制度下，情人们很难结成终身伴侣。婚姻的缔结，绝大多数是由"父母之命，媒妁之言"包办举行的。有的地方还流行"不落夫家"或称"坐家"的习俗，女子往往要结婚两三年甚至七八年后才住夫家。家庭中重男轻女的意识较深。儿子有财产继承权，招赘女婿亦可以继承财产。娶亲必须送彩礼。

（八）壮族

木里县壮族实行一夫一妻制，由父母包办、媒人说合即可结婚，也有订娃娃亲的。可以入赘，上门女婿不受歧视。有"不落夫家"习俗。

（九）傈僳族

木里县傈僳族实行一夫一妻制。婚姻多由父母包办，聘礼很多。素有同宗不婚、外族不婚之习俗。某些姓氏之间不能通婚，如陈姓不与顾姓、纪姓通婚。

新中国成立以后，随着社会经济文化的发展，木里县各少数民族间的通婚状况发生了巨大变化。传统的婚配制度被打破，各民族之间通婚的现象不断增多，甚至在一些地区，民族之间的通婚已经成为普遍现象。

二、木里县各民族之间通婚状况调查

为充分了解木里县各民族间通婚现状，2017年，本课题组分3个小组先后多次对木里县的水洛乡、项脚乡、俄亚乡进行了走访，对这3个地方的通婚状况进行调查，并与2010年的通婚状况进行对比，希望以此来了解木里县各族间的通婚变化状况。

（一）水洛乡各民族间通婚状况

水洛乡位于木里县西部边缘地区，全乡辖6个行政村、27个村民组、51个自然村。水洛乡是藏族聚居乡，藏族人口占总人口的86.2%，纳西族占7.9%，蒙古族占5%，彝、汉、壮、苗等民族占0.9%（均系调入本乡工作的国家职工）。全乡共741户、5 003人。根据调查，我们了解到截至2017年，水洛乡族际通婚的已达到238户，其中蒙藏通婚的有84户，藏汉通婚的有73户，蒙汉通婚的有27户，蒙彝通婚的有5户，藏彝通婚的有6户，汉彝通婚的有12户，藏纳通婚的有15户，汉纳通婚的有9户，藏壮通婚的有7户，占所有婚配的33%，相比2010年增长了7%。

（二）项脚乡各民族间通婚状况

项脚乡位于木里县东南边缘，全乡有6个小组，9个自然村。项脚乡有蒙古、藏、汉、彝等4个民族，共270户，1 418人。从民族分布看，项脚乡蒙古族人口占总人口数的75%，藏族人口占14%，汉族人口占8%，彝族人口占5%。我们通过调研了解到，截至2017年，项脚乡族际通婚的达到121户，其中蒙藏通婚的有54户，蒙汉通婚的有39户，蒙彝通婚的有7户，藏汉通婚的有13户，藏彝通婚的有3户，汉彝通婚的有5户，占所有婚配的45%，相比2010年增长了12%。

（三）俄亚乡各民族间通婚状况

俄亚乡位于木里县西南边缘，全乡辖6个行政村，28个村民小组，50个自然村。俄亚乡居住着纳西族、藏族、汉族、白族等四种民族，共927户、5 778人。其中纳西族占总人口的62%，藏族占总人口的18%，汉族占总人口12%，白族占总人口的8%。我们通过调研了解到，截至2017年，俄亚乡族际通婚的已达到279户，其中纳藏通婚的有105户，纳汉通婚的有117户，纳白通婚的有1户，藏汉通婚的有45户，藏白通婚的有1户，汉白通婚的有10户，占所有婚配的30%，相比2010年增长了9%。

三、木里县形成族际通婚的原因

（一）我国法律、婚姻制度对传统婚配习俗的制约

1949 年以后，我国先后颁布了《中华人民共和国宪法》和《中华人民共和国婚姻法》。其中，《中华人民共和国宪法》明确规定，我国要坚持并不断加强各民族人民间的平等、团结、互助关系。同时还规定，禁止破坏婚姻自由。与此同时，《中华人民共和国婚姻法》对于少数民族的婚配习俗也起到约束作用。例如，《中华人民共和国婚姻法》第二条规定"我国实行婚姻自由、一夫一妻、男女平等的婚姻制度"，从一定程度上打破了一些民族同族内婚、等级内婚、家支外婚、同姓不婚、贫富不婚、辈分不同不婚、同宗不婚等婚配禁忌。第三条规定"禁止包办、买卖婚姻和其他干涉婚姻自由的行为。禁止借婚姻索取财物。禁止重婚。禁止有配偶者与他人同居"，从一定程度上改变了少数民族父母包办婚姻、索要彩礼等陋习，改变了一妻多夫或一夫多妻的婚配习俗。第六条规定"结婚年龄，男不得早于二十二周岁，女不得早于二十周岁。晚婚晚育应予鼓励"，对婚配年龄的限制杜绝了少数民族中实行童婚的陋习。第七条规定直系血亲和三代以内旁系血亲禁止结婚，加之人们对近亲婚配所带来的严重后果的认识不断加深，近年来，木里县各族青年男女已经很少有人再遵从"姑表舅优先婚"的传统习俗了。第八条规定"要求结婚的男女双方必须亲自到结婚登记机关进行结婚登记"，这更是大大改变了传统的"阿注""转房""不落夫家""安达"等婚姻习俗。

从这些法律规定可以看出，木里县少数民族作为祖国大家庭的一部分，必须坚定不移地贯彻执行国家法律法规的基本精神和原则。只有这样，才能改善落后的婚姻习俗，建立新型的婚姻家庭关系，更好地促进木里县社会的进步和现代化的发展。

（二）随着社会经济的发展，民族间的互动日益加深

在木里县的现代化进程中，经济和文化始终是密切关联的运行体系。一方面，经济的发展直接促进了各民族的发展和交流。在共同的经济生活中，各民族间接触日益频繁，形成了趋同的生活习惯和风俗，彼此之间增进了了解，民族间的心理障碍逐渐消除，民族间的相互包容性和接纳程度日益增强，相互之间缔结婚姻的可能性也日趋增强。尤其是具有相同信仰的民族，在共同经济生活背景下，互相缔结婚姻的比率随着经济的发展而日益上升。

另一方面，在市场经济发展中，经济条件成为各族青年择偶的一条重要标准。社会学家将婚姻的行为动机归纳为经济、子女及感情。感情因素固然重要，但还是受到经济的制约。在利益的驱动下，一些民族不再讲究"根骨"了，更看重潜在的经济价值。当经济诉求成为一个标准时，族际通婚的范围得到扩展，比率也就相应提高了。特别是在县城或县城附近经济相对较好且交通便利的地方，民族之间的接触成为可能，加上经济方面的相互往来，以及社会分工的细化使彼此联系越来越紧密，一些有长期通婚历史的民族之间的通婚率呈增长趋势，一些交往密切的民族也逐渐弱化通婚限制。

（三）各民族间接触日益频繁，文化生活相互交融

民族文化是各民族成员智慧和生活经历的结晶，具有一定的稳定性。它从价值观念和规范的层面上为各民族内部成员树立了标准，影响他们的行为。这一影响直接渗透婚姻家庭制度的模式和标准。一般而言，由于各民族的社会文化背景不同，受语言、生活方式、宗教信仰及风俗习惯等民族特征的约束，族内通婚总是占主导地位。在木里县，不论哪个民族，族内通婚都占绝对优势，这是延续至今的家庭民族性的基本模式，同时也是最具显性特征的族群认同的社会普遍现象。一些民族的传统文化中，婚姻具有强烈的排他性，当然从某种程度上来说，这是为了保证本民族文化的延续性和纯粹性，也有出于血缘和财产的考虑。在传统的生活方式下，由于特定的民族文化、风俗习惯、生活方式及语言等因素，族内通婚是一种理性行为，对维护本民族利益来说是有利的，但是从人口学和人种学的角度来讲则存在隐患。

随着经济社会的发展，各民族接触日益频繁，各族内部也发生了一定的文化变迁。一些民族内盛行的族内通婚习俗受到了明显的冲击，族际通婚开始增多。例如，在目前木里县各族通婚中，只要双方愿意，相互爱慕的男女是可以结为夫妇的。在当代，族际通婚往往随着社会的进步发展壮大，所以越到近代，族际通婚越普遍。

（四）木里县各民族独特的人口分布格局的影响

虽然族际通婚变得越来越普遍，但是它仍受一些条件的制约。族际通婚受到各族居住格局情况的影响。在木里县，各少数民族呈现大杂居、小聚居的状态。这种分布状态依据不同民族的特征表现为多种形式，既有城乡差别又有民族差别，还有分布形式上的差别。从大的方面来说，居住在县城里的少数民族与外界接触的范围广，接受新事物的能力强，所以相应的民族约束性较弱，对外族的包容性也强。这些民族接纳和融合外族文化的能力较强，婚姻的民族性约束较弱。

以散居形式分布的民族与聚居分布的民族，在族际通婚方面存在一定的差别。以散居和杂居形式分布的民族，由于相互间地域上的交错分布，生活上的频繁交往，各民族了解各自的文化特点和风俗习惯，已经基本消除了文化偏见，所以易于形成一种相互交融的区域性混合文化，还可能通过广泛的族际婚姻关系加深民族间的关系。同时，由于散居、杂居的分布状况，某些民族人口相对较少，适龄男女的择偶范围有限，就不得不将择偶对象扩展到该区域的其他民族。

而在民族人口聚居的区域，族群成员择偶的范围较宽，族群的通婚率存在较大差异。一些相对开放的、没有严格宗教限制的族群通婚的比率较高。但在一些有宗教信仰限制、对外相对封闭的民族，与外族通婚的比率相对较低，至今还有族内通婚的习俗。

（五）社会流动成为推动木里县族际通婚的新动力

随着改革开放步伐的加快，社会流动成为社会改革引发的必然结果，并直接影响到木里县职业结构的重构。由于职业流动产生的影响，现代社会的婚姻家庭突破了传统的地缘限制，业缘关系成为实现族际通婚的新的推动力。

一方面，农村出现大量外出务工青年，他们在向城市流动的过程中，既扩大了社会交往的范围，同时又缩小了在本族内择偶的范围，所以族际通婚成为一种必然的趋势。许多适龄青年在与外界接触的过程中扩大了自己的择偶范围，外出打工的青年男女嫁娶其他民族的现象越来越普遍。另一方面，民族内部的一些成员由于升学、参军、招工等因素在实现向上流动的过程中，改变了以前的地位，脱离了以往生活的社区。崭新的社会环境使他们必然重构新的认同，主动融入主流文化。在较长时间的熏陶和主流文化占绝对优势的背景下，他们与其他民族的通婚成为必然。

（六）随着教育水平的提高，民族偏见逐渐被打破

教育水平与族际通婚之间的关系可以从两方面考虑。一方面，具有相近教育程度的人往往有较多的共同语言和更多的接触机会，这种认同感增加了通婚的可能性；另一方面，具有较高教育水平的人一般接受民族政策的教育多一些，民族偏见也就少一些，他们与其他民族通婚的可能性也因此增加。

在木里县各民族中，受教育程度与族际通婚的正相关性呈线性增长趋势。受到较多文化教育的民族青年，眼界较开阔，对祖国民族大家庭和党的民族政策有更多的了解，同时在学校中他们也认识到本族文化的落后，接纳了他族的先进文化。

影响族际通婚的因素既有制度、经济、社会等宏观方面的因素，又有个人、家庭等微观方面的因素。就目前状况而言，族际通婚的比率日益上升，从经济发展和各民族共同发展的角度来说，族际通婚既体现了民族之间平等的关系，又有利于实现各民族的共同繁荣。从人口学和遗传学的角度来说，族际通婚有利于优生优育、提高民族人口质量和人口数量，从而有利于民族地区的稳定、繁荣。

四、族际通婚给木里县的稳定、繁荣所带来的影响

（一）实行族际通婚，有利于民族团结、社会安定

实行族际通婚会使各民族人民实现自然融合、和睦相处，对改善民生关系、加强民族团结、维护木里县社会稳定起到重大作用。木里县的稳定局面，与长期以来各民族人民实现自然融合、共生共荣，相互通婚、相互影响是分不开的。

实行民族通婚，会大大增强各民族的凝聚力，促进社会的安定团结，对木里县的经济发展具有重要作用。同时，如果将族际通婚这一举措继续推广，将有助于民族团结、社会繁荣发展。

（二）实行族际通婚，有利于提高木里县人口素质

受地理位置偏远、传统观念束缚等因素的影响，木里县的许多少数民族近亲婚配问题较为突出。从遗传学上讲，"近亲"意味着他们有很多基因是相同的，因此，近亲婚配"致病基因"结合的机会自然要比非近亲者结合的机会大得多，其最大的问题是使隐性遗传病的发生率增高。对于近亲通婚的弊端，我国政府早已十分重视，反复进行宣传

和教育。中华人民共和国成立后，藏族、汉族和蒙古族三族人民的交流越来越密切，族际通婚也较为普遍。

破除近亲通婚习俗的重要性，不仅是我们祖先在人类发展的长河中通过自然淘汰而认识到的法则，它的科学性也被现代医学证明。所以，我们必须大力改革民俗民风、破除近亲通婚、提倡民族间通婚，使少数民族后代的头脑更聪慧、身体更健壮，造福木里县民众的子孙后代。

（三）实行族际通婚，有利于木里县经济社会现代化

长期以来，由于历史的、社会的种种原因，少数民族地区经济文化发展缓慢。一个国家一个民族要进步，要实现现代化，就必须发展商品经济，就必须转变封闭式的发展方式，促进落后地区与先进地区的政治、经济、文化的交流，而实行民族间的通婚是实现这一改革的重要方法，也是消除民族之间经济文化差别、实现木里现代化、实现各民族自然融合的重要途径。因此，我们应积极鼓励族际通婚。

纵观世界各国的发展历程，我们发现凡是经济发展水平较高的国家，很少是实行民族内婚的；而反对异族通婚的，几乎都是封闭和较为落后的国家。不同民族、不同地区人们的通婚，是人类社会发展的必然趋势。所以，为了木里县各民族的健康繁衍、早日实现木里的现代化，为了消除我国汉族和少数民族、少数民族和少数民族之间的差距，为了减小我国与世界先进各国之间的差距，我们要大力提倡在木里县普遍实行族际通婚的政策，特别是应该鼓励和支持那些带头冲破传统习俗的束缚，克服民族偏见和狭隘思想，实行族际通婚的青年男女。相信族际通婚这个问题会随着少数民族地区经济、文化的发展，而得到更好的解决。

木里县藏族传统建筑石砌碉房的
保护与利用的调研[*]

陈国莉

按照联合国教科文组织的界定，人类文化遗产可分为两大类：一类是物质文化遗产，指具有历史、艺术和科学价值的文物，包括古遗址、古墓葬、古建筑、石窟寺、石刻、壁画、近现代重要史迹及代表性建筑等不可移动文物；一类是非物质文化遗产，指以语言、文学、音乐、舞蹈、游戏、神话、礼仪、习惯、手工艺、建筑术、技艺、技巧和瞬间表现形式传承的文化遗产，是民俗文化、民间文化、民族文化的重要传承方式。保护文化遗产、保持民族文化的传承，是连接民族情感纽带、增进民族团结和维护国家统一及社会稳定的重要文化基础。加强文化遗产保护，是建设社会主义先进文化、贯彻落实科学发展观和构建社会主义和谐社会的必然要求。

文化遗产是不可再生的珍贵资源。在文化遗产相对丰富的少数民族聚居地区，由于人们生活环境和条件的变迁，民族或区域文化特色消失加快。因此，加强文化遗产保护刻不容缓。

木里县藏族传统建筑石砌碉房是具有藏族特色的民族元素，是木里县藏族人民宝贵的民族文化遗产。研究木里县藏族传统建筑石砌碉房的保护与利用，正是为了更好地保护和利用藏民族文化遗产，使之成为木里县脱贫攻坚的有效方法，成为推动木里县经济发展的助力，成为木里县旅游强县的有力支柱。本课题组就木里县藏族传统建筑石砌碉房的保护与利用问题进行调研，情况如下。

一、木里县藏族传统建筑石砌碉房的基本情况

木里县是一个藏族自治县，包括藏、彝、汉、蒙古、纳西等21个民族，是全国仅有的两个藏族自治县之一，是四川省唯一的藏族自治县。全县面积为13 252平方千米，占凉山州总面积的22%，居全省第三位。全县总人口为13.99万，其中藏族人口4.61万，占总人口的33%，是四川藏族人口第一大县。全县平均海拔3 100米，境内最高海拔5 958米，最低海拔1 470米，相对高差4 488米，大部分乡（镇）政府所在地海拔在3 000米以上。

木里县具有极其丰富的自然资源，是中国香格里拉生态旅游核心区。全县森林覆盖

---

* 2017年度四川省党校系统调研课题。作者单位：中共木里县委党校。

率67.3%，是长江上游最大的原始林区。木里县被美籍奥地利科学家约瑟夫·埃弗·洛克称为"上帝浏览过的花园"，被外界称为"群山环抱的童话之地"。境内海拔3 500米以上的高峰有300多座，其中5 000米以上的高峰有20多座，最高峰为海拔5 958米的恰朗多吉神峰，曾被洛克赞为"裁剪过的金字塔"和"世界上最美的山峰"。这里聚雪山、湖泊、森林、草原、溪流等多种自然景观为一体，互为映衬，一派古朴原始而幽静的自然奇景，使人仿佛置身于"瑶池仙境"。

木里县是典型的藏族聚居区，全县三分之二的民众信仰藏传佛教。由于特殊的地理、历史和宗教等原因，木里藏族聚居区与西藏和康巴藏族聚居区联系紧密，成为四川乃至全国藏族聚居区的重要组成部分。

木里县不仅拥有丰富的自然资源，还拥有丰富的人文资源，尤其是木里县藏族传统建筑石砌碉房最具特色，其不仅造型优美，而且分布很广，主要集中在木里县瓦厂片区、茶布朗片区的11个乡镇石砌雕房，和这一区域的生产、生活、信仰、崇拜相对应，顺理成章地形成一系列具有地区特色的建筑类型。根据本课题组实地考察和对相关文献资料的查阅分析，木里县茶布朗片区的东朗乡、麦日乡和瓦厂片区的水洛乡的藏族传统建筑石砌碉房最具代表性。

（一）木里县藏族传统建筑石砌碉房的构造特点

木里县东朗乡、麦日乡、水洛乡的房屋是石砌藏居，因其外观酷似碉堡，又称之为碉房。它用石块、黏土和木材修建而成，块石作墙，木头作柱。房屋分三层，下层关牲畜；中层住人，设有仓库、伙房、房间；上层多为土掌，用于打晒场。这种房屋柱头、房梁装饰绘画，十分华美，具有明显的藏族色彩。此类建筑现可看作木里藏族的代表性建筑。建筑外墙以白色为主，毛石经过粗加工后，涂白色浆，一般民居外墙上有两条5厘米左右宽的红、黑色带，沿围墙交圈。屋室门廊前有黑色矮墙。门廊檐下有红、黄、绿、蓝原色艳丽彩画。室内梁枋艳丽彩画，结合家具用色，形成热烈的室内色调，与藏民淳朴、热情的性格相呼应。

木里县藏式建筑门边、窗边饰有黑色上小下大的边框，寓意为"牛角"，传说能给人带来吉祥。藏族古代曾信奉的图腾之一是"牦牛"，由于时代的进展，原始的图腾被写意为牛角。简练、概括的艺术形象，装饰性极强。这种装饰不分建筑等级，普遍应用，是统一藏式建筑风格的主要因素之一。它不仅加大了门窗的尺度，还与建筑向上收分相呼应，增强了建筑造型的稳重、庄严感，颇有独到之处。

（二）木里县藏族传统建筑石砌碉房内饰

由于木里交通不便、相对封闭，地理范畴本身较为完整、单一，所以其传统民族建筑的分布也相对集中。藏族民居室内装饰讲究工整、华丽、亮堂，上至天花板，下至与地板相接的墙角，都采用雕刻、彩绘等艺术手段加以装点，尤其是横梁、柱头和大门等木结构空间，是充分展示装饰才能的地方。墙壁上绘制以动物、花卉、宗教故事等，居室内绘制花卉、彩条来取得装饰效果。柱头的装饰、室外屋顶的装饰和室内墙壁的装饰，是藏式传统建筑装饰的精华部分。

室内由数根柱头支撑，柱头的多少代表主人的富裕程度。柱头雕刻花纹，施以彩画。室内一间大堂屋，旁设耳房作为卧室。室内陈设用木板镶嵌墙壁组合成多用柜，上面摆放佛龛和茶具（主要有银碗、茶桶、糌粑盒），均以天然花纹和本色展示纯天然美，还有电视机、录音机等。柜面装饰雕花漆画，以红色为主，色调热烈华丽。房子正中有一火塘，支一只口径很大的铁三脚架，上置大锅可生火做饭，房内可以取暖。居室从窗下到右墙下，平面呈"L"形摆放吃饭、喝茶用的条桌。桌面、桌板雕花漆画同柜面，以红色为主，色泽艳丽，除纯金不能使用外，其他颜色均可使用，看上去也很富丽。从窗下到左墙或右墙下，平面呈"L"形铺放。

（三）木里县藏族传统建筑石砌碉房建筑材料

石砌碉房的建筑材料以平整的石块、黏土、木材为主。墙体以石块和泥浆砌筑，屋内以木头作柱，屋顶搁檩，檩上横置劈柴，柴上盖土筑紧（称土掌），有的盖石片。石砌碉房多为石木结构，多用平整的石块垒墙，缝隙勾以黏土，木头为柱。外形端庄稳固，风格古朴粗犷；外墙向上收缩，依山而建者，内坡仍为垂直。石砌碉房一般分两层，以柱计算房间数。底层为牧畜圈和贮藏室，层高较低；二层为居住层，大间为堂屋、卧室，小间为储藏室或楼梯间；若有第三层，则多作经堂和晒台之用，多为平顶。

（四）木里藏族传统建筑石砌碉房具有显著的文化遗产特征

木里县藏族传统建筑石砌碉房有着悠久的历史。自16世纪开始，既是高原山区特定的环境中的物质文化，又承载着独特的藏地民族文化与宗教文化，并蕴含着因循地形和气候的与自然融合的建筑理念，蕴含着藏民族生产生活习俗与信仰崇拜等文化内涵。

木里县藏族传统建筑石砌碉房造型独特，携有藏族建筑质朴、粗犷、自然、多姿的文化基因。这些基因体现在选址布局、用材选料、建筑造型、细部装饰、色彩搭配等方方面面，韵味无穷。木里县藏族传统建筑石砌碉房作为整体的文化遗产，它的风格要素与文化内涵均具有明显的完整性，这是建筑文化遗产的科学价值。

木里县东朗、麦日、水洛地处中国香格里拉生态旅游核心区，藏族传统民族建筑石砌碉房在全乡境内全部呈现出统一、完整的石砌碉房样式，具有很强的观赏价值和社会价值。木里县现有石砌碉房群11个，分别是木里县茶布朗片区的东朗乡、麦日乡、茶布朗镇、唐央乡、博窝乡，瓦厂片区的水洛乡、依吉乡、宁朗乡、瓦厂镇、卡拉乡，雅砻江片区的麦地龙镇。以木里县东朗乡、麦日乡、水洛乡藏族传统民族建筑群为代表，三个乡的房屋都是统一的藏族传统民族建筑石砌碉房。东朗乡现有467户藏族传统民族建筑石砌碉房，以亚英村为代表，整个村子124户人家都是统一的整齐的藏式石砌碉房，集中坐落在河边。麦日乡现有456户，以绒佐村的藏族传统民族建筑石砌碉房为代表，122户建造在半山，错落有致。水洛乡现有995户，香格里拉村的98户都是藏族传统民族建筑石砌碉房，连成一片，掩映在青山绿水之间，整个乡村呈现出藏族原汁原味的整体美、和谐美。

东朗乡距木里县城260千米，麦日乡距县城297千米，水洛乡距县城210千米，三个乡呈"品"字形相互接壤、相互连接。它们之间交通相对便利，但基本上都是通乡土路，路途远，路面情况很差，只有越野车可以通行，行走非常艰难。

在文化遗产相对丰富的少数民族聚居地区，随着人们生活、生产方式的改变，以及生活环境和条件的变迁，民族或区域文化特色逐渐淡化。由于城市化、城镇化及藏族传统建筑石砌碉房原生环境变化等原因，木里县藏族传统建筑石砌碉房正在逐渐消失。因此，木里县藏族传统建筑石砌碉房的保护与利用是当下亟须思考的问题。

二、木里县藏族传统建筑石砌碉房的保护与利用中存在的问题

（一）地方党委政府对木里县藏族传统建筑石砌碉房的保护与利用认识不足

当前，越来越多的人意识到木里藏族传统建筑石砌碉房是古人智慧和藏族传统文化最好的载体。如何挽救木里县藏族传统建筑石砌碉房，让木里县藏族传统建筑石砌碉房延续其生命力，如何在当下体现木里县藏族传统建筑石砌碉房所蕴含的历史、人文、艺术价值，确实是亟须思考的问题。木里县藏族传统建筑石砌碉房具有历史、人文和艺术三方面的内在价值，它们是相互制约和渗透的。此外，木里县藏族传统建筑石砌碉房还具有社会价值，主要体现在木里县藏族传统建筑石砌碉房本身在物质和精神两方面对社会的影响。上海市非物质文化遗产保护协会会长高春明认为，要把握好物质文化遗产和非物质文化遗产之间的关系，加强非物质文化遗产的传承和保护，可以真正地延续物质文化遗产的生命。但可惜的是，目前木里县藏族传统建筑石砌碉房还没有得到应有的合理保护。

（二）在精准扶贫中实施藏民新居项目引发的问题

木里县现已成功入围中国香格里拉生态旅游核心区，并邀请专家量身定做"木里洛克九百里"生态旅游线路概念性规划，发展乡村民俗体验、生态农牧业观光、旅游驿站、农家乐、藏家乐、民宿接待等旅游产业。木里县发展旅游业就要保持木里县藏民族原汁原味的民族元素，而在藏民新居建设中，有的乡镇政府补贴发放的是统一采购的砖瓦，红砖建成的房屋会影响木里县藏族传统建筑石砌碉房的藏族风味。藏民们因藏式平顶漏水，就干脆给建筑石砌碉房盖上琉璃瓦，致使水洛 995 户、东朗 313 户、麦日 228 户的木里藏族传统建筑石砌碉房都盖了房顶，在藏家新寨中出现了红屋顶、蓝屋顶，使整个木里失去藏族原汁原味的民族元素，也影响了当地的特色旅游。同时，因缺乏对木里早先藏族传统建筑石砌碉房的研究、保护和宣传，木里县藏族传统建筑石砌碉房正在逐步走向消亡。

（三）木里县藏族传统建筑石砌碉房建筑材料的收集、储备困难，传统建筑石砌碉房门窗雕刻手艺的传承渐渐消失

藏族石砌碉房修建需大量的平整石块、木材及雕刻工匠，修建要花费很多材料和金钱。修建房屋备料很困难，平整的石块不易寻找，木材也不能随意砍伐。年轻一代学习工匠技艺的人越来越少，门窗雕花手艺慢慢消失。现在的藏族房屋在修建和内部装饰上

已逐步简化，用红砖代替石块，用墙纸代替彩画，柱子和房门的雕花也日趋简化，甚至给平顶的藏式房加上房顶，让其失去了木里藏族传统建筑石砌碉房原有的民族元素、民族味道。随着时间的推移，木里县藏族传统建筑石砌碉房这种藏民族特色文化元素恐怕会逐渐消失了。

（四）木里县藏族传统建筑石砌碉房保护利用不足，经济效益不能有效发挥

保护和应用始终是矛盾的统一体，保护是前提，有了很好的保护才能应用。木里县要有效地保护文化遗产，并加以合理的旅游开发，才有利于推动当地经济的发展，提高当地人民生活水平。木里县旅游接待点数量偏少，接待点就设在藏民家中，条件非常简陋。旅游接待点内没有畅通的生活用水，洗漱靠主人烧热水，或者到室外的水管下洗漱，厕所和住宿是分开的，厕所内根本无水冲刷，没有路灯，没有洗澡的地方。目前到上述地方旅游，只能暂住旅游接待点，如果错过旅游接待点，就只能借住牧民家或露营。三个乡均离县城 200 多千米，行车时间长，而厕所数量太少，游客在途中会感到诸多不便。

三、木里县藏族传统建筑石砌碉房的保护与利用对策

（一）提升地方政府对保护木里县藏族传统建筑石砌碉房重要性的认识

文化遗产是不可再生的珍贵资源，加强文化遗产保护刻不容缓。地方各级人民政府和有关部门要从对国家和历史负责的高度，从维护国家文化安全的高度，充分认识保护文化遗产的重要性，进一步增强责任感和紧迫感，切实做好文化遗产保护工作

地方政府应把木里县藏族传统建筑石砌碉房申请为藏民族文化遗产，以便运用相关法律法规对其加以有效保护，并进行合理的旅游开发，使之成为富民强县的有力支柱。文化遗产的保护与旅游的开发，只要处理得当，两者可以良性发展，文化遗产将成为当地经济的一个持续增长点。只有将文化遗产保护好了，这个经济增长点才不会在短短几年或者十几年里枯竭。木里县应投入资金与人力，对受到破坏的传统民族建筑进行及时抢救与维修。

在精准扶贫政策的实施过程中，在改善藏民居住条件的同时，也要保护好藏族传统建筑中重要的民族元素——石砌碉房。加强藏民新居建设的投入力度，但要注意保护、协调传统民族建筑。藏式房屋修建一般要 10 万元左右，而项目补助给藏民的是 2 万元，只够材料购买、搬运费用。基于木里藏族传统建筑石砌碉房的修建高额度，政府应适当提高补助额度。同时对藏民修建新居要做硬性要求，要保持藏族原汁原味的风格，不允许随意改变房屋外观。目前，木里县广播电视旅游体育局与水洛、东朗、麦日乡政府协商准备集资 50 万，补助给藏民，让他们恢复藏式房屋平顶，以免影响原汁原味的木里县藏民族文化元素。

（二）将木里县藏族传统建筑石砌碉房的保护与利用落到实处

旅游收入不仅能为保护遗产提供经费支持，而且能为文化遗产管理提供经济保障，游客的到来也能促进各地区的文化交流，使木里县文化得到宣传。木里县要加大旅游宣传力度，提升旅游品质，打造旅游新角度，把木里县藏族传统建筑石砌碉房作为一大景点进行宣传，使之成为木里旅游中的特色代表。

一方面，要加强对木里通乡、通村公路的投入力度，加强旅游景区的交通、通信、电力、饮水安全等基础设施的投入力度，为木里县发展旅游业做好保障工作。木里通乡、通村公路都是土路，弯道多、急，路面坑洼大、路程远，甚至有很多地方汽车根本无法通行。调研中的东朗、麦日、水洛三个乡均离县城 200 多千米，这样长时间的车程，这样差的路况，游客们都会望而生畏。同时，要增加旅游接待点，增加旅游厕所和兴修星级旅游客栈。东朗、麦日、水洛目前经常没有通信信号，特别是水洛乡香格里拉村的白水河景区没有任何信号。木里县的乡镇还经常停电，影响通信联系。木里县乡镇饮用水基本是直接从水源引至藏民家中直接使用，没有消毒措施，饮用水很不安全。

另一方面，在修建过程中要注意保持藏民族的建筑风格。水洛乡的藏族传统建筑石砌碉房群之中还残存着古碉群（即烽火台），充满了时代的沧桑，具有较强的历史价值。目前，宣传火热的玛娜茶金旅游点所观看的恰朗多吉、英迈勇、仙乃日三怙主雪山群景点就在水洛乡境内，水洛乡的白水河和香格里拉村就在恰朗多吉山脚下，而玛娜茶金观景台就在麦日乡境内。这三个乡自身拥有的自然景观与藏族传统建筑石砌碉房景观有机地结合在一起，可以成为木里旅游的一大看点。

近年来，木里县藏族传统建筑石砌碉房受到越来越多的关注，许多建筑学者深入其间，进行实地考察与专门研究，这将有利于这类建筑文化遗产的保护与科学利用。藏族文化遗产是藏族祖先创造的文化，是藏民族的过去。对藏族文化遗产加以保护、利用，可以培养农牧民的爱国主义情感，增强民族自尊心、自信心。木里县藏族传统建筑石砌碉房保护与利用工作做好了，将与木里县旅游业相辅相成，成为木里县旅游业的一大亮点，助力木里县经济的快速发展。

宁南县"1+X"生态产业发展的调查与思考[*]

李卫东　许宁化

近年来，凉山州坚持把林业产业扶贫和生态建设放在突出位置，大力实施生态扶贫，强力推进"1+X"生态产业发展，积极拓宽农民致富路。"1"即核桃产业，"X"即核桃以外的经果林。2016 年 2 月 16 日，凉山州脱贫攻坚领导小组和脱贫攻坚指挥部第一次全体会议审议通过了《凉山州"1+X"生态产业发展实施方案》，明确全州将用 3 年时间完成以核桃为主的生态产业基地 1 500 万亩建设任务，做到贫困人口全覆盖，荒山荒坡、房前屋后应栽尽栽。通过改造、巩固、提质，全州林业总产值到 2020 年达到 260 亿元以上，农民人均林业收入达到 5 000 元以上，为凉山州实现同步全面建成小康社会做出重要贡献。

一、宁南县"1+X"生态产业发展基本情况

宁南县按照"绿色崛起、产业强县、兴林富民"的总体思路，立足特色优势，突出绿色生态、助农增收，在全州率先建成百万亩核桃大县，成功创建新一轮全省现代林业产业重点县，林业产业发展迈出了新步伐、开启了新篇章。2016 年，宁南县发展"1+X"生态产业 38 万亩，全部种植核桃，超额完成凉山州下达的任务 2 万亩。2017 年 8 月 6 日，宁南县石梨乡花果山核桃合作社正式向云南收购商批量发售成熟青皮核桃 12 吨，标志着宁南县万亩挂果核桃全面成熟上市，并且已有收购商与石梨乡、骑骡沟镇、景星镇、披砂镇等乡镇签订核桃购销合同，对成熟青皮核桃以 1.3 元/斤的价格进行保底价收购，直到全年核桃收完为止。2017 年，全县核桃产量在 9 000 吨左右，为林农带来直接经济收入 2 000 余万元。

截至目前，宁南县累计核桃发展面积 102 万亩，其中已挂果面积 25 万亩，低产低质低效改造 28 万亩。从面积分布来看，全县 25 个乡镇均有，其中发展面积在 2 万亩以上的乡镇有跑马镇、幸福镇、西瑶镇、稻谷乡、倮格乡、石梨乡、海子乡、梁子乡、新建乡等 8 个乡镇。建成 10 万亩现代林业核桃科技示范基地 2 个和万亩核桃产业示范基地 10 个，发展核桃种植大户和家庭林场 2 000 多户，农民人均拥有核桃 145 株；发展杉树、华山松 25 万亩，商品林 35 万亩，花椒、青椒面积 5 万亩，茶叶 2 万亩。2017 年 7 月 24 日，据初步统计，宁南县各乡镇实际完成青花椒种植 61 887 亩，超出州上任务数

---

[*] 2017 年度四川省党校系统调研课题。作者单位：中共宁南县委党校。

11 887亩，超额完成2017年青花椒产业发展任务。2015年全县以核桃为主的林业综合产值达6.1亿元，2016年达7.2亿元，2017年预计将达9亿元，林业产业已成为宁南县山区群众，特别是贫困地区群众脱贫致富的支柱产业。另外，宁南县继2014年被州政府列为全州第一批现代林业产业强县培育县之后，2016年成功创建新一轮全省现代林业产业重点县。2017年，宁南县又被成功列入第三轮省级现代林业重点县建设。

本课题组以宁南县为例，深入部分乡镇，通过实地察看，到大户种植、家庭林场、核桃专业合作社等进行深入调研，从宁南县发展"1＋X"生态产业的成功经验中探索，希望为发展"1＋X"生态产业提供经验借鉴，助推凉山州"1＋X"生态产业更好的发展。

二、宁南县发展"1＋X"生态产业的成功经验

（一）得天独厚的优势是发展"1＋X"生态产业的前提条件

1. 地理优势。宁南县是一个汉、彝、布依等多民族杂居的典型山区农业县，境内以山地为主，最高海拔3 919米，最低海拔为585米，具有"一山分四季，十里不同天"的立体气候特征，属于南亚热带季风气候，年降雨量960毫米，全年无霜期321天，日照时数为2 257.7小时。宁南县经济林木种类多，尤其是核桃、桑树、亚热带水果等，宜种面积大，果实品质好，颇具开发潜力。

2. 政策优势。宁南县在全州第一个启动经济林（果）抵押贷款试点，开办核桃产业龙头企业贷款、林权抵押贷款、林农小额信用贷款和林农联保贷款等业务；实施推进土地流转的优惠政策，县级财政每年预算资金采取"以奖代补"的方式，对重点乡镇和种植大户进行奖励和扶持，鼓励和扶持社会各界参与核桃产业发展；将项目建设与产业发展相结合，做到"公路围绕核桃建""家禽饲养进林场""科技项目进基地""沟渠配套到林区"。

3. 科技优势。宁南县依托全国科技进步县，加强与国家、省州林科院所的联系与合作，邀请核桃专家到宁南县指导技术攻关，加大科技成果和先进实用技术的推广运用力度，探索推广"宁南点播法"，建成核桃良种采穗圃1 200亩，成功培育出"白鹤滩米核桃"和"状元黄"两个品种。宁南县把党校作为村支书、村民委员会主任接受农业技术培训的基地，充分利用职业技术学校培训平台，培育县、乡、村、组各级核桃致富先进典型，健全完善县、乡、村三级服务体系，稳定科技服务队伍，全面提升服务核桃产业发展的能力，有力推动核桃产业跨越发展。

4. 机制优势。宁南县成立林业富民工程领导小组，制定出台《宁南县林业产业发展考核奖惩办法》，完善目标考核体系，实现林业产业生产过程督查考核的全覆盖，重点考核示范种植、基地建设、特色亮点等环节，推动林业富民工程落到实处，加快建立了"政府扶持、业主为主、社会参与"的投入机制，为林业产业的发展起到了积极的推动作用。

（二）山清水绿、林茂粮丰的勃勃景象是发展"1＋X"生态产业的有利条件

1. 造林育林面积大幅增加。目前，宁南县累计完成第一轮退耕还林5.4万亩，新一轮退耕还林2.28万亩，配套荒山造林5万亩，天保工程公益林人工造林5.8万亩，民生工程、林业产业工程造林3.2万亩，封山育林16.3万亩，石漠化治理工程5.2万亩，群众义务植树1 500万株。全县93.9万亩森林资源得到较好管护，全县森林覆盖率达到60％，绿化覆盖率达到62％。宁南县先后荣获国家"长防工程示范县""造林绿化先进县""干热河谷造林联系县""中国蚕桑之乡"等荣誉称号。

2. 城乡绿化进程明显加快。宁南县林业部门结合县域实际，科学编制了《宁南县森林资源（二类）调查》《宁南县城乡绿化规划（2011—2020年）》《宁南县城区绿地系统规划》等，在积极开展常规工作的同时，对金沙江、黑水河流域、212省道、310省道进行长江上游生态保护屏障工程治理，治理成果曾多次获得国家、省、州的表彰奖励。近年来，又把城镇、机关、学校和新农村绿化纳入重要工作日程，对县城新城区的音乐广场、体育休闲广场、农村集镇、新农村建设点和乡道公路进行绿化，极大地美化了城乡环境。2012年，宁南县被列为"四川省绿化模范县"。

（三）结合宁南实际采取的方式方法是发展"1＋X"生态产业的重要保障

1. 强化组织领导和资金扶持。宁南县委、县政府高度重视"1＋X"生态产业发展，专门成立了以县委常委、县政府常务副县长任组长，县发改经信局、财政局、林业局等25个部门负责同志为成员的林业富民工程领导小组，定期召开会议，形成全县统一的林业工作信息共享体系；同时把"1＋X"生态产业发展纳入各级党委、政府重大事项督查内容，完善目标督查考核体系，层层签订工作目标责任书，形成上下联动、齐抓共管的工作机制。县政府每年单独预算专项资金，按照"重奖重惩，奖优惩劣"的原则和"以奖代补"的方式，对重点乡镇和种植大户进行奖励和扶持。全县核桃种苗、穗条、种子全部由乡镇统一采购，在各乡镇任务完成后，由县林业富民领导小组组织验收，验收合格的按种子6 000元/吨、种苗0.8元/株、接穗0.5元/穗进行补助。

2. 强化质量监督和技术服务。宁南县于2016年1月印发《宁南县2016年林业富民36万亩核桃发展实施方案》，方案中明确2016年全县核桃种植任务为36万亩（其中点播面积18万亩，栽植面积18万亩）。36万亩核桃种植全部按工程类重点项目进行建设，要求全县所有乡镇先进行设计，设计方案报县林业局审核通过后方可施工，要求成片面积至少大于本乡镇种植任务的50％，所有成片面积必须上图，零星造林必须具备农户花名册。对工程建设中出现的打窝尺寸、密度等不符合县上标准的一律要求停工整改，待验收合格后方可进入下一步环节。县林业富民工程领导小组成员和县林业局技术人员实行挂点包乡，每个乡镇指定专门的林业技术人员进行全程技术跟踪指导和服务，县林业局、县核桃协会、县职业技术学校适时开展核桃种植各阶段相关技术培训，确保核桃栽培各项技术措施按规范落实。

3. 强化督促检查和目标考核。宁南县核桃种植实行目标责任制管理，建立健全了监督、检查和责任追究制度，对目标任务进度采取周报制度，各乡镇每周星期五把进度

情况上报县林业富民领导小组办公室，办公室汇总后上报县政府分管副县长。宁南县科学确定了核桃种植各个时期的时间、技术标准。县林业富民领导小组在核桃种植的关键环节，尤其是调种、播种、栽植、管护等关键时期，按照《宁南县2016年林业富民36万亩核桃督查考核办法》组织检查验收，进行打分考核，考核情况纳入县政府对林业富民领导小组、乡镇和林业局驻乡人员的目标考核。

4. 突出规划，因地制宜。宁南县始终坚持以科学发展观为指导，以生态大环境为绿化主体，以城区及乡村绿化、美化为重点，以公路、河流沿线绿色通道工程为网络，兼顾生态、社会、经济三大效益的原则，做到统一规划、统筹安排。宁南县按照全县分区布局，在高山地区以发展生态林业为主，实施天保工程，狠抓生态恢复、山溪河流治理，构建绿色生态屏障；在二半山区发展工业原料林和干果经济林基地，实施退耕还林工程、农村能源建设和扶贫开发工程，建立农林产业基地，培育经济新的增长点；在黑水河两岸以发展桑树为主的生态经济兼用林，促进农民增收；在212省道沿线以培植水土涵养林为主，兼顾蚕桑发展，并结合农田基本建设和农业产业结构调整，建设绿色农田林网，生态示范村，度假休闲山庄，促进森林旅游业发展和城市生态景观建设；在城区建设生态园林，提升县城品位和档次。

5. 依法治林，保护成果。根据国家有关法律、法规，县林业局等部门依法开展治林工作，突出抓好护林防火、森林和林地资源管护和森林病虫害防治工作，最大限度减少森林灾害。历年来，全县森林火灾发生率和森林病虫害成灾率都一直在省控制指标以内。通过加强林木种苗、林产品、林副产品的检疫检验工作，宁南县有效防范外来有害生物的入侵，保证了林产品质量安全。宁南县依法强化林政资源管理，严厉打击乱砍滥伐、毁林开垦、乱捕滥猎、乱挖滥采、乱占滥用等行为，确保森林资源安全和林区稳定。宁南县加快营林绿化建设步伐，自实施"退耕还林"和"天保"两大工程以来，实现了以木材生产为主向、以生态建设为主的历史性转变，在停止天然林采伐的基础上，坚持以工程造林为主体，大力倡导全民义务植树，坚持"谁造谁有谁受益，合造共有共受益"的原则，鼓励非公有制林业的发展。

（四）宁南模式是发展"1＋X"生态产业的根本

1. 注重品种结构优化。近年来，宁南县大力实施核桃品种嫁接改良，截至2016年，全县累计实施核桃嫁接改良面积28万亩，其中2016年完成嫁接10.7万亩。在品种选种上，宁南县主要确定发展三个品种：一是清香品种（全州主推品种），二是白鹤滩米核桃（省认定良种），三是状元黄（全省果王子评比银奖品种）。目前，宁南县已建成上述三个优良核桃品种采穗圃1320亩。另外，在今年的核桃嫁接改良中，还搭配了紫玥核桃以及部分优良老品种。

2. 突出核桃产业示范园区建设。宁南县根据核桃产业基地建设具体分布情况，规划建设两片万亩亿元核桃产业高效示范园区。第一片示范区包括幸福乡的果林村、梨园村、玉丰村和稻谷乡（彝族乡）的花椒村和大梁村，示范区共2146户（彝族448户，贫困户60户）、8120人（彝族人口2020），示范片核桃总面积13200亩。第二片示范区包括梁子乡（彝族乡）的元宝村和杉树乡（彝族乡）的云盘村（贫困村）、湾地村，示范区共 653 户（均为彝族）、3 540 人，示范片核桃总面积11 300亩。

示范区建设主要为"核桃＋林下套种植魔芋＋林下养殖"的立体综合发展模式。在具体建设中，通过改良品种，实现示范片核桃良种率 100％；开展整形、修枝培育丰产树形；强化抚育除草，推广规范化、标准化的土、肥、水管理成套技术；通过集约化管理，提高林木生长量和整体产品质量及产量。同时，在林下大力推广种植花魔芋，并根据林下种植作物的生长季节情况，合理配置林下养殖，以提高示范片的林业产业整体比较效益，使示范片在进入盛果期时，核桃亩产达到 250 千克左右，较全县相同树龄阶段平均产量及效益提高 50％以上。通过林下立体种植、养殖，示范片整体效益实现了万亩亿元的建设目标。

3. 加工销售有保障。在 2015 年以前，宁南县核桃外销以鲜食坚果为主，核桃加工企业仅有宁南县玉丰核桃有限公司，且该企业为"作坊式"企业，只能开展核桃脱壳、清洗、风干、分级、冷藏及简单包装处理，且年加工能力较弱，产品附加值低。2015年，宁南县成立了凉山州现代核桃科技开发股份有限公司。根据企业规划，公司先期开展核桃鲜果的冷链冷藏、核桃油加工、利用现代食品加工技术，开发核桃原浆及核桃饮料产品，在此基础上，研发新产品，不断延伸核桃产业链，提高核桃产业的比较效益及市场竞争力，最终实现核桃产业富民强县的目标。2017 年 9 月 13 日，凉山州现代核桃科技开发股份有限公司宁南县核桃初加工生产线正式建成投产，该生产线主要用于核桃去皮、清洗、风干、大小分选、风选、称重分选、烘干、冷藏等初加工，每小时可加工核桃鲜果 5 吨，所加工出的核桃表面光滑、干净、亮色，核桃仁白净不变色、大小均匀，较之传统人工加工方式，核桃品质得到了极大提升；冻库可将核桃鲜果以 −30℃速冻，再以 −18℃冷藏，保证常年向市场供应鲜果，还能为本地市场提供蔬菜、水果、肉类速冻、保鲜等多元化服务。宁南县核桃初加工生产线的建成投产，可有效调控核桃市场，极大地提升县域内核桃产品竞争力和市场占有率，对宁南县核桃产业健康快速发展具有里程碑意义。

4. 加大品牌建设力度。宁南县以"大凉山"农产品品牌建设为契机，引导和鼓励龙头企业和农民专业合作社申请商标注册。2014 年，成功注册"宁南幸福核桃"商标，并在此基础上，深入推进核桃产品品牌创建工作，提升核桃产业品牌效益；全力引进核桃产品加工企业，推进核桃产品深加工，进一步延伸链条，提升核桃产品附加值，增加经济效益。同时注重本土品种的研发、认定和推广，目前已成功培育出本土优良品种"白鹤滩米核桃"和"状元黄"。其中，"白鹤滩米核桃"被认定为省级良种，"状元黄"获得"2014 四川花卉（果类）生态旅游节暨第二届四川·朝天核桃文化旅游节"银奖。另外，宁南县积极组织参加中国西部国际博览会、农业博览会等展销会，充分利用展销平台，加大对宁南核桃的宣传力度，扩大市场占有率。

三、宁南县发展"1＋X"生态产业的成效

通过实地察看的方式，本课题组分别调研了幸福镇茶岭村"森林人家"主题农家乐建设及乡村生态旅游发展情况，幸福镇、稻谷乡环线和竹寿镇、梁子乡、杉树乡、俱乐

乡环线的万亩亿元核桃示范园区建设情况，以及林下套种花魔芋复合经营模式示范推广情况，西瑶镇油橄榄种植基地建设情况，凉山州现代核桃科技开发股份有限公司生产经营情况，并向部分林农了解了近年来林业发展和收益情况。我们发现，宁南县发展"1＋X"生态产业注重以点带面，先试点再铺开，大大降低了产业风险，是一条值得广泛推广的经验。比如，宁南县林下套种花魔芋复合发展模式推广示范项目于2014年在六铁乡子各村开始试点实施，历经三年的试点和总结，宁南县已成功探索出"核桃＋花魔芋""青（红）花椒＋花魔芋"等高效复合发展模式。截至2017年7月31日，宁南县已累计发展林下套种花魔芋5 500亩，其中在六铁乡、稻谷乡、俱乐乡等适宜地区选点打造花魔芋套种推广示范片1 800亩。宁南县林下套种花魔芋试点成功并逐年示范推广，对促进"1＋X"林业生态产业全面发展、带动广大林农持续增收致富具有重大作用。

宁南县多措并举，强力推进2017年度全省现代林业产业重点县建设，主要采取了以下措施：一是科学编制重点县年度建设实施方案。截至2017年7月，完成《宁南县现代林业产业重点县建设2017年度建设实施方案》，并将年度建设任务具体分解落实到各有关乡镇，做到了目标明确、重点突出、措施到位；二是加快建设重点县现代林业产业基地。2017年规划建设两片万亩亿元核桃产业高效示范园区，同时发展华山松1万亩、果材兼用1 500亩、油橄榄2 500亩、青花椒5万亩，着力提升产业基地质量，充分挖掘林地潜力。三是引导培育重点县龙头企业做强做大。宁南县以凉山州现代核桃科技开发股份有限公司为主，支持企业加快结构调整，重点开展核桃科学研究与试验发展、坚果种植和加工、核桃及林产品初加工、核桃系列产品开发等前沿业务。四是强化产业科技支撑。宁南县巩固深化与省、州林科院所对接机制，主动邀请林业专家到宁南县开展科技讲座，适时组织乡镇林业员、村组干部和林业产业大户参加基层林业实用技术培训，加强技术攻关，普及林业实用技术，力求在资源利用率、林果产量、林分质量等方面取得新突破。

四、宁南县"1＋X"生态产业发展存在的主要问题及原因

（一）产业布局还存在发展不均衡、不科学的现象

从全县核桃产业发展的情况来看，已经受益的地方和有典型及大户示范的村组发展好，积极性更高；反之，发展较差。部分乡镇林业产业布局散乱，桑园里套种核桃，核桃林里掺杂花椒，或者该种杉树的种华山松，该种华山松的种了板栗，没有讲究乔灌结合、长短结合、林禽结合。部分林农过于追求短期经济效益，不注重母树养型和科学采摘，影响了母树生长，未达到丰产、旺产的目的。

（二）造林资金不足，下一步工作开展难度大

2016年，全县38万亩核桃发展种子、种苗、穗条共需要资金520万元，其中种苗补贴需资金350万元，种子补贴需资金120万元，接穗补贴需资金50万元。目前全部

由乡镇和县林业局垫资，省、州还没有相关资金下达，资金缺口压力大，导致下一步补植补造等工作开展难度大。

（三）造林地块条件差，造林难度大

一方面，2009年以来，宁南县按照"适地适树""先易后难、先湿后干、先沟后坡、先阴后阳"的产业发展指导思想，到2015年全县已累计栽植核桃64万亩，林地条件较好的地块基本上已进行造林，导致2016年新造林地块立地条件相对较差，而造林面积远远大于往年，导致造林难度较大；另一方面，由于宁南县地处金沙江干热河谷地带，气候干燥，气温较高，影响造林成活率，导致宁南县的造林难度和补植补造面积相对大于州内其他县市。

（四）外出务工人员增多，劳动力不足

近年来，宁南县外出务工人员持续增多，且多为年轻强壮劳动力，在家的多为中老年人和妇女。同时，宁南县烤烟、蚕桑、林业、冬季马铃薯、畜牧五大产业齐头并进，且均为劳动密集型产业，增加了劳动力投入，导致投入到核桃产业上的劳动力不足，影响了核桃种植管护。

（五）重栽轻管现象较为明显

全县林农栽种核桃积极性普遍较高，但也存在管理跟不上、管护措施不到位等问题。其一，核桃幼苗栽植或核桃种点播后没有及时除草、施肥，影响苗木生长；其二，核桃嫁接后没有及时抹梢、解膜，导致少部分嫁接成活的枝条抽发不出新梢，或轻易被风吹断，冬季也没有按要求认真进行冬管；其三，部分造林地块管理粗放，牲畜践踏或啃食核桃幼苗现象时有发生。

（六）龙头企业带动能力弱，生产集约化程度低

目前，宁南县已成立的凉山州现代核桃科技开发股份有限公司、宁南县玉丰核桃公司经营业务多以原材料初加工为主，经营方式粗放，原材料利用率极低，产品增值效益不明显，销售渠道不畅。

（七）配套体系建设跟不上，市场服务功能不完善

主要表现在三方面：一是市场经营规模小，标准化、规范化程度低，存储能力和流通服务水平较差，影响核桃等林产品的流通。二是林业技术、信息、生产资料服务体系不完善，特别是经营者需要种植信息、病虫害防治技术、药品等，得不到及时咨询和购置。三是先进的森林培育技术、林产品加工利用技术、生物工程技术等普及应用落后，不适应新阶段林业产业化发展的需要。

五、宁南县"1+X"生态产业发展的对策建议

(一) 进一步发挥宁南县"1+X"生态产业富民效益

第一,建议上级主管部门提早下发资金,减轻县级压力,便于工作开展,同时将今后补植补造纳入补贴范围,并加大"1+X"生态产业相关技术培训力度。

第二,实行轻税薄费的政策。对重点龙头企业投资原料林基地建设和林产品初加工取得的收入暂免征所得税;对生产基地遭受自然灾害的龙头企业减征或免征所得税,逐步降低育林基金的征收水平并扩大返还给生产经营者的比例;加大家庭林(农)场的扶持力度,吸引更多的青壮年劳动力回乡创业,积极发展林业产业,推动产业规模化、标准化发展。

(二) 更好地发展宁南县"1+X"生态产业

第一,宁南县要树牢"绿水青山就是金山银山"理念,紧紧围绕"产业生态化、生态产业化"的目标,做好以下四方面的工作。一要抓好"1"这个根本,做好核桃补栽补种、品种改良、日常管护"三件大事";二要在"X"上下功夫,着力培育花椒、黑山鸡、花魔芋等"X"特色,加快形成林上、林间、林下立体生产经营格局,促进林业、畜牧业等多产业融合发展;三要加快延伸产业链,推动面积规模优势向产业优势转变,提高产品附加值,持续放大产业优势,实现第一、第二、第三产业共融发展;四要持续释放活力、动力,深化以"明晰产权、减轻税费、放活经营、规范流转"为主要内容的集体林权制度改革,调动广大群众积极性,充分释放产业发展的活力、动力。

第二,宁南县在核桃产业后续发展中要统筹兼顾,结合新一轮退耕还林工程,可在林下套种花魔芋、中药材等矮秆经济作物,示范推广立体经营发展模式,实现长短结合、以短养长。

第三,宁南县要合理控制核桃栽植密度,进一步培育和规范核桃品种,科学开展核桃病虫害监测和防治,并在核桃育苗、嫁接改良、品种选择、病虫害监测防治、采收销售管理、林下经济发展等方面加强技术指导和服务,实现产业增效、林农增收,推动全县林业发展更上新台阶。

第四,宁南县要结合大规模绿化宁南行动,依托林业重点生态工程建设,大力发展森林康养产业,采取"林业+旅游"的发展方式,积极开展森林人家、森林小镇、森林公园创建,助推全县乡村生态旅游快速发展。

第五,宁南县延伸产业链,推进农工互动。宁南县要充分挖掘林业经济价值,逐步建立起产业结构优化、经济布局合理、具有较强科技创新和市场竞争能力的林业产业链,确保实现经济发展与生态保护的共赢。重点要坚持"资源支撑、园区承载"的发展思路,走"基地+企业+市场"的发展模式,培育林产品加工龙头企业,发展林产品精深加工,提升林产品附加值,形成良好的产、供、销协作体系。目前,宁南县探索创建的凉山州现代核桃科技开发股份有限公司,已入驻茧丝绸工业集中发展区,是一家集核

桃科学研究与试验发展，坚果种植和加工，林木育种和育苗，林产品采集、初加工，植物油、饮料生产销售，"互联网＋"为一体的现代化科技型生产企业。

第六，发挥榜样示范作用。宁南县要强化宣传力度，找准宣传定位和切入点，善于培育典型、发掘典型、宣传典型，在全县形成加快"1＋X"生态产业发展的良好氛围。同时，要使"1＋X"生态产业成为宁南县的一张"名片"，为全州其他地区推广"1＋X"生态产业发展提供经验借鉴。

宁南县农村思想政治教育工作的调查与思考[*]

董庆海　付　琼

改革开放以来，宁南县农村的思想政治教育工作取得了一些重要成绩。但是，随着改革开放的不断深入和经济的不断发展，社会进入全面转型时期，宁南县农村思想政治工作也出现了不少新情况、新问题，影响或改变了农村思想政治工作原有的格局。

为摸清宁南县农村思想政治工作现状，探索加强和改进农村思想政治工作的新举措，巩固广大农村这一思想政治工作重要阵地，本课题组采取走访座谈、发放调查问卷等方式对宁南县农村思想政治工作进行了调查，分析其成功做法和不足之处，希望为开展农村思想政治工作提供一些经验借鉴。

一、当前农村思想政治教育现状和存在的问题

（一）工作现状

2017 年 3 月至 7 月，本课题组深入宁南县披砂镇、松新镇、新建乡、白鹤滩镇、骑骡沟镇、梁子乡等 11 个乡镇进行调查，走访、座谈乡村干部、群众 100 余人，发放调查问卷 300 份，收回 260 份。经过统计，宁南县农村思想政治工作基本情况调查内容及结果如下（见表 1）。

表 1　宁南县农村思想政治工作基本情况调查内容及结果统计

调查内容		结果统计
队伍建设	分管领导	有
	宣传干事	兼职人员
	文化专干	兼职人员
	村社宣传员	1 人
	理论宣讲	兼职人员
政策、法制学习、公民道德教育	政策、法制学习	每年 20 余次
	公民道德教育	每年 10 余次

＊ 2017 年度四川省党校系统调研课题。作者单位：中共宁南县委党校。

续表1

调查内容		结果统计
基层党组织建设	村级党组织	1个
	党员	15~27人
	女党员	2~5人
	党员电教室	1间
	党员远程教育和电化教育	15~50次
文化设施建设、文明新村建设、项目建设	文化设施建设 广播电视"村村通"工程	1套
	农家书屋	1间
	坝坝会场	1~3个
	农村电影放映及流动文化服务	12次以上
	村精神文明活动中心	1个
	村文化活动室	1间
	民俗文化坝子	1个
	文化墙	15m²~30m²
	远程教育电教室	1间
	资金投入	0.5万~2万元
	资金来源	政府投入、村集体投入
	文明新村建设 是否有农村交通、水利、邮政、通信、电力、环卫、市场等基础设施建设	是
	是否开展环境综合整治	是
	开展民主法治宣传教育和科普宣传教育	每年20余次
	项目建设 开展了哪些项目？（两学一做、脱贫攻坚、三联三提升、农民夜校、西部助学工程、"三下乡"活动、农村各类专业实用技术人才培训）	全部
	各类项目开展及实施情况	较好
文化活动	开展哪些文化活动及频率	文娱、体育等，每年5次以上
	采用何种组织形式	乡镇村联合或村组织
	农民参与程度	60%左右
	有何种特色文化产业？（特色旅游业、民俗文化产业等）	全部

调查内容		结果统计
和谐乡村建设	是否开展"四个好"创建、"五好家庭"评选	是
	是否建立社会保障和社会救助机制	是
	是否建立民事纠纷调节机制	是
	参与合作医疗情况	97%以上
	开展职业培训情况	每年 20 余次
	是否开展城乡精神文明共建	是

从调查内容及结果统计情况来看，所有调查对象都认为农村思想政治工作是一项非常重要的工作，应该得到进一步加强。受访乡镇、村组干部已将该项工作纳入重要议事日程，通常在年初通过会议、文件等形式对农村思想政治工作进行安排部署。农村思想政治工作的队伍建设中，多为兼职人员，专职人员较少。农村基础设施齐全，达到100%，但利用率不高。

在本次调查的地区中，农村思想政治工作基本实现了常态化，各村经常通过农民夜校、村民会议、坝坝会、宣传标语、广播等方式，对村民进行理想信念、法律法规、科技文化、道德伦理等方面的教育。80%的调查对象对当地农村思想政治工作情况总体评价良好。

参与座谈调查的同志普遍认为，近年来农村思想政治工作取得了一定的成效，在宣传党的方针政策、教育引导人民群众、建立党群干群沟通桥梁、推进农村文明建设、提升农村群众幸福感等方面发挥了重要作用。

（二）存在的问题

1. 重视程度有待提高。随着市场经济的发展，农民的贫富差距不断扩大。同时，随着农村生产经营方式的改革，农民的社会活动空间更加广阔，人员流动越来越快。许多青壮年农民长年在外打工，使教育对象主体的很大一部分长期脱离组织，成为思想政治教育的"盲区"。这些都造成农村思想政治教育过程中主题的差异性变大，接受思想政治教育的思想和观念参差不齐，思想政治教育工作难以统一开展。所以，虽然接受调查的对象一直认为农村思想政治工作是一项非常重要的工作，但实际上农村思想政治工作一直处于"说起来重要，干起来次要，忙起来不要"的尴尬局面。

2. 农村思想政治教育机制不健全。当前农村的思想政治教育缺乏一套完整的工作机制，工作零散，从事基层农村思想政治教育工作的专职人员配备不足，多为基层干部兼职。这些同志虽有工作经验，但大多文化程度低，理论素养差，很难胜任复杂多样的新情况、新问题。加之在思想政治工作上投入精力有限，思想政治工作阵地建设落后，使农村思想政治工作陷入窘迫境地。

3. 农村思想政治教育工作人员素质不齐、方法落伍，教育内容空洞，缺乏创新，这主要表现在以下四个方面：首先，认知不到位。多数人认为做思想政治工作就是学习文件精神，学习基本理论，就是开展几项活动，举办几场宣讲，流于形式，可有可无。

其次，方法不得当。少数基层干部由于文化程度偏低，综合素质较差，对群众态度蛮横，不讲道理。遇到困难和问题却束手无策，无所适从。再者，形式单一，缺乏创新。许多地方开展某项思想政治教育活动，一般都以会议贯彻会议，检查督导流于形式而不抓具体落实。最后，针对性不强，缺乏系统性、前瞻性的研究。只沿袭传统的工作方法和方式，不研究实际问题，唯道理而论，导致思想政治教育既不能为经济和社会发展提供服务，更不能深入农民内心，对他们的思想认识产生积极影响，造成思想政治工作一直浮于表面，收效甚微。

二、当前农村思想政治教育存在问题的原因

（一）存在问题的原因

1. 农村社会经济和社会环境的发展变化。宁南县社会经济成分、就业方式、分配方式和利益关系的多样化，使群众的独立性、选择性和差异性进一步增强，涉及群众利益的人民内部矛盾呈现出许多新的特点。与此同时，一些领域的道德失范、诚信缺失，假冒伪劣、欺骗欺诈现象有所蔓延，一些地方的封建迷信活动、邪教和"黄赌"等社会丑恶现象沉渣泛起。有些人的价值观发生了扭曲，拜金主义、享乐主义、个人主义滋长。整个社会大环境的变化，以及农民在阶层分化、职业变化、思想多元化等方面呈现出的新特点，客观上使农村思想政治教育的难度加大。

2. 农村思想政治工作机制和理论方法的滞后。改革开放以后，农村的生产经营方式发生变化，农村基层思想政治教育组织在功能和权威方面都存在弱化的趋势，使农村思想政治教育组织支撑乏力。同时，农村思想政治教育队伍的建设也不完善，这些都影响了农村思想政治教育的成效。除此之外，农村思想政治教育的理论研究滞后、工作方法和工作载体缺乏创新，不能适应农村变化的新形势，难以为农村思想政治教育提供及时指导。在实践中从事农村思想政治教育者的方法和思路不能与时俱进，生搬硬套，按部就班沿用常规工作方法，空洞说教的多，解决农民实际问题的少。理论上的滞后、实践中的不求创新，日积月累，使农村思想政治工作在今天面临着很多亟待解决的新问题。

（二）原因分析

1. 受到市场经济思潮冲击。市场经济强调成本核算和经济效益，农村思想政治工作是一项基础性、长远性的工作，难以像抓产业发展、基础设施建设等那样取得立竿见影的效果，导致部分基层干部将思想政治工作当成"软指标"，不愿意花更多的时间和精力。同时，农民群众受到市场经济和实用主义思潮的冲击，更加重视农业生产和经济建设，对思想政治工作热情不高。

2. 基层干部队伍人员紧缺，工作机制不够健全完善。上面千条线，下面一根针。基层干部每天要面对繁重的工作任务，疲于应付各种具体事情，难以抽出更多时间和精力研究、谋划、安排思想政治工作，工作开展难免流于形式，缺乏创新。同时，农村思

想政治工作缺乏有效、连贯、科学的制度指导，开展工作存在"只图完成任务"等心态，工作缺乏整体性和系统性。对流动务工人员这一特殊群体，缺乏针对性的工作机制，流出地与流入地之间没有建立起无缝衔接的工作机制。

三、农村思想政治教育工作的对策

在转型的新时期，我们要积极探索农村思想政治教育的方法和途径，增强农村思想政治教育的实效性。对于农村出现的一系列新情况、新问题，新时期的农村思想政治教育工作必须围绕建设新农村的战略构想，着眼于稳定农村改革开放的大局，着眼于满足群众日益增长的精神文化的需求，着眼于提高农民的政治素养和文化素质，坚持解放思想、实事求是、与时俱进，不断创新内容、创新形式、创新手段，以增强农村思想政治教育工作的针对性、实效性。

（一）政府加大对农村思想政治教育的人力和资金投入

新时期，农村思想政治工作面广、量大，情况复杂多变，加强农村基层思想政治工作的干部队伍建设是开展好思想工作的根本前提。要在政治上加强领导，业务上进行指导，组织上不断健全、完善。要动员一切可以利用的力量广泛参与思想政治教育工作，建立起多触角、多成分、多功能的村级思想政治教育队伍，使农村思想政治工作的触角延伸至农村的每一个角落。同时，要加大对思想政治教育的资金投入，同时积极争取关注、支持农村发展的各种社会力量的支持，确保农村思想政治教育工作的正常运行。

（二）努力发展农村集体经济，完善农村思想政治制度

生产力决定生产关系，经济基础决定上层建筑。在社会主义新农村的建设过程中，农村经济的发展状况直接决定了农村思想政治教育的开展状况。在现阶段，努力发展农村集体经济，缩小农村与城市、农民与农民之间的贫富差距，是农村思想政治教育的重要保障。宁南县把思想政治教育工作同产业发展相结合，如发展林业富民工程、蚕桑产业、畜牧业等，提高农业效益，从而改善自身和家庭生活条件，群众才有动力。缺乏物质基础的精神构想是脱离肉体的灵魂，落不到实处。这也是加强农村思想政治教育最根本的一条。

（三）注重农村思想政治教育，提高农村政治思想工作者的素质

提升干部素质和能力，是应对新情况、新问题、新趋势的战略任务，也是健全完善内部管理体系的重要方法。就农村思想政治教育工作来讲，这种要求更加突出和重要。所以，必须重视干部思想素质和综合能力的培养，有效开展教育培训工作，实事求是，充分发挥队伍的积极性和创造性，提高干部的综合素养和工作水平，加强农村思想政治教育队伍发展的凝聚力和核心竞争力。

（四）充实政治思想工作内容，完善农村思想政治教育的工作机制

当前对于农村思想政治教育来说，工作机制和工作方法不完善、不能与时俱进、缺乏创新是一个难点。要使农村思想政治工作良性运行，就必须建立一整套较为完善的农村思想政治工作运行机制，主要包括思想政治工作领导机制，思想政治教育工作考核监督机制，激励惩罚机制、思想政治工作预警机制和农村思想政治工作的长效机制。要根据思想政治教育工作周期长、见效慢的特点，从长远的发展眼光来制订教育计划，避免思想政治教育走过场、走形式。

（五）利用大众化载体，创新农村思想政治教育的工作方法

农村思想政治工作必须根据农民群众的文化素质、文化结构、接受习惯等因素来因人施教，要注重将思想政治教育寓于丰富多彩的文体活动、形象生动的宣传画等群众喜闻乐见、易于接受的形式中。比如，发放"图说我们的价值观"宣传挂图，通过直观明了的漫画来向农民群众解读社会主义核心价值观，让他们看得懂、听得进、记得住；在春节农民运动会中评选勤劳致富、孝老爱亲、邻里互助等方面的楷模，让这些身边的典型"现身说法"，感染教化村民。同时，要创新各种教育载体，如农民夜校、"两学一做"教育活动、脱贫攻坚等，以现代化的教育方式对农民群众开展思想政治教育。在新形势下，要充分利用现代化的思想政治教育手段，使农民在接受思想政治教育的同时，了解和掌握新科技，还要根据农村居民年龄、职业、所受教育等差异，确定相应的教育内容，采用适当的方法。

（六）加强组织领导

基层党委要强化阵地意识，切实加强对农村思想政治工作的组织领导，用正确的、科学的、先进的思想理论去占领农村这一重要思想舆论阵地，牢牢把握对农村思想舆论的领导权、管理权、话语权。要构建县委统一领导、宣传部门牵头负责、乡镇村社属地负责、社会各界齐抓共管的"一体化"农村思想政治工作的领导机制。县委、县政府在制定全县综合目标工作考核办法时，要将农村思想政治工作情况纳入考核，从制度上引导基层各单位尤其是党组织重视农村思想政治工作。加强督办落实，采取年终检查和平时抽查相结合的方式，对乡镇是否建立农村思想政治工作"一把手"负责制、工作开展情况、工作效果等进行严格考核，将考核结果作为单位评先表模、单位负责人提拔任用的重要依据，促使农村思想政治工作持续有序地开展起来。严格执行意识形态工作责任制，对不重视、不愿抓、不会抓农村思想政治工作的党组织负责人，要依规追究责任。

总之，我国对外开放进程的加快，为农民群众了解世界、增长知识、开阔视野提供了有利的条件。但是，各种思潮的侵入，尤其是当前西方一些错误的价值观和政治思潮不断涌入，文化素质相对不高的农民对此难以做出理性分辨，导致被误导、被蒙蔽，这对于农村思想政治教育的负面影响很大。农村思想政治教育工作的面广、线长、重难点多，是一项非常艰巨的工作。加强和改进思想政治工作，农村基层是个大阵地，农民的教育是个大课题，它是关系到农村经济发展和中国社会改革创新进步的一项重要使命，如果没有充分的准备和完善的机制处理措施，将造成不可估量的损失。当然，只要我们能够及时意识到出现的新问题、新情况，对其加以解决，并建立起一套与时俱进的思想政治教育工作体系，那么，农村思想政治教育工作就一定能搞好。

在"大凉山"品牌引领下做大做优
越西特色产业的调查与思考[*]

童万华　　苏天蓉

　　近年来，凉山州打造"大凉山"农产品品牌成效十分显著，从国际金奖、中国驰名商标到省部级名优新产品，"大凉山"品牌评选硕果累累，广受赞誉。这加快了凉山州传统农业向现代农业转型、农业大州向农业强州跨越的进程，正引领着凉山州农业的一场深刻革命。越西县作为大凉山的传统农业大县，无论是在地域文化还是环境气候等方面，都有着得天独厚、无可替代的优势。本课题组通过分析越西在品牌建设中取得的成绩、存在的困难，提出做大做优越西特色产业的对策建议。

一、越西县品牌建设现状

　　越西县拥有良好的农业资源、环境条件和独特气候，是优质油菜、优质甜樱桃、大红袍贡椒和优质早熟苹果之乡。近年来，越西县以农产品品牌建设为抓手，积极培育优势特色农业产业，在发展现代农业上迈出了新步伐。

（一）农产品加工业发展现状

　　目前，越西县的农产品生产加工企业和个体工商户约200余家，其中州级重点龙头企业2家、县级重点龙头企业8家，加工的农产品有农副产品、苦荞制品、马铃薯淀粉、菜籽油、越西白酒、玫瑰化妆品系列、林经干果等七大加工行业体系。2016年，农业产业化重点龙头企业销售收入7 108万元，净利润844.5万元，上缴税金达178.56万元。

　　1. 农副产品加工业。越西县主要以豆腐乳、萝卜干、豆豉加工业为代表，全线年加工成品豆腐乳25万余公斤，产值约为370万元；萝卜干深加工近25万斤，产值约为75万元，半成品萝卜干外销约1 800吨，产值约为548万元；豆豉系列产品年加工约12万斤，产值约120万元。

　　2. 苦荞制品加工业。越西县苦荞加工业以天生源野生保健食品有限公司为主，另有几家处于起步阶段。

　　3. 马铃薯淀粉加工业。越西县现有马铃薯加工企业主要以润鑫薯业、"三民"薯业

---

　　* 2017年度四川省党校系统调研课题。作者单位：中共越西县委党校。

为代表。因市场不好，两家企业于2012年停产，至今未恢复生产。

4.菜籽油加工业。越西县现有40余户个体菜油加工主户，年加工菜油总量约800万公斤。加工规模较大，有华泰粮油有限责任公司和太阳鼎食品厂。目前，越西县的菜籽油商品率较低，仅限于县内及周边县市，还未形成真正意义上的品牌效应。

5.越西白酒加工业。越西县的苞谷酒厂有50余家，年产苞谷酒150万公斤，绝大多数以散装形式在县内销售和销往凉山州少数民族集居区，年产值约600万元~800万元。目前初具规模的企业有4家。

6.玫瑰化妆品系列。越西县以州级龙头企业壮心科技有限责任公司为依托，采取"公司+专合社+基地+农户"的模式，重点在中所镇、大瑞乡种植玫瑰。目前种植面积达镇2770余亩，带动农户996户。

7.林经干果加工业。越西县的林经干果加工品种主要有花椒、核桃、薇菜等，加工方式仅为简单的晾晒包装，加工链短、附加值低是这几个产业的最大短板。

（二）"大凉山"品牌建设现状

目前，越西县申报"大凉山"品牌标识的有17家龙头企业、合作社、个体工商户，涉及29个品种、38个包装的特色农产品。甜樱桃、苹果、贡椒、马铃薯4个品种获得"国家地理标志"认证，辣椒、萝卜、白菜、黄瓜、苹果、马铃薯等6种农产品获无公害食品认证，甜樱桃、苹果等2个品种获绿色食品认证，初步形成了以"大凉山"越西甜樱桃、苹果、贡椒、豆腐乳、萝卜干、苦荞、菜籽油、核桃等为代表的特色农产品品牌系列。农产品品牌建设初见成效，品牌效应逐步显现，受到州内外消费者的好评，有了一定的名气和市场。

（三）越西县在"大凉山"品牌建设工作中采取的措施

1.高度重视品牌建设工作。越西县成立了品牌创建工作领导小组，分管领导亲自抓，相关部门各司其职，积极为统一包装提供优质服务。

2.增强服务意识，提供一站式服务。由县委农工委具体负责此项工作，积极加强宣传、出具证明、组织协调，尽最大努力为企业提供服务。

3.制定方案，措施到位。在确定使用"大凉山"品牌的农特产品后，县农工委为每一个品牌量身定制了实施方案和工作进度表，并要求州级、县级重点龙头企业必须带头完成更换新包装、规范广告用词用语。

4.规范"大凉山"特色农产品的包装和广告。越西县要求在包装设计、广告宣传等方面，不仅理念要与时俱进，而且要充分体现"南方古丝绸商旅文化""文昌文化""水韵越西"等越西地域文化特色，在产品包装上都要注明条码和标签。

二、越西县品牌建设存在的问题

（一）虽有品牌，但产品产量少、企业规模小

越西县虽有众多农产品生产加工企业和个体工商户，且不乏州级、县级重点龙头企业，加工的产品也是品种繁多，但是，目前还没有一个能够占有较大市场份额、叫得响的产品品牌。总体产品产量少，企业规模小，多是传统"作坊"式经营。

（二）广告宣传意识差，企业重视程度不够

越西县内农产品加工企业没有充分认识到统一创建"大凉山"特色农产品品牌包装的重要意义，对提高企业软实力、品牌效应重视不够，基本上未进行广告宣传。

（三）农产品加工水平较低，附加值低

越西县没有优秀的农业龙头企业，没有一个省以上品牌产品，现有农产品加工企业规模小、实力弱，农产品加工转化增值能力不强，加工率和增值率较低，产业链条难以向产前、产中、产后延伸拓展。加工生产的农产品大多是传统的农副产品，处于出售原料或初级农产品的阶段，如豆腐乳、萝卜干、豆豉等。没有瞄准农业产业中的高端产业和产业高端，全县众多生态、绿色、有机的农特产品亟待开发。比如，越西县 20 世纪 70 年代曾响当当的"三七"，去年重庆药商到越城镇哈莫洛村投资上百万成片种植 100 多亩，这至少说明两个问题：一是越西县适合种植，二是市场好。

（四）市场主体带动能力较弱

越西县农业产业化龙头企业数量偏少、规模较小，更没有形成集群集聚发展的局面。龙头企业收购县内农副产品总值占农业总产值的比重不到 20%。部分生产企业产品无商标、无品牌、无生产许可证，市场前景堪忧，也缺乏竞争力。如全县的苞谷酒厂约 50 余家，年产苞谷酒品 150 万公斤，年产值达 600 万元~800 万元，至今却没有一家拥有生产许可证。农业专业合作社发展不够成熟，运营不够规范，入社农户偏少，农民组织化程度较低，还没有走上自我发展、自我壮大的良性轨道。

（五）畜牧产品是越西县品牌建设的短腿

越西县是传统畜牧大县，而在已申报的"大凉山"品牌的 29 个品种、38 个包装中（至 2016 年），没有一个畜牧产品品牌。

（六）科技支撑能力较弱

越西县品牌建设在原料生产方面的科技支撑能力较弱，如越西的花椒，虽有贡椒的美誉，但是由于枝干害虫没有防治住，导致虫害死树，花椒没有大面积发展起来；又如本地萝卜，其为最好的加工品种，但是没有选种、留种；又如全县核桃品种杂乱，至今

没有一个好的主推品种，栽种几年都不结果。这些都说明当前科技支撑能力较弱，严重影响了品牌的建设。

（七）招商引资差，融资难

由于受交通瓶颈等制约，加之对本县的农业资源禀赋认识不足、宣传不够，招商引资落地难。越西县农产品加工企业贷款质押能力较弱，银行与企业合作局面难以打开，融资较难。

三、越西县品牌建设的对策建议

（一）树立品牌意识，确立越西品牌

实施农特产品名牌战略，就是要扶植越西农特产品名牌的发展，发挥名牌的带动、整合和提升作用。2014年5月10日，习近平总书记在河南考察时提出"三个转变"，即推动中国制造向中国创造转变、中国速度向中国质量转变、中国产品向中国品牌转变。越西县必须树立强烈的品牌开发战略意识，以高度的责任心和紧迫感，实施和推进越西农特产品品牌兴县战略。越西县要依托"大凉山"品牌这个大平台，立足越西实际，对越西农特产品进行准确定位、合理规划、科学布局，确立越西名牌产品。

一是积极培育申报越西地理标志产品，促进地理标志产品的保护，挖掘农特产品地理标志产品的潜力，促进农特产品品牌的形成，加大科技投入，提高农特产业的科技含量，提升农特产品知名度，为创建越西品牌奠定基础。

二是利用原生态、环保的天然优势，开发无公害、绿色、环保农特产品品牌。由于越西县工业企业极少，环境没有遭到污染，到处是青山绿水、空气清新、水质较好、土壤农药残留低、有机质含量高、土壤肥沃，具备了开发绿色食品得天独厚的优势。现有的农产品中，如蕨菜、油菜、苦荞、萝卜、大豆、珍稀物种天麻、贝母、虫草、杜仲、大黄等本身就是天然的无公害产品，只要稍加引导、规范，就能形成一个绿色食品产业群。因此，我们在开发绿色食品产业中，要以市场为导向，进一步改善生态环境，增加科技投入，以种植业和深加工为基础，着力建设一批农产品生产基地，组建绿色食品加工营销企业集团。形成一个完善的绿色食品大产业，为打造越西农特品牌产品奠定坚实基础，让越西县的"绿水青山"变作"金山银山"。

（二）加大扶持力度，打造龙头企业

政府应根据国家政策及市场情况，对有关行业进行必要的适当补贴，同时积极帮助企业解决融资难问题，特别是对那些产品有市场的龙头企业。龙头企业作为项目和品牌建设的实施主体，是越西发展农业支柱产业的重要依托。越西县要取得农业发展质的跨越，就必须加强对农产品龙头企业的培育力度，对每个特色行业千方百计地打造出一个龙头企业。目前，越西县首先要在苦荞、萝卜干、豆腐乳、白酒、蕨菜、菜籽油等具有越西特色的农特产品加工行业中，分别打造一个生产上规模、产品上档次的龙头企业，

从而有效带动该行业的快速发展。

一是建设越西县农特产品加工工业园区，规范农产品加工企业，建立农产品加工示范企业。大力扶持和引导越西县正在兴起的农特产品加工企业，以"品牌带动企业、企业带动原料基地、原料基地带动农户"的发展模式，逐步形成规范优势，引导企业加强质量管理，扩大生产规模，建成有一定规模且质量上档次的现代农产品加工企业，打造农特产品加工示范企业，扩大企业示范模式覆盖面。

二是加大行业整合力度，增强综合实力，建成行业龙头企业。越西县要凝聚各方人力、财力、物力、市场资源，力争使每个行业建立一个具有一定规模、产品上档次、管理科学的龙头企业，实现互利共赢，有效带动该行业的健康快速发展。

三是加大招商引资力度，打造龙头企业。越西县可以借国家加快西部大开发等契机，支持和鼓励农特产品生产加工业的发展，结合本地区的资源优势，加大宣传力度，强化地区之间、行业之间的联系和合作，做到招商有的放矢，打资源牌、人脉牌，增强招商引资的有效性，引进能带动越西县农特产品加工行业发展的龙头企业。

（三）加强质量监管

质量是产品的生命，生产出高标准、高质量的产品，是打造名牌产品的前提条件。这就要求越西县必须实施严格的农产品生产加工技术标准，实行全面质量监督与管理，构建农产品品牌战略的质量管理体系，确保产品质量安全。越西县企业要严格把关，实行全面质量控制，绝不能让次品充斥市场，从制造商品的原材料标准、生产标准、质量标准入手，对商品的原材料采购、生产、销售过程进行全方位监督，严把质量关。

（四）优化包装及宣传方式

越西县农特产品生产企业必须转变"酒好不怕巷子深"的观念，对产品进行科学、合理的包装和宣传，培养品牌经营的战略意识。在农特产品品牌宣传上，要突出特性、品质、人文内涵、服务质量等方面的东西。除了采取传统的宣传方式，还可通过微信、微博等新媒体加大农特产品的宣传力度。

（五）加强科研培训

技术和管理落后是当前经营者在生产中存在的普遍突出问题。一方面，越西县要加大对种、养户的科技培训，用科技手段解决生产中出现的问题，达到提高增值高效的目的，从而提供优质的原料；另一方面，越西县要加强对企业经营管理知识的培训，不断提高本地区企业的经营管理水平。

（六）优化历史品牌

越西县要及时跟踪市场，关注最新种植技术，加大对历史品牌的宣传和发展。例如，20世纪70年代，越西县曾经红火的"三七"种植，现因市场好，遮阳网技术取代了过去费时费材的搭棚，又有外来人员、资金前来支持，就应该适时宣传，主动联系外来投资者，给予扶持，从而得到优化升级。

越西县作为一个传统的农业县,具有农特产品开发发展的资源优势和相对较好的农业生态环境,而要实现经济的快速发展,农产品加工业的创新发展具有非常重要的作用。只有积极打造越西县农特产品加工龙头企业,创建越西县农特产品品牌,实施可持续农业产业化战略,才能持续、高效地利用自然资源,稳步提升农业产业化水平,做到社会效益、经济效益和环境效益的有效统一,从而使越西县步入健康、快速的发展轨道,建设生态越西、美丽越西、幸福越西。

越西县打造"文昌故里·水韵越西"旅游品牌的调查与思考[*]

李建芬　曲木拉哈

这些年，越西县一直在积极打造"文昌故里·水韵越西"的旅游品牌，目标是将文昌故里文化、红色文化、民族文化、南方丝绸之路文化、古蜀文化和越西县的地域特色相结合，不断丰富文昌故里景区内涵，现已初见成效，但同时也面临诸多机遇和挑战。"文昌故里·水韵越西"是景区内文化遗产、优秀传统、民风民俗、人文自然景观、特色产品等的综合体现。"双石桥""零关"摩崖石刻是南方丝绸之路留下的为数不多的重要佐证和节点，于 2013 年被列为国家文物保护单位。2016 年年底，"文昌故里·水韵越西"旅游景区已被评定为国家 AAAA 级旅游景区，其旅游品牌的实力正在逐步显现。

一、"文昌故里·水韵越西"旅游发展现状

（一）"文昌故里·水韵越西"旅游景区整体规划

2010 年，越西县制定了《越西县旅游发展规划》及《越西县文昌故里旅游景区详细规划》，提出把"以水为灵、以文昌文化为魂"作为旅游资源开发的主题。按照规划，越西县将以中所镇为核心，推动文昌圣坛、文星水街、科甲长街、丝绸古道、和平彝寨和越嶲花田六大旅游景区建设，力争将越西县建成文昌文化旅游品牌大县，全力打造以"一核、两街、一区、一田、一寨、一道"为主的一批独具特色、极具吸引力的景区景点，形成"一轴、两翼、一中心、一环线"的旅游产业总体布局，吸引国内外游客。

一核：指文昌故里旅游景区的核心景点，也是景区的文化之魂，即位于文昌帝君出生地金马山南麓的文昌神坛。

两街：指靠近核心景点的两条仿古街，分别是科甲长街和文星水街。

一区：指中所镇综合服务区，集行政管理、社会事业、购物、居住、旅游观光与休闲娱乐等于一体的旅游镇。

一田：指利用景区内千余亩田园，打造富有强烈视觉震撼力的"越嶲花田"特色农业景观。

---

* 2017 年度四川省党校系统调研课题。作者单位：中共越西县委党校。

一寨：指原生态彝族村寨——和平寨。

一道：指穿过中所镇的零关古道。

一环线：指景区游览环线（A 级旅游景区要求推荐的游览环线）。

一轴：以南方丝绸古道（红军长征路线）为主线，将分布在这一主线上的天皇寺、文昌故里中所、彝族红军之乡主题公园、农业观光园区、小相岭古道遗址等串联起来，打造成越西县旅游的主轴。其中，优先开发文昌故里、天皇寺、彝族红军之乡主题公园三个重要景点。

两翼：一是西翼，即以小相岭省级风景名胜区为依托的生态观光及探险区。二是东翼，即以普雄彝族风情村、书古湿地、达布洛魔鬼谷、申果庄大熊猫自然保护区为依托的彝族民俗风情观光体验及生态观光区。

一中心：指以越西县城作为旅游支撑中心，作为游客集散、住宿、餐饮、娱乐和购物等的旅游接待服务中心。

一环线：指越西县境内的旅游主环线。

（二）"文昌故里·水韵越西"旅游打造开发现状

近年来，越西县坚持"以水为灵、以文为魂"的主题，集中力量打造文昌文化旅游品牌，探索推动经济、绿色转型跨越发展之路，并初步取得了成效。

1. 依托节会平台促旅游。近年来，越西县通过彝族火把节、春节、彝族年等重要节庆，开展丰富多彩的文体活动，宣传越西县的文化旅游资源。特别是 2010 年、2011 年两届油菜花节和 2015 年、2016 年两届文昌文化旅游节，对越西文昌文化旅游的推广、宣传起到了重要作用。

2. 注重多维营销促旅游。越西县组织人员通过深度挖掘，把文昌帝君在越西故里的生平与传说编纂为《文昌圣迹》《少年文昌在越西》等书籍，并相继建成文昌拜仙桥、中所五里牌、文昌圣迹公园等景点。同时，将旅游规划中的文星水街、科甲长街、越西花田等旅游招商项目带到南京、杭州等地区进行宣传，扩大"文昌故里"旅游品牌的影响力。

3. 文昌故里景区初具规模。自 2014 年起，越西县先后投资 1.024 亿元，实施"一路一庙一桥一坝一库一寨"等旅游景区基础设施的改造项目，基本完成文昌大庙、上马石、鼠石、泉涌月明、胜景清绝的古迹恢复，以及观音碧潭扩容、丁山桥至水观音的观景道路、景区缀花草坪的绿化、水观音河道整修、文昌文化浮雕墙、文星水街文化长廊、旅游厕所、观音河两岸景观、零关广场、游客接待中心、景区大门牌坊、和平彝寨民族村落等工程建设。越西县的景区范围和规模不断扩大，游客日益增多，知名度也不断提高。

二、打造"文昌故里·水韵越西"旅游品牌面临的机遇和挑战

（一）机遇

1. 政策扶持。旅游政策红利正在加快释放。2010年《中共中央国务院关于加大统筹城乡发展力度进一步夯实农业农村发展基础的若干意见》明确提出，要积极发展休闲农业、乡村旅游、森林旅游和农村服务业，拓展非农就业空间。这对于目前以农业为主、拥有独具特色的乡村且森林资源比较丰富的越西县来说，无疑是一个机遇。2015年以来，党中央、国务院陆续出台系列政策措施，强调加快发展旅游业，中央预算内投资也显著加大了对旅游业的支持，延长旅游发展基金。此外，《四川省国民经济和社会发展第十三个五年规划纲要》（2016—2020年）提出，要推动四川少数民族地区旅游发展，推进川滇藏、川陕甘、川渝黔等区域旅游合作发展，实施乡村旅游扶贫、智慧旅游、旅游厕所建设等重点工程，加快旅游交通和公共服务体系建设，提高旅游服务水平。这些政策红利都成为旅游业新一轮发展的强大支撑。

2. 社会大旅游气候的带动。当前，我国已进入全面建成小康社会、加快构建社会主义和谐社会的关键时期，注重生活质量、提高生活水平已逐渐成了人们的共识，而旅游是人们的物质生活发展起来之后的一种文化生活需要。近年来，旅游产业的快速发展已经辐射工业、农业、城市建设、交通运输、商贸餐饮、文化娱乐等各个方面，大旅游、大市场、大产业的格局已经基本形成。随着人们生活水平的提高，旅游业进入了大众化消费的新阶段，旅游支出在社会公众消费支出当中所占的比例也不断提高，旅游已经成为我国居民重要的生活方式之一。国家和社会对旅游业的投资也不断加大，全国旅游投资正处于高速增长的态势中，旅游产品转型升级趋势明显，度假类产品、乡村旅游、文化旅游等成为热点。加之旅游业具有投资少、见效快、产业关联性强和对操作者专业技能要求低的特点，它不仅可以为工业、农业、建筑业等提供巨大的市场，而且可以带动和促进金融保险业、交通运输业、邮电通信业、文化娱乐业以及对外贸易等行业的发展，甚至可以衍生出一些新的产业。因此，通过发展旅游业来带动地区经济的发展，是资金匮乏、居民文化素质和专业技能相对较低、旅游资源丰富的越西县发展本地区经济的一条有效途径和现实选择。

3. 地方政府和社会各界的支持。凉山州委、州政府提出"把旅游作为首位产业来抓"的发展战略，着力实施"全域旅游"格局，构建"大生态旅游"产业体系。越西县继续进行产业结构调整，科学布局旅游业发展，构建"一轴两翼"的旅游发展格局，通过全面完善乡镇基础设施建设、社会事业发展和乡村社会保障体系，来带动旅游服务业的发展，进一步实现本县产业的协调发展。把旅游产业放在经济社会发展的突出位置，为文昌故里景区发展凝聚了强大的思想基础。成功引进好医生药业集团、云南佳能达集团等知名企业，以及万亩玫瑰花海、越西花田、"观音河流域康养硅谷"等项目，正逐步成为加快越西县旅游发展的引擎。

4. 交通改善带来的旅游业跨越式发展机遇。随着凉山交通大会战的深入推进，越

西县着眼于旅游快速通道建设，以构建全州交通次枢纽中心为目标，加快建设"双线双站"铁路网络；着力打通全域景区与高速公路、铁路站场和机场连接线，构建外畅内通的交通路网。成昆复线建成后，越西县将融入成都2小时、西昌半小时旅游圈；245国道、中冕公路改造升级、省道普洪路（越西普雄至美姑洪溪）等的建设，将使凉山全域旅游北部环线支点区位的优势更加明显。在全区位覆盖的交通环岛的基础上，一条条精致化的自驾游线路也越发明晰：乐山、甘洛大渡河峡谷、越西北部区域游；以普洪路为承载的申果庄万亩生态林体验游；以245国道为延伸的越西至东五县民俗民风生态游；以中冕路为基础的越西、喜德、冕宁、西昌，乃至攀枝花、丽江、泸沽湖等大环线自驾游。这将使越西县真正融入西昌经济圈和成都经济圈，其旅游业也具备了跨越发展的可能。因此，越西县的外部交通改善成为越西县旅游发展的重要机遇。

（二）挑战

1. 旅游人才缺乏。随着旅游业的发展，越西县对行业管理和经营管理、服务人才的需求将日益增大。目前，越西县不仅缺乏旅游人才，而且今后还将面临如何吸引和留住人才的问题。

2. 文昌故里景区旅游开发处于全面起步阶段，旅游开发投资大。越西县是国家贫困县，其旅游投入有限。要将文昌故里打造成特色突出、配套完善、产品丰富的旅游景区，所需的投资较大。

3. 区域同类旅游资源竞争激烈。文昌故里这一旅游资源虽然独特，但是与梓潼县七曲山风景区存在同质化竞争，而梓潼县七曲山风景区早就形成了文化品牌，文昌故里景区要成为具有竞争力的旅游品牌，需要更为精心的策划和开发，并且要在市场营销宣传上下大力气，才能取得很好的效果。

4. 面临品牌传播的瓶颈。文昌故里·水韵越西旅游景区开发处于起步阶段，其传播方式简单，效果并不明显，景区知名度较低，游客来源主要是本地及周边居民，以及对文昌文化有所了解的一部分人。这种状态极不利于"文昌故里·水韵越西"旅游品牌的提升，因此，越西县必须要敞开思路、创新渠道、广而告之，静心打造文昌故里文化旅游品牌文化形象，并给予广泛宣传。

5. 规模化发展缓慢，旅游区格局尚未形成。"文昌故里·水韵越西"旅游景区前期开发建设比较顺利，目前基本完成文昌大庙、水观音碧谭、观音河、文昌文化展示厅等核心景点的开发建设和陈列布展，并已向公众开放。但是，由于建设资金、管理体制、运行机制等多方面的原因，后续工程进展相对缓慢，景区周边环境治理和管理配套等方面尚未及时到位。因为涉及居民拆迁、资金等问题，文星水街、科甲长街等景点至今未开工，按照规划预期完工的难度较大，并且城乡居民对参与文化旅游开发的积极性不高，对文化资源的管理和文化旅游产品的开发各自为政、单打独斗的现象仍然存在。

三、打造"文昌故里·水韵越西"旅游品牌的对策建议

通过对"文昌故里·水韵越西"旅游景区现状、机遇和挑战的分析，对如何进一步

打造文昌故里文化旅游品牌，我们提出以下四点建议。

（一）政府培育市场，市场运作旅游

"文昌故里·水韵越西"旅游景区的开发处于起步阶段，尚未形成规模化，因此，越西县必须坚持政府主导和市场化运作相结合。政府的主要职能是指导、控制和监督，而市场应在其中担当更重要的角色。在规划与开发理念上，越西县要摆脱传统的"就资源做产品"的思维定式，以市场为导向，以资源为依托，在对市场进行全面、系统分析的基础上，积极发挥历史文化、田园风光、彝族风情等优势资源，突出"文昌故里、文昌文化之源"这一核心优势资源，并以其为核心产品，全面整合旅游资源，打造文化旅游精品，塑造特色旅游形象。越西县要尽可能提供更多的文化体验和文化产品，提高文化旅游产品和品牌的知名度、美誉度，以市场为导向，追求经济效益和社会效益的契合点，从而形成"文昌故里·水韵越西"旅游景区的产业规模。与此同时，越西县要用已有的旅游接待条件和产业效益为资本，招商引资，通过市场化的运作，积极引导、鼓励社会群众和外来资金参与文昌故里文化旅游产业的发展，并带动相关服务产业的兴起，推动景区旅游向大旅游、大产业发展。

（二）加快建设进度，做大旅游规模

根据《越西县文昌故里旅游景区详细规划》，"文昌故里·水韵越西"旅游景区的总体布局为"一轴、两翼、一中心、一环线"，这是一个整体性较强的文化旅游景区规划。目前由于多方面原因，工程的推进较为缓慢。要想实现文昌故里文化旅游整体开发，加大文化旅游品牌建设，首先就要解决景区开发整体进度和规模化、组团化管理的问题。越西县要借助多方合力，尽快推进文昌故里文化旅游景区的开发建设工作，例如，规划部门负责镇、村整体规划编制和建设控制地带内建设项目的审批；文化旅游部门负责文化旅游景区的保护与开发；财政部门负责政府投资的保障；城建、交通、电力等部门负责整个区域范围内的配套设施建设；镇、村配合各个专业部门开展工作，为其提供便利条件和合理空间。越西县可以通过城市基础设施建设方案的合理调整和资金的科学调配，加快中所镇老街维护维修和风貌打造、文昌故里景区交通基础设施及周边环境的提升改造，通过宅基地、住房、商铺置换和资金补偿等方式使景区周边居民迁离，尽快推进景区开发建设工作。

（三）开发创意产品，拓展品牌文化

旅游，是一种文化体验和文化产品消费的过程。要提升旅游品牌美誉度，保持景点的持久魅力，就要不断地提供给旅客感兴趣的、有所需求的、信得过的文化旅游产品。

1. 科学规划开发，保持文昌文化本真性。在"文昌故里·水韵越西"旅游景区的开发过程中，越西县应注重保护民俗文化，保持其本真性。具体可以从民俗文化的发掘、发展与保护入手，科学规划，全程监控，通过对文昌文化的保护性发展和直观性宣传，来弘扬文昌文化、发展越西旅游产业。

2. 进一步整合相关资源，提高审美吸引力。越西县应进一步完善文昌故里旅游景区与文昌文化旅游节的整合程度，使景区内的所有服务接待设施与景区环境和谐，并能够体现文昌文化，如使用旧式建筑、交通工具和具有独特性的文昌文化旅游商品，避免千篇一律。一年一度的文昌文化旅游节要以文昌故里旅游景区为大本营，举办丰富多彩的活动，吸引游客的关注和到来。

3. 突出地域特色，进行体验式营销。越西县应大力开发洞经音乐、马马灯、文昌巡游等特色旅游产品，延伸旅游产业链。在注重和开发地域特色的基础上，越西县还需和周边高知名度的地区联合开发主题旅游线路，进行体验式营销。

（四）扶持传播品牌，共享文旅财富

为了更好地提升"文昌故里·水韵越西"旅游品牌，提高其市场竞争力，越西县要敞开思路、开拓渠道，打造良好的文昌故里文化旅游品牌文化形象，并给予广泛宣传。

1. 借助媒体力量，迅速提升文昌故里文化旅游品牌知名度。借助广告进行宣传，是文昌故里文化旅游品牌建设的首要之选。特别是新媒介，覆盖面广，传播速度快，其所面对的受众可以说是一群潜在的、积极的文化旅游消费者。因此，越西县要进一步完善和确立经典的品牌口号、鲜明的品牌文化、代表性的文化产品，以简洁、有效的方式传达给消费者。同时，还要加强对景区文化、管理理念、重大活动等的探访和跟踪，扩大文昌故里文化的影响力。

2. 与旅游中介合作，形成"文昌故里·水韵越西"旅游品牌的联合营销之势。目前，文昌故里文化旅游景区与省、州旅行社的联络很少，偶尔接触、合作过个别旅行社，但未形成固定的联络和长期的合作关系，致使景区错失大量的外地游客。目前，文昌故里文化旅游景区已经具备了一日游的基础条件，越西县可以通过旅游推介会等多种形式与旅行社建立长期的旅游推介合作关系，也可以通过旅行社与周边的小相岭、冕宁灵山寺和彝海、西昌邛海泸山、普格螺髻山、会理古城、盐源泸沽湖等景区进行品牌联合营销，推出"两日游""三日游"旅游专线，进而形成品牌合力。

3. 用主题活动营造氛围，提升品牌影响力。用主题活动凝聚视线，展示品牌文化，对于提升品牌影响力具有重要的作用。比如，定期举办文昌学术研讨会，邀请国内外文昌文化专家学者汇聚一堂，共同研讨文昌文化内涵和新意，感受文昌故里文化魅力，从而带动更多的文化爱好者来体验文昌故里文化。又如，举办"文昌故里·水韵越西"旅游节，邀请旅游界有一定影响力的人来体验越西文化，如果得到他们的认可和宣传，对提升品牌影响力是不可估量的。又如，有选择地参加文化创意产品大赛、展销会，或者通过特色文化产品传播"文昌故里·水韵越西"旅游品牌等。

四川少数民族地区旅游扶贫路径研究

——以凉山彝族自治州为例 *

薛昌建 周 燕 马娅群 张 亮 阿苦日歪

在四川省公布的四大集中连片贫困地区名单中，有三个是民族地区。这些区域有着许多共同点：经济基础薄弱、贫困程度深、贫困面广，同时有着非常丰富的自然生态和民俗风情旅游资源，发展旅游业有着其他产业无法比拟的资源优势。因此，充分利用旅游业综合拉动性强、扶助功能大、受益面宽的特点，带动民族地区经济结构调整，进而实现脱贫致富，是一条可行、有效的途径。2016 年，凉山彝族自治州提出要将旅游业打造成凉山的第一大产业。凉山光热、水电资源丰富，特色农业和彝族人文风情独树一帜，为民族地区的扶贫路径提供了有利的资源优势和发展机遇。目前，凉山州仍有 60 多万的贫困人口生活在广大农村地区，光靠"输血"不能解决问题，选好项目、因地制宜地发展民族地区旅游产业，将是探索精准扶贫路径的一大创举。

本课题组以凉山彝族自治州的扶贫攻坚为背景，通过收集资料和数据、调查走访、讨论座谈等方式积累了一定的基础资料。在此基础上，我们对凉山州旅游扶贫发展的现状进行梳理，发现了旅游扶贫过程中存在的问题和困难，并对这些问题和困难进行认真思考，提出了相应的对策。我们希望通过对凉山旅游扶贫路径的研究，对四川乃至全国民族地区通过发展旅游业，进而实现脱贫致富，起到一定的理论和现实意义。

一、旅游扶贫的理论依据

旅游扶贫指以贫困地区特有的旅游资源为基础，以市场为导向，在政府和社会力量的扶持下，大力发展旅游业，吸引其他国家或地区的游客来旅游和消费，使旅游资源产生效益，使旅游产品的生产、交换、消费在贫困地区同时发生，逐步实现财富、经验、技术和产业的转移，增加贫困地区的"造血功能"，从而使其脱贫致富。

可以实施旅游扶贫的地区有两个条件：一是经济欠发达，二是具备旅游发展基础。一般说来，这个范围比官方界定的贫困地区范围大，不仅包括政府界定的贫困地区，也包括虽已脱贫但经济还相对欠发达的地区。这些地区产业结构层次低，经济基础薄弱，但拥有丰富的旅游资源。因此，在贫困地区探求旅游业的发展，既符合我国大力发展旅游的总趋势，又符合经济结构优化调整的新要求，是贫困地区经济开发转型的新路径。

---

* 2017 年度四川省社会主义学院系统优秀科研课题。作者单位：中共凉山州委党校。

旅游扶贫的"贫",不仅仅局限于物质上的贫困,更重要的是观念上的"贫困"。发展旅游扶贫,既可以促进经济增长、改善居住条件、增加农民收入,还可以引入先进的文化和理念,使落后地区的经济、文化、精神面貌等各个方面得到全面发展。

二、凉山州发展旅游扶贫现状

四川省第十一次党代会提出,要以建设世界旅游目的地为抓手,推动攀西经济区打造全国阳光康养旅游目的地。凉山州立足绿色生态的优势,深入实施"生态立州"发展战略,大力发展"美丽经济",立足脱贫奔康与生态富民相结合的良性发展轨道,提升农村经济的"造血功能",使本地区旅游业的发展步入良性、互动的快车道。旅游业不仅直接带动了众多行业的发展,成为加快城乡发展和推进脱贫攻坚的重要推手,而且在提高人民生活质量、促进生态文明建设、加强爱国主义教育等方面发挥了重要作用,为凉山决胜脱贫攻坚和全面小康做出了重要贡献。

(一)坚持规划引领,构建旅游扶贫新格局

在旅游扶贫发展的过程中,地方政府扮演了多种角色,既是政策制定者,又是项目经营者;既是招商引资者,又是市场营销推广者;既是旅游业的管理协调者,又是旅游品牌的宣传教育者。其中,规划和引领是地方政府发展旅游扶贫最重要的职能。2016年,凉山州对全州2 072个贫困村的乡村旅游资源进行调研摸底,确定了136个旅游扶贫重点村,将其列入全国乡村旅游扶贫重点村名录。凉山州按照"十三五"总体创建任务,编制《凉山州"十三五"旅游扶贫专项规划》,制定《"五个一批"旅游扶贫规划》和《年度旅游扶贫专项方案》,为全州旅游扶贫工作理清了思路、明确了目标、落实了措施。

(二)开展旅游扶贫示范创建,形成"以点带面、示范引领"的带动效应

选择合理的旅游扶贫开发项目,是开展乡村旅游扶贫工作的关键。在旅游扶贫的项目选择上,应以投资少、见效快、占用土地少、容易组织、农民直接参与为出发点,避免外延式扩张与增长所造成的损害。凉山州针对当地手工艺品、民族服饰、民族美食的发展特色,利用本地区特有的自然文化资源和乡村传统技能,形成以点带面、示范引领的带动效应。同时,引导、培育城镇、景区和乡村旅游带动三类旅游扶贫村,逐步形成"景区带村""能人带户""合作社+农户""公司+农户"等不同类型的旅游扶贫模式,2016年成功创建3个省级旅游扶贫示范村,引领全州乡村旅游的提升发展。其中,盐源县平川镇青天铺村,整合省、州、县扶贫资金1 668.263万元,改善村内基础设施,结合彝家新寨建设,开发乡村休闲度假、生态农业体验、运动健身、自然风景观光游览等旅游产品项目,达到A级景区标准;雷波县马湖乡大杉坪村,先后投入2 188.1万元,推动旅游基础设施建设及产业发展,以彝族元素为主,为游客提供彝族风情文化体验。

（三）以基础设施建设为抓手，夯实旅游扶贫基础

乡村旅游资源是旅游扶贫的重要资源基础，因而也是旅游扶贫研究的重要内容。乡村文化被认为是乡村旅游资源的核心之一。随着社会经济的快速发展和城市化的加快，越来越多的旅游者寻求到环境优美的原生态地区去旅游，远离喧嚣的城市。在此大背景下，凉山州大力实施扶贫重点村"1+4"工程，即"乡村旅游管理机构+旅游咨询中心（游客中心）、旅游厕所、停车场、旅游标识标牌"，完善乡村旅游基础设施和公共服务功能。各地区通过多种渠道筹集资金、整合项目，并结合社会主义新农村、彝家新寨等建设，把旅游扶贫重点贫困村纳入整体布局，统一规划，统一建设，使旅游扶贫村的道路、餐饮、娱乐、厕所、卫生、安全等设施得到进一步完善，乡村旅游环境得到进一步优化。

（四）加大培训力度，强化人才支撑

旅游扶贫的目标是贫困人口在旅游发展中获益和增加发展机会，而村民参与旅游是实现旅游扶贫目标的有效途径，也应该成为成功的旅游扶贫模式的核心。凉山州敏锐地观察到，人才是实现旅游扶贫的关键，村民是扶贫旅游的主体和内生动力，教育培训的对象应该包含基层管理者、上级相关部门领导和乡村居民。首先，凉山州通过教育培训，提高认识，使人们尊重乡村居民的民主权利；其次，凉山州通过教育培训形成乡村居民对旅游业的正确认识，增强村民的文明意识和开放意识，培养文明的生活方式、行为方式，促进乡村精神文明的建设，营造文明、和谐、有序的旅游环境，提高贫困人口融入当地旅游业的能力。最后，凉山州还通过宣传等方式促进旅游者对少数民族贫困地区的文化认同，尊重少数民族的风俗习惯、文化信仰和价值观。

目前，全州各级各类培训班依托省旅发委、大小凉山彝区旅游扶贫促进中心等平台，联合高校、党校和对口部门，对贫困县领导干部、旅游部门和旅游扶贫重点村干部、乡村旅游带头人开展乡村旅游暨旅游扶贫工作培训，累计培训群众6 035人次、干部1 423人次，有效拓展了贫困地区领导干部发展旅游的思路和视野，提升了他们的工作水平。

（五）办好民俗乡村节庆活动，催生美丽乡村经济

凉山州依托民族众多、民俗丰富等优势，大力发展旅游节庆活动。各地区根据旅游资源特色，纷纷推出种类繁多、特色鲜明、内容精彩的旅游活动，把乡野赏花、田园采摘、农家美食、养生休闲、康体运动、民宿风情等作为主要吸引点，将乡村旅游产品推向市场。目前，美丽乡村经济已成为吸引广大游客的"强磁场"。全州每年举办的乡村旅游节庆达80余个，极大地带动了周边农产品销售，推动了特色乡村旅游发展，实现了"办好一个节庆，活跃一方经济，致富一方百姓"的目标。

（六）旅游产品的供给能力不断增强，品牌效应突显

乡村旅游资源是旅游扶贫的重要内容，凉山州拥有独特的彝族风情、生态田园景

观、乡土特色菜、瓜果蔬菜基地、采摘园等。依托这些原生态的乡景，可以打造可持续生态之旅。一方面，凉山州明确乡村旅游的市场定位，凭借贫困山村优美自然的村落环境、休闲度假的设施农业，满足乡村旅游者回归自然、享受乡土风光的需求；另一方面，凉山州做好旅游营销策划，借助广告、电视、网络、微博、微信等营销方式与周边地区其他旅游产品互补、线路相连、客源共享，形成全区域的旅游营销。截至 2016 年年底，凉山州创建全国休闲农业与乡村旅游示范市（县）1 个、省级乡村旅游强县 1 个、特色乡镇 2 个、精品村寨 3 个、乡村旅游创客示范基地 1 个、乡村旅游特色业态经营点 57 个、乡村民宿 46 户、星级农家乐 149 家、星级乡村酒店 43 家。3 个贫困村成功创建为省级旅游扶贫示范村，有效扩大了乡村旅游产品供给，促进旅游市场增长。集中打造和经营"大凉山"优质、无公害特色农产品，会理石榴、盐源苹果、布拖乌洋芋、金阳青花椒等特优产品美誉在外，畅销各地。

（七）农旅结合，推动旅游增收增效

凉山州着力构建"一乡一品、一村一业"的格局，实现农业与旅游业的有机对接，推动支柱产业发展与经济增长的良性循环。盐源县青天铺村新建土特产集散中心、电子商务服务站以及乡村度假酒店、家居式宾馆、农家乐等服务设施，已形成 500 人的接待能力，为当地村民提供了就近就业的机会。雷波县马湖乡大杉坪村通过"旅游+"模式，将乡村旅游与种养殖业（已养殖羊 800 余只、牛 40 余头，种植七叶树 500 亩、石竹笋 965 亩、莼菜 200 亩）有机结合，开发旅游特色商品（如马湖草编、泥塑、马湖面塑、彝族漆器、彝族刺绣等），引导贫困户依托"互联网+"销售农特产品、传统手工艺产品，带动经济增收。西昌市西乡乡依托葡萄产业，建成集葡萄种植、观光采摘、休闲度假为一体的生态农业观光区，综合效益明显，农家乐、葡萄产业、生态葡萄鸡成为农民收入主要来源，人均增收 5 823 元。高枧乡依托莲藕产业打造出"荷色生香"景区，景区农民通过经营农家乐、种藕、参与景区务工等形式，人均增收 6 730 元。

三、凉山州发展旅游扶贫存在的主要问题和困难

（一）思想认识不够到位

当前的旅游扶贫实践中，有时出现忽视农民利益、利益分配不公的问题，没有起到旅游扶贫的作用。同时，存在有将旅游扶贫简单地等同于旅游开发、把陋习当作特色来开发等问题，只关注眼前的效益。乡村旅游扶贫是旅游业与扶贫工作相融合而形成的新兴产业形态，两者结合需要一个探索完善和发展的过程，如何处理好各方利益是当前首要解决的问题。就目前而言，凉山州还没有完全形成产业发展共识，乡村旅游扶贫思路不够明确、引导不够充分，产业联动发展机制还未形成。

（二）旅游产品缺乏核心竞争力

目前，国内的旅游扶贫项目产品设计单一、经营粗放、季节性明显、模式雷同、缺

乏特色，显露出极度的初级化特征。凉山州由于投入和发展不足，乡村旅游扶贫形成产品较为低端，主要表现在产品缺乏市场分析、同质化严重、季节性强、开发方式较为粗放、模式较为单一、文化内涵单薄等，没有形成特色产品和核心竞争力。

（三）发展环境亟须改善

旅游开发促进了少数民族地区经济的发展，提高了当地居民的生活水平，但是也对民族文化造成了一定的破坏，致使民族文化日渐消亡。同时，贫困村多处于边远、高寒地区，基础设施落后，特别是道路交通、用电、用水、餐饮住宿等保障服务方面还存在较大的差距。

（四）旅游发展组织化程度低

对于游客对原始民风民俗的渴望与当地村民对现代生活的期盼，如何将这二者有机结合起来，是乡村发展旅游与社区脱贫的关键。贫困地区参与旅游业的建设，不仅仅要融入旅游所创造的广阔的劳务和商品市场，更要积极地宣传本地区的传统文化。当前，凉山州扶贫旅游缺少组织化、规范化，主要表现在管理服务职责缺乏统一标准，投入机制和收益分配机制不健全，集体经济组织成员的积极性难以调动起来，管理难度大、服务水平低等方面。

（五）乡村旅游扶贫"扶强不扶弱"

在市场经济中，投资企业以追求利益最大化为目的。如果没有强有力的约束机制，公司在获得经营权后，很容易采取让社区居民仅以劳动力要素参与旅游开发经营的组织形式，致使居民不能深入旅游产业体系中，收益有限。当地政府努力开发了资源，富裕的却是外来的投资者。由于贫困户多数是由经济、能力等多种致贫原因叠加造成的，其住房条件、个人能力、经济收入大多不符合参与乡村旅游扶贫所必备的要素，缺乏旅游发展意识和投资能力，因而在旅游扶贫工作中获得的收益往往较为间接和有限。

（六）旅游扶贫示范村创建资金投入大，财力支撑困难

凉山州旅游扶贫的经营策略应由高投入、高成本、高消费所带来的高增长模式，转向以中档为主、适当开发高档的稳步增长模式，引导本地居民持续参与、共享收益。2016 年，凉山州创建了 3 个旅游扶贫示范村，因基础设施历史欠账多，资金投入特别巨大，其中盐源县平川镇青天铺村整合省、州、县扶贫资金 1 668.263 万元，雷波县马湖乡大杉坪村整合投入资金 2 188.1 万元，主要投入交通、住房等基础设施建设。"十三五"期间，凉山州共需完成 25 个扶贫示范村脱贫任务，省旅发资金按每个村 50 万元进行补助，资金保障难度很大。

四、凉山州旅游扶贫工作的对策和建议

(一) 深化认识，形成乡村旅游扶贫共识

旅游扶贫的目标是带领贫困户脱贫。凉山州贫困户有劳动能力，可以参与旅游产业的建设和发展。但实际上，群众普遍对旅游扶贫的认识不到位、参与度较低。凉山州应让当地村民认识到旅游扶贫是国家扶贫战略的重要组成部分，是推进社会主义新农村和乡村生态文明建设的重要载体，是推动旅游发展方式转变、建设旅游品牌的重要途径。各级组织和部门要充分认识旅游扶贫工作的重要意义，增强政治意识和大局意识，紧紧围绕党中央和省、州委脱贫攻坚的决策部署，坚持精准扶贫、精准脱贫的基本方略，按照政府主导、多方参与、因地制宜、突出重点，示范引导、辐射带动的原则，以增强贫困地区发展内生动力为根本，以增加就业、提高收入为目标，以改善生态环境为基础，以发展乡村旅游为主要形式，充分发挥旅游业强大的产业整合能力，聚焦发力，找准乡村旅游扶贫的新路子，在精准施策上出实招、在精准推进上下实功、在精准落地上见实效，培育旅游新业态，丰富旅游产品供给，树立"旅游+"发展理念，推动旅游业与第一、第二、第三产业的全面、深入、融合发展，以点带面，扶持建设一批具有历史、地域、民族特色的景观旅游村镇，打造形式多样、特色鲜明的乡村旅游休闲产品，为贫困人口创业、就业、增收提供平台，把旅游产业培育为增收脱贫的富民产业。

(二) 突出特色，因地制宜地推进旅游扶贫

凉山州应以政府为主导、市场为导向，以特色资源为发展依托，以特色旅游产品为发展支柱，以当地居民受益为目的，以环境保护、实现地区经济的可持续发展为原则，把乡村旅游扶贫作为一项区域经济发展的系统性工程来策划，站在统筹区域经济社会发展的高度，立足资源优势和产业基础，突出扶贫特色和可持续性、可操作性，高起点、高规格编制乡村旅游扶贫开发总体规划和实施方案，做好旅游扶贫工作。同时，要坚持丰富文化内涵、突出区域特色、培育品牌精品，全力打造以文化、生态和健康为主题的扶贫品牌。要科学规划，理清旅游扶贫发展方向，认真做好项目策划，注重引导贫困村按照现代旅游消费特点，发展个性化、特色化、差异化旅游业态，做到"一村一特色"。加强对乡村生态环境和文化遗存的保护，坚持地方性、坚守"乡村味"、筑牢"田园梦"，使旅游扶贫开发与社会主义新农村建设相互促进。此外，凉山州在政策、资金等方面全力支持扶贫产业发展，帮助企业解决建设过程中遇到的难题，促进贫困地区旅游发展上规模、上档次、上水平。

(三) 深入实施旅游扶贫示范工程，带动全州旅游扶贫工作整体水平提升

凉山州要根据实际情况，实施"乡村旅游精品建设工程"，推进各类资源景观化，推动农业园区、森林景观、乡村聚落、水利风景、古镇新村等各类乡村资源创建国家A级景区和旅游度假区、生态旅游示范区等旅游品牌，力争创建3至5个省级乡村旅游强

县，创建一批特色乡镇、精品村寨、星级农家乐、乡村旅游特色业态经营点、精品特色业态经营点，提升乡村旅游整体水平。同时，也要增创一批国家级、省级旅游度假区和生态旅游示范区，加快推进宁南县凯迪里拉中医药健康旅游示范基地、木里县中医药健康旅游示范区的建设，推动中医药产业与旅游市场深度的结合，努力打造生态旅游、康养旅游目的地。

（四）夯实基础，改善乡村旅游扶贫环境

凉山州要重点加强对建档立卡的贫困户的精准扶贫指导，可以聘请旅游专家、旅游从业者等对当地的旅游发展加以指导，牵引旅游企业做好旅游项目投资，具体可从以下三方面着手。一是加大财政扶贫的引导性投入力度。整合新村建设、民族发展、道路交通、饮水安全、用电保障、环境整治等行业部门资金，打捆投入，充分发挥资金的效益。二是加快旅游扶贫重点村基础设施完善。实施"1+4"工程，即"乡村旅游管理机构+旅游咨询中心（游客中心）、旅游厕所、停车场、旅游标识标牌"，完善乡村旅游服务体系。指导有条件的贫困户开展乡村旅游服务，实施以改厨、改厕、改房、整理院落为主要内容的"三改一整"工程，提高旅游接待服务水平。三是拓宽乡村旅游扶贫开发融资渠道。鼓励企业、社会团体、个体工商户和民间资本，采取独资、合资、合作、联营、购买、承包、租赁、股份合作等多种形式参与乡村旅游扶贫开发。鼓励和支持项目区农民以房屋、宅基地、土地承包使用权、资金、技术等资源，采取股份制、合作制等形式，培育自主经营、自负盈亏、自我发展、自我约束、富有活力的旅游服务经济实体，创新"公司+农户""公司+协会"等扶贫开发方式，提高乡村旅游扶贫的组织化水平，形成规模化、集约化经营。

（五）规范管理，提升乡村旅游产品质量

凉山州旅游扶贫的规模小，组织形式分散，缺乏灵活有效的市场营销战略，市场竞争秩序混乱，难以形成区域性、规模性的整体布局和具有吸引力的拳头产品，从而难以形成真正的经济优势。对此，凉山州要充分认识到规范管理的重要性，一是建立健全乡村旅游扶贫管理体系，把乡村旅游扶贫纳入农村扶贫开发法律法规管理体系，实现乡村旅游扶贫由"粗放式管理"向"依法扶贫"规范管理的转变升级。二是建立和完善乡村旅游扶贫项目资金申报审批、管理使用、检查验收等制度，明确乡村旅游扶贫资金支持的对象和范围，建立扶贫、旅游、工商、卫生等相关部门管理服务联动制度。三是走专业合作化道路，以村为单位成立乡村旅游扶贫专业合作社，发挥其在市场开拓、质量管理、教育培训、价格管理、投诉处理、利益分配等方面的作用。通过"合作社+示范户"的模式，实行标识标牌、星级评定、收费标准、客源分配等"四统一"规范运行管理。四是强化从业人员培训，整合旅游、人力资源、教育、文化等培训资源，开展经营管理、食宿服务、接待礼仪、传统技艺、导游解说、文艺表演、市场营销等技能培训，逐步提高乡村旅游人才的整体素质。

（六）创新机制，实现扶贫效益最大化

调查表明，在旅游发展的初始阶段，村民对扶贫旅游持欢迎态度，并且非常期待能够在发展旅游的同时，增加自身收入，实现脱贫。但是，如果在发展旅游的过程中，村民长时期没有得到相应的满足，那么他们的心态就会变得消极。面对这种情况，地方政府应当主动作为：一是创新乡村旅游扶贫方式。对贫困户发展农家乐、民俗在享受乡村旅游普惠政策的同时，给予政府支持和财政补贴，使其享受到扶贫的信贷贴息、低息和无息借款等特殊政策。对于开发旅游景区的企业，政府在给予相关扶持政策时，必须使其明确应履行的扶贫社会责任，优先吸纳贫困户劳动力就业，收购贫困户生产的农副产品。部分门票收入要用于贫困户扶危济困、社保扶贫补助、经济发展扶持等。建立乡村旅游扶贫互助组织，探索无偿扶贫资金有偿使用机制，实现循环使用、滚动发展。二是建立合理的利益分配机制。坚持乡村旅游扶贫资源集体所有、村民共享。通过制定村规民约、乡村旅游扶贫互助组织等方式，明确并公示扶贫项目资金使用、利润分配、项目受益农户等重大事项，使乡村旅游扶贫成果真正惠及贫困农户。三是建立扶贫项目成果巩固机制。加强扶贫项目后续管护指导工作，建立"谁所有、谁管护、谁受益"的管护机制，巩固旅游扶贫的成果。

凉山彝区易地扶贫搬迁群众后续发展问题研究*

姚文兰　万豫南　肖　平　李连秀

"十三五"时期，是全面建成小康社会的决胜阶段。为坚决打赢脱贫攻坚战，党中央、国务院决定按照精准扶贫、精准脱贫的要求，加快实施易地扶贫搬迁工程。易地扶贫搬迁是一项从根本上帮助农村贫困群众脱贫致富的综合性工程，是实施精准扶贫、精准脱贫的有力抓手，其突出特点是可以实现"输血"与"造血"，外部支持与内在动力的统一，从根本上解决居住在"一方水土养不起一方人"地区贫困人口的脱贫发展问题，是全面建成小康社会的关键举措。

凉山彝族自治州是全国 14 个集中连片贫困地区之一。作为全国、全省脱贫攻坚的主战场，截至 2016 年年底，凉山州还有 1 618 个贫困村、52.83 万贫困人口，贫困发生率为 11.9%，其中约有 60% 的建档立卡贫困人口居住在高山峡谷、交通闭塞的地方，尚有 25.49 万群众居住在高寒山区、严重干旱缺水地区和地质灾害多发地区。以易地扶贫搬迁为主的移民扶贫，是凉山彝区贫困群众脱贫攻坚的主要举措，是彝区贫困人口"挪穷窝、换穷貌、改穷业、拔穷根"的治本之策，也是凉山州脱贫攻坚工作的重中之重。

一、凉山彝区实施易地扶贫搬迁工程的基本情况

从 2004 年起，凉山州正式被列为国家以工代赈易地（移民）扶贫搬迁试点工程项目重点市州。2014 年 6 月，国家正式启动"十三五"易地扶贫搬迁规划编制工作。2015 年 7 月，四川省委将"移民搬迁安置一批"纳入省委"五个一批"脱贫攻坚行动计划，紧接着，凉山州委将"移民搬迁安置一批"纳入州委"七个一批"脱贫攻坚行动计划，进一步加快了凉山州易地扶贫搬迁工作的步伐。按照《"十三五"时期易地扶贫搬迁工作方案》，凉山州把易地扶贫搬迁工作作为脱贫攻坚战的"头号工程"，重点完成 23.547 7万农村建档立卡贫困人口的易地扶贫搬迁任务，以改善搬迁对象的生产生活条件，使其享有便利的基本公共服务。

（一）易地扶贫搬迁工程的推进落实

凉山州于 2016 年 6 月正式启动易地扶贫搬迁工程。截至 2017 年 9 月，全州计划建

---

* 2017 年度凉山州决策咨询委员会调研课题。作者单位：中共凉山州委党校。

设的 399 个安置点的13 097户、51 618人住房建设已全部完成，累计完成投资 30.2 亿元，投资完成率 97.8%，其中住房建设完成投资 12.6 亿元，基础设施及公共服务设施建设完成投资 17.6 亿元。2017 年全州计划建设的 320 个安置点的11 725户、50 097人，其住房建设已全面开工，开工率 100%。有11 700户、50 004人住房主体完工，占全州易地扶贫搬迁总人数的 99.8%，其中全面完工9 362户、40 360人，占全州易地扶贫搬迁总人数的 80.6%。完成总投资 21.7 亿元，占全州易地扶贫搬迁总投资的 72%，其中住房建设完成 11.8 亿元，基础及公共设施完成 9.9 亿元。

在有序推进安置区住房建设的同时，其基础设施和公共服务设施建设配套也在同步进行。截至 2016 年 12 月，建成饮水管道1 624.2千米、农村电网 837.5 千米、道路硬化1 115.2千米、学校及幼儿园 152 个、卫生院所 118 个、活动室 190 个，已拆除旧房6 021户、复垦4 472户、复垦宅基地183 980平方米、生态修复95 508平方米。2017 年搬迁的安置区，截至 2017 年 8 月，已建成饮水管道 316 千米、农村电网 169.5 千米、道路硬化 462.7 千米、学校及幼儿园 58 个、卫生院所 41 个、活动室 60 个，已拆除旧房157 户、复垦 120 户、复垦宅基地 136.96 万平方米、生态修复 0.96 万平方米。其余配套基础设施及公共服务设施建设也在抓紧完成中。

(二) 易地扶贫搬迁安置区搬迁群众后续发展的基本措施

通过实施易地扶贫搬迁工程，搬迁群众的生产生活条件得到了明显改善，摆脱了原来居住在土地贫瘠、高寒山区时用水困难、人畜混居、交通不便、靠天吃饭等困境，使搬迁群众基本享有便利的公共服务，为脱贫攻坚打下了坚实的基础，也激发了群众改变自身贫穷状况和家乡落后面貌的动力，为脱贫攻坚的推进注入新的动力，对加快凉山州脱贫攻坚进程起到了巨大的推进作用。

同时，凉山州采取新农村建设与乡村脱贫摘帽相结合的方式，依据不同搬迁安置模式，支持发展特色农牧业、劳务经济、现代服务业等方式，确保搬迁群众实现稳定脱贫。一是大力培育富民主导产业。根据安置区资源优势，坚持以市场为导向，大力发展适销对路、适宜当地发展的核桃、花椒、水果等绿色特色产业。二是发展劳务经济。把发展劳务经济作为持续增加农民收入的主要途径，加大劳务输出培训力度，确保有劳动能力的建档立卡搬迁人口，每人至少掌握一项就业技能。三是发展现代服务业。充分发挥县城、小城镇等区位优势，扶持建档立卡搬迁人口从事农副产品营销、餐饮、家政等服务业，并积极发展物流服务业、"互联网+"扶贫等产业，实现农民收入多样化。四是实施能力素质提升工程。加强职业技能培训，加快人力资源开发，持续增加群众收入。

针对 2016—2017 年的搬迁人口，凉山州分别从发展特色农林业、劳务经济、现代服务业、资产收益扶贫、社会保障兜底等方面制定了精准脱贫方案。截至 2017 年 8 月，凉山州对易地扶贫搬迁户实施的精准扶贫及后续发展措施如图 1 至图 3 所示。

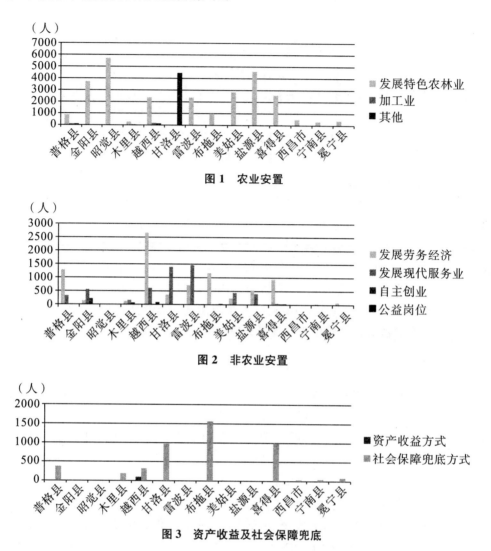

图 1　农业安置

图 2　非农业安置

图 3　资产收益及社会保障兜底

2017 年实施的搬迁贫困人口共 50 097，其中，发展特色农林业 25 259 人，发展劳务经济 14 640 人，发展现代服务业 1 517 人，资产收益扶贫 1 732 人，社会保障兜底 4 555 人，其他 2 394 人。这些措施方案为精准脱贫、妥善解决搬迁群众的长远生计问题打下了基础。

二、制约凉山彝区易地扶贫搬迁群众后续发展的因素分析

易地扶贫搬迁是一项复杂的系统工程，政策性强、难度大，再加上搬迁人口众多，任务十分繁重。在具体的实施过程中，有许多因素都会给搬迁群众的后续发展带来一定的影响，例如，部分安置区基础设施和公共服务设施建设推进缓慢，公共服务体系滞后；部分安置区的选址难以满足搬迁群众发展需求；部分地区旧房拆除和宅基地复垦困难，安置区群众入住率低；负责易地扶贫搬迁牵头工作的以工代赈办人员不够、力量不足等。在此，本课题组主要针对直接影响搬迁群众产业发展、就业创业的因素进行

分析。

第一，易地扶贫搬迁项目资金主要用于搬迁对象住房、配套基础设施及公共服务设施建设，产业发展和就业创业资金就主要来源于地方财政和其他项目资金支持。凉山州多数地区财力薄弱，财政自给率平均仅 12.7%，吸引和争取其他资金能力差，脱贫攻坚资金需求与投入不足的矛盾十分突出，用于产业发展和就业创业的资金非常有限，致使搬迁群众后续发展较为困难，后续脱贫力量减弱。

第二，搬迁群众自身发展能力较弱。多数搬迁群众处于深度贫困状态，他们获得教育、交通、信息、发展的机会相对缺乏，家底薄，缺乏资金资源，且大多数人的文化水平较低，有些群众甚至不懂汉语，语言交流存在障碍。多数群众缺乏一技之长，仍然从事简单的农业生产，收入渠道狭窄，即便外出打工、务工，也只能从事简单、繁重的劳动，收入不高，就业创业困难，导致后续脱贫依靠自我发展的能力不足。例如，冕宁县部分搬迁安置区由于后续产业开发投入不足、群众自身发展能力不足等原因，后续产业开发滞后，搬迁户的生产、生活方式没有发生质的改变，大多数群众仍然从事简单的农业生产，收入增长缓慢，生活水平较低，群众增收渠道较为狭窄。

第三，有知识技能的农村专业技术人才匮乏，缺乏示范引领作用，发展后劲不足。易地扶贫搬迁地区多数属于深度贫困地区，由于地理位置、区位交通、待遇条件均处劣势，交通闭塞、经济落后、社会服务功能弱，特别是教育普及程度不足等原因，导致既具备一定文化程度、懂技术、会经营，又能长期在本地从事农业生产的农村"乡土人才"匮乏，加之人才引不进来，而稍微有些技术技能的人才都纷纷外出谋生，人才留不住是普遍现象。由于缺少各类专门技术人才，由政府牵头实施的各种产业发展等技术手段、措施都难以在短时间内被当地群众掌握，导致搬迁安置区贫困群众脱贫的可持续发展能力弱。

第四，自我发展意识不强，内生动力不足。由于长期居住在交通不便、信息闭塞的高寒山区，部分贫困农村长期以来精神文化建设缺失，农村基层党建工作薄弱，部分群众仍然存在"等、靠、要"的思想，存在"温饱第一"的消费观，存在迷信鬼神的文化观，存在薄养厚葬、高额彩礼、相互攀比的陈规陋习，存在"等着别人送小康"的不良习惯。极少数贫困群众甚至认为，脱贫攻坚是党委政府的事，与己无关。他们缺乏家园意识、集体意识、商品意识、财富意识，缺乏现代文明生活方式和勤劳致富、苦干脱贫的新风正气，久而久之，便只想"获得"，不讲付出，缺乏自我发展的内生动力，给如期实现脱贫攻坚目标、巩固脱贫攻坚成果埋下隐患。

第五，村级集体经济薄弱，产业持续发展受阻。村级集体经济是农村经济的重要组成部分，是村级行政组织正常运行的重要物质保障，是农村各项事业发展不可或缺的物质基础。村集体经济的发展直接关系到贫困农民的切身利益，关系到扶贫攻坚等党的各项政策的贯彻落实，关系到贫困农村脱贫致富和发展稳定的大局。由于贫困村资源贫乏，人才空缺，资金积累少，交通闭塞，加上有的村级党组织战斗力不强，从而制约了村级集体经济的发展。例如，昭觉县多数贫困村在搬迁后除集体土地承包转让收取租金外，合资合营、引资联营、股份合作的经济实体极少，集体经济渠道单一、门路少，发展困难。有的也只是粗放经营，广种薄收，收益率不高，大大影响了村级集体经济的发展。

三、提高凉山彝区易地扶贫搬迁群众后续发展能力的对策建议

易地扶贫搬迁工程的实施，不仅在于彻底改善贫困群众的生产生活条件，让搬迁群众享有基本公共服务保障，更在于提高易地扶贫搬迁群众的后续发展能力。因此，凉山州应完善搬迁后续扶持政策，注重做好搬迁后帮扶工作，切实解决搬迁后群众生产、生计、就业等问题，不仅要实现贫困群众"搬得出"，更要努力实现搬迁后群众"稳得住、有事做、能致富"。同时，还要引导彝区搬迁群众摒弃陈规陋习，改变生产生活方式，尽快融入当地社会，加大力度实现物质脱贫和精神脱贫同步推进，确保彝区所有贫困人口脱贫奔康。为此，本课题组提出以下对策建议。

（一）加大政策支持，为易地扶贫搬迁群众的后续发展打下坚实的基础

凉山州要积极争取国家、省的新增易地扶贫产业、就业发展资金，用于搬迁群众的后续发展。县级政府积极统筹、整合财政专项扶贫资金和相关涉农资金，用于搬迁群众后续产业发展。金融机构通过扶贫小额信贷、扶贫贴息贷款、创业担保贷款等方式，为符合条件的搬迁对象和安置区龙头企业提供产业信贷支持，为搬迁贫困户稳定脱贫提供资金保障。凉山州还可通过采取补贴补助、技术服务、信息发布、示范带动等扶持政策措施，鼓励引导搬迁农户面向市场需求发展产业。为鼓励和支持搬迁人口就业创业，对吸纳一定比例建档立卡搬迁人口就业的企业，给予适当的税费减免政策。用好社保惠农政策，加大对搬迁群众的帮扶和管理，相关部门妥善解决搬迁群众户籍、就学、就医、社会保障等问题，使其享有与当地居民同等的教育、医疗、养老、失业、社会救助等各项社会保障政策和支农、强农、惠农政策，解决搬迁对象后顾之忧。

（二）因户施策，产业支撑，多措并举，积极探索搬迁群众的脱贫路径

第一，大力发展特色农林业，把产业富民作为核心支撑和主攻方向。从凉山州2017年对易地扶贫搬迁群众采取的精准脱贫后续发展措施来看，搬迁群众为50 097人，采取特色农林业发展措施的就有25 259人，占了搬迁群众总数的50.4％。可见发展特色农林业是凉山州搬迁群众促脱贫的主要方式。这就要求在大力发展特色农林业上下足功夫。

一是立足实际，按照因地制宜、各具特色、产业化经营的思路，宜农则农、宜牧则牧、宜林则林、种养结合，大力发展以核桃为主的"1+X"生态产业和"果薯蔬草药"农牧产业。通过发展特色种植、高效养殖、林下经济、休闲农业与乡村旅游、民俗文化等服务业，促进搬迁人口脱贫增收。

二是积极推进规模化、集约化、标准化建设。在安置区培育家庭农林场、专业大户、鼓励搬迁户成立或加入合作社、培育农业产业化龙头企业，不断健全和完善走"公司+合作社+农户+大户+金融+保险"的产业发展模式，将支柱产业的培育、产业深层开发和贫困群众增收相结合，逐步形成"一村一品"特色产业村，建立经济发展、农

民增收的长效机制。可借鉴雷波县谷堆乡易地扶贫搬迁安置区的发展模式，该地根据地理环境和气候条件大力培育发展山葵产业，种植山葵 200 多亩，全部出口创外汇收益约 600 多万元，同时结合发展乡村旅游，把集中安置区建成雷波县山葵产业观光旅游体验项目的桥头堡，带领群众稳定脱贫。

三是加大农林业科技培训。相关技术部门对口建立技术示范点，根据各搬迁地区区域优势、特色产业发展需要，确定培训对象、培训项目、培训时间，定期选派专业技术人员进行指导，开展农民实用技术培训和各类科技培训，引导群众学技术、用技术，提高搬迁农户的种养技能，增强自我发展能力，加快脱贫致富步伐。

第二，将发展劳务经济作为持续增加收入的主要途径。就需要对依托工业园区、产业基地、小城镇、乡旅游区安置的搬迁人口加强就业技能培训、指导，加大对搬迁人口劳务输出的培训投入。根据安置区产业发展、搬迁对象的技能水平、就业意愿和人力资源市场需求，有针对性地组织就业培训和创业培训，确保有培训意愿和劳动能力的搬迁人口至少接受一次职业培训，掌握一项就业技能。同时，加强劳务输出工作，加强输出地和输入地的劳务对接，加强与用人企业的联系，引导搬迁人口就近就业或向其他地区转移就业，促进搬迁户的就业脱贫。

第三，发展现代服务业。加强安置地商贸流通、供销、邮政等系统物流服务网络和实施建设，加快物流服务业发展，扶持搬迁贫困人口从事农副产品营销、餐饮、家政、仓储、配送等服务业。积极探索农村电子商务，在易地扶贫搬迁安置点加大电商扶贫培训力度，充分利用电商平台，拓宽特色农产品销售渠道，增加贫困群众收入，促进脱贫。此外，大力发展安置区乡村旅游扶贫，可依托民族民俗文化资源优势开发旅游项目，对有条件、自愿从事旅游服务业的农户，鼓励通过发展"农家乐"，发展民族特色的手工制品如彝绣、民族服饰、银饰加工制品等增加收入，脱贫致富。

第四，资产收益扶贫。以拓宽搬迁贫困户增收渠道、帮助搬迁贫困户增收脱贫为目标，积极探索"易地扶贫搬迁配套设施资产变股权、搬迁对象变股民"的方式，通过将资产量化到贫困人口，增加其财产性收入，带动脱贫。

一是鼓励和引导龙头企业、种养大户等主动承担社会责任，发挥扶贫带动作用。依托龙头企业、农民专业合作社和农村集体经济组织，将财政扶贫资金及其他财政资金入股形成共同经济体，明晰双方持股比例，设立贫困户优先股，实行"收益保底，按股分红"，吸收有劳动能力的贫困对象提供劳务，按劳计酬，增加贫困对象的收入来源。

二是加强政策宣传。发挥基层党组织和驻村工作组的作用，进村入户，将资产收益扶贫政策向搬迁群众讲清楚，动员贫困对象积极参与，引导贫困村将集体资产、贫困户将承包的土地和个人财产入股，或通过流转土地推进规模经营，以委托经营、合作经营等方式，面向本地区内有实力、有能力、有信誉的农民合作组织进行公开招标，确定专业合作社，确保安置区贫困户多渠道增收。

三是因地制宜，积极探索"1+N"资产收益扶贫模式。按照"村民入股、村集体资产入股、公司运作"的模式，逐步探索形成"资产收益分红＋乡村旅游""资产收益分红＋特色种植""资产收益分红＋休闲农业"等不同类型的资产收益扶贫模式，赋予贫困户资产收益权，促进搬迁贫困户增收脱贫。

第五，社会保障兜底脱贫。严格确定社会保障兜底脱贫对象，对搬迁群众中无法依靠产业扶持和就业帮助脱贫的家庭进行精确确认后纳入社会保障兜底脱贫范围，真正做到符合条件的不漏一户，不符合条件的不错认一户，做到应保尽保，通过政策兜底脱贫。对五保户、孤寡老人等特殊困难群体，采取"易地扶贫搬迁＋集中供养"的方式，在中心村镇建设敬老院进行集中安置。兜底贫困人口的易地搬迁由政府统一建设住房，群众不筹资直接入住，但房屋产权归村集体所有，既能解决兜底人群的根本问题，又可壮大集体经济。

（三）加大脱贫内生动力培育力度，激活搬迁群众的脱贫活力

贫困群众既是脱贫攻坚的对象，又是脱贫致富的主体，激发贫困群众脱贫致富的内生动力至关重要。凉山州要充分发挥搬迁贫困群众的主体作用，激活贫困群众脱贫致富的内生动力。

一是做好精神扶贫工作，坚持扶志与扶贫紧密结合。凉山州要立足扶贫对象，通过政策宣讲、思想动员、典型示范等各种有效的宣传教育方式方法，打好精神脱贫"组合拳"，激发脱贫致富的信心和意志。通过扶志立志，着力激发贫困群众脱贫致富的积极性，使贫困群众真正树立起自强自立的信心、脱贫致富的勇气和不甘贫穷的斗志，自觉把劳动和脱贫致富作为一种价值取向、一种人生追求，切实克服各种"等、靠、要"的思想和消极畏难情绪，自觉鼓足脱贫致富的精神，转变传统的思想观念和陈旧陋习，实现从"要我脱贫"的被动状态向"我要脱贫""我能脱贫"的强烈愿望转变，自立自强，奔向致富路。

二是坚持输血和造血相结合，从传统"输血"向持续"造血"转变。凉山州要积极探索"以购代捐"的模式，采用"农户＋基地＋合作社"的方式，发挥合作社的带动作用，帮助农户规范种养殖，组织引导凉山州各级机关、企事业单位和干部职工，采取一个帮扶单位（企业）认购一个或多个贫困村农产品的方式，直接从帮扶联系的贫困村、贫困户家中以略高于市场的价格购买农副产品，有效解决农产品销售难的问题。鼓励凉山州龙头企业无偿提供种苗、种鸡等，以及相应的技术指导，实行保底收购。也可采取灵活多样的捐款方式，动员各级各部门和社会各界人士广泛参与，直接购买鸡苗、鸭苗、仔猪等，分发到农户家中，养到一定时间后以高于市场的价格回收。拓展"以购代捐"范围，发挥政府主导作用，帮助省内外企业与搬迁村签订"以购代捐"农产品购销协议，长期定点收购绿色生态农特产品。这些举措能够有效地培养贫困群众发展生产的积极性，转变"等、靠、要"的落后思想，有效激发贫困群众脱贫奔康的内生动力，带动贫困群众脱贫致富。

三是树新风、立正气。凉山州要大力推广移风易俗，倡导健康文明的生活方式，让长期居住在高山封闭环境里的贫困群众，搬迁后尽快融入新的环境，实现物质与精神的同步富裕。凉山州要大力弘扬社会主义核心价值观，引导贫困群众崇尚科学、抵制迷信、移风易俗、破除陋习，树立先进的思想观念和良好的道德风尚。要遏制婚丧高额礼金和铺张浪费，摒弃攀比心理，形成婚育新风、厚养薄葬、爱老敬老的风气。除了对农民反复宣传、一对一地做思想工作，还可采取一些切实有效的措施，比如完善村规民

约，签订村规民约践行承诺书；开展"五洗"活动，教育引导群众树立卫生意识、环境意识，养成"洗脸、洗手、洗脚、洗澡、洗衣被"的个人卫生习惯；开展"勤劳致富家庭"等先进典型评选活动，发挥先进典型示范的带动作用，革除陈规陋习，移风易俗，促进村民形成文明新风。例如美姑县，制定颁发了《美姑县农村家庭创"四好"活动实施办法》，开展"辜涅·硕涅"（勤节俭、知廉耻）主题大讨论活动，有效促进了文明新风的形成。在搬迁安置区可利用农民夜校、村活动室定期开展此类活动，加强搬迁群众的精神文明建设。

（四）充分发挥基层党组织战斗堡垒作用和党员先锋模范作用，团结带领群众脱贫致富

凉山州要进一步加强安置区农村党建工作，把农村基层党组织建设与脱贫攻坚结合起来。针对贫困村普遍存在的队伍老化、青黄不接、教育管理难、服务意识不强等问题，一是进一步拓宽农村基层党员来源渠道，注重从农村致富能手、退伍军人、返乡创业就业人员中选拔、培养、发展党员，加大在青年农民中培养和发展党员力度，加强党员教育管理。二是农村基层党组织要进一步提升精准扶贫、精准脱贫政策的熟知度，带头用好党的富民政策，落实好精准扶贫的各项政策举措，结合农村实际提出切实可行的办法解决农村发展难题，树立全心全意为贫困群众排忧解难的意识，在工作方式方法创新上下更大的力气。三是要鼓励党员带头发家致富做示范，带头学习技术，带头发展产业，带头脱贫奔小康。鼓励党员主动与贫困群众结成对子，在信息、资金、技术等方面给予全方位的帮扶，激励贫困群众行动起来，凝聚脱贫攻坚力量。四是通过开办农民夜校等多种方式，党员干部轮流上课，给贫困群众宣讲政策，为贫困户分析致贫原因、找到发展路径，同时聘请种养专业技术人员以及致富能手利用农民夜校或实地操作，提高贫困群众的劳动技能，帮助其掌握农业技术、养殖技能。

（五）发展壮大村级集体经济，以村集体经济反哺脱贫攻坚

一是积极探索村集体资产的投资增长途径，如以集体土地使用权租赁、入股办法盘活村集体资产，以村级集体资产参与经营、入股园区，按股取得分红收益。二是对拥有一定旅游资源或民族文化资源优势的搬迁安置区，通过股份合作、村有民营等方式发展"农家乐"、度假村等旅游产业，增加村集体的生态资源开发收入和服务经营收入。三是通过开发安置地、山林、自然风景、民族民俗文化、水资源以及太阳能等自然资源的经济潜力，将资源优势转化为经济优势，拉动村级集体经济发展。四是开展集体土地整理、宅基地复垦、土地流转等，挖掘村集体经济新的增长点，主要包括盘活闲置集体资产、通过土地整理和集体建设用地复垦，由村集体经营管理，将集体资产资源集中流向龙头企业、农民专业合作社、大户，实现市场化运作，不断提高集体资产使用效益。五是确定重点帮扶安置区，建立党政机关领导和机关干部联系帮扶责任制，由政府提供技术支持、资金援助等措施，落实帮扶项目，联系销售企业，实行"订单化"生产和销售，解决贫困户散种散养、单打独斗的问题，切实增加贫困户的种养殖收益，壮大村级集体经济，促进农民脱贫奔康。

凉山州城乡一体化问题研究*

杨福灵　　阿苦日歪　　代诗韵　　罗春艳

凉山州是由奴隶社会进入社会主义社会的"直过区"。经过几十年的发展，其区域发展不平衡、二元经济特征明显、基础条件薄弱、社会事业发展滞后等问题不断加剧。城市职能过于集中，缺乏有机疏解；农村经济内涵和外延不断扩大，农村人口的从业结构和生活方式亟待改变。西昌"一城独大"、安宁河谷"一谷支撑"的状况长期存在，贫困面广、人口多、程度深的现状没有根本改善，现有的城乡规模和形态不能完全适应经济社会发展需求，必须在充分尊重自然、历史条件的基础上，将城镇与乡村结合起来，以促进全州经济社会的健康、有序发展。

一、凉山州经济社会发展基本情况

2012—2016 年，凉山州经济发展虽然经历了严峻的考验，但依然取得了不俗的成绩。

（一）经济实力不断增强

2012—2016 年的五年间，凉山州的经济总量从 2012 年的 1 122.7 亿元增长到 2016 年的1 403.9 亿元，经济增速从 2012 年的 13.8％下降到 2015 年的 2.8％，每年以平均大约两个百分点的速度下滑，2016 年经济增速回升，达到 6％（如图 1 所示）。

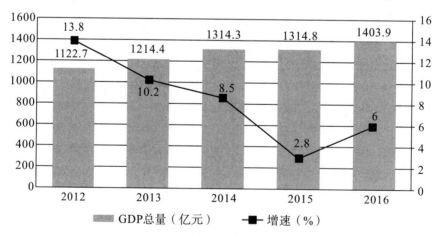

图 1　2012—2016 年 GDP 总量及增速情况

＊ 2017 年度凉山州决策咨询委员会调研课题。作者单位：中共凉山州委党校。

（二）固定资产投资增长放缓

2012—2016 年的五年间，凉山州的固定资产投资呈下滑趋势，对经济增长的拉动力下降（如图 2 所示）。

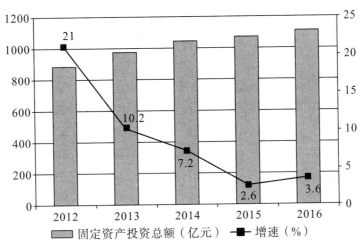

图 2　2012 年以来凉山地区固定资产投资总额及增速

（三）财政收入缓慢增长

总的来说，财政收入的增长情况与全州经济发展状况密切相关。2015 年全州工业经济增长乏力的同时（2015 年凉山州第二产业增加值为 648.6 亿元，仅增长 0.1%，对经济增长的贡献率为 2.2%），财政收入也比 2014 年有所下降（如图 3 和图 4 所示）。

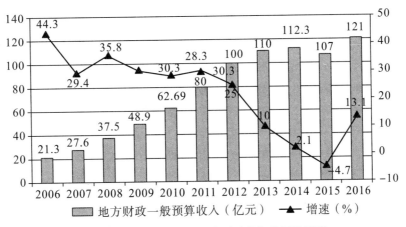

图 3　2006 年以来凉山地方财政收入总量及增速

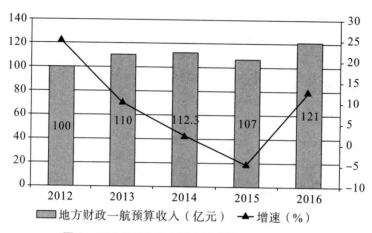

图4　2012年以来凉山地方财政收入总量及增速

（四）居民消费、收入稳定增长

2012年到2016年，全州社会消费品零售总额从334亿元增至551.4亿元，年均增长13%（如图5所示）。五年来，凉山州城乡居民人均可支配收入稳步增长，由2012年的16 038元、5 673元增加到2016年的25 963元、10 368元，年均增长9.7%、12.8%。

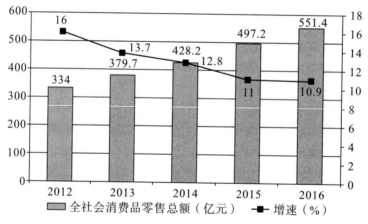

图5　2012年以来凉山地区消费品零售总额变化情况

二、凉山州城乡发展取得的成就及存在的问题

近年来，凉山州围绕促进城乡统筹一体发展做了不懈努力，积极探索凉山彝族聚居区"三化"联动创新区、木里藏族聚居区生态文明示范区建设，深入推进西昌、德昌、冕宁同城化及会理、会东、宁南一体化发展，西昌领先发展、全域多点突破、多极支撑、追赶跨越的格局已初步形成，凉山州的经济快速发展，成功跻身全省"千亿GDP"方阵，并连续几年排名前列。但是，凉山州目前仍然面临巨大的不平衡问题。

（一）区域发展不平衡

2016 年，安宁河谷地区生产总值总量约 1 030 亿元，占全州 GDP 总量的比重高达 73.36%，而大凉山彝族聚居区 10 县地区生产总值则只有约 345 亿元，占全州经济总量仅为 24.52%，木里藏族聚居区占比为 2.12%。同样，西昌市 2016 年地区生产总值达到 457.2 亿元，占全州 GDP 总量 32.6%。从经济发展量的情况来看，凉山州仍然面临安宁河谷"一谷支撑"、西昌"一城独大"的局面（如图 6 所示）。

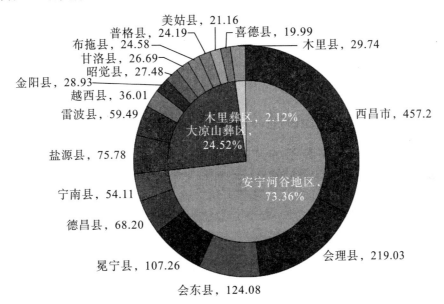

图 6　2016 年凉山州 17 县市经济总量

（二）城乡发展不平衡

独特的历史原因导致凉山州各县市城市发展水平较低，农村极度贫困，城市对农村的带动作用不强，农村资源不能顺畅地流通到城市，城乡之间的二元壁垒长期不能打破，如从城乡居民人均收入水平来看，虽然在不断增长，但城乡之间的差距依然存在，而大凉山彝族聚居区和木里藏族聚居区的城乡差距更加明显（具体情况见表 1 和图 7）。当前，凉山州面临巨大的脱贫攻坚压力，仍有 11 个贫困县，1 618 个贫困村，52.83 万贫困人口。

表 1　2015 年、2016 年凉山州 17 县市城乡居民人均收入情况

排序	地区	2016 年城镇居民人均可支配收入（元）	2015 年城镇居民人均可支配收入（元）	排序	地区	2016 年农村居民人均可支配收入（元）	2015 年农村居民人均可支配收入（元）
1	西昌市	31 343	29 040	1	西昌市	14 937	13 620
2	会理县	26 265	24 351	2	德昌县	14 527	13 244

续表1

排序	地区	2016年城镇居民人均可支配收入（元）	2015年城镇居民人均可支配收入（元）	排序	地区	2016年农村居民人均可支配收入（元）	2015年农村居民人均可支配收入（元）
3	德昌县	26 047	24 125	3	会理县	14 425	13 154
4	会东县	23 965	22 218	4	会东县	14 017	12 768
5	宁南县	23 859	22 117	5	宁南县	13 065	11 914
6	冕宁县	23 760	22 020	6	冕宁县	12 235	11 156
7	盐源县	23 732	22 042	7	盐源县	9 784	8 848
8	木里县	23 462	21 764	8	普格县	8 241	7 454
9	布拖县	22 950	21 325	9	木里县	8 006	7 182
10	普格县	22 649	21 049	10	雷波县	7 865	7 095
11	金阳县	22 450	20 853	11	越西县	7 757	7 026
12	甘洛县	22 316	20 709	12	昭觉县	7 387	6 675
13	越西县	22 123	20 580	13	布拖县	7 068	6 386
14	雷波县	22 039	20 442	14	喜德县	7 031	6 347
15	美姑县	21 925	20 384	15	金阳县	7 022	6 340
16	昭觉县	21 714	20 186	16	甘洛县	6 958	6 280
17	喜德县	20 703	19 217	17	美姑县	6 889	6 246

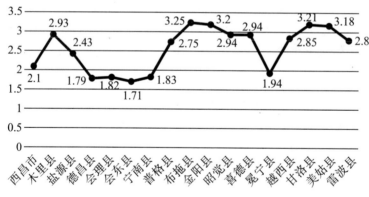

图7　2016年凉山州17县市城乡居民人均收入比

（三）产业发展不平衡

目前，凉山州仍然面临着传统农业占比居高不下、第二产业过度依赖资源、第三产业发展不足的问题。2016年，第一产业比重仍高达20%，第三产业占比为31.3%。

不平衡是导致区域间生产要素的流通不畅、利益矛盾与冲突加剧的主要原因，而统筹城乡经济社会发展是一项巨大的系统工程，设计社会经济生活的各个方面，我们必须在科学认识的基础上，确立正确的、有效的统筹城乡经济社会发展之路。

三、推进凉山州城乡一体化的对策建议

面对当前凉山州仍然存在的不平衡问题，深刻认识城乡一体化建设的重要意义，认清凉山州城市发展缓慢和农村贫困面广、程度深的实际，加快城镇化建设步伐，持续推动脱贫攻坚工作，加强相关规划和制度建设，是有效推动凉山州城乡经济社会健康发展的重要途径。

（一）实施乡村振兴战略

党的十九大报告提出，实施乡村振兴战略，要始终把解决好"三农"问题作为全党工作重中之重。当前凉山州面临的问题是：绝大部分农村的贫困问题及其引发的一系列问题。当前，凉山州仍有 1 618 个贫困村、52.83 万贫困人口，贫困面广、程度深的状况没有改变，到 2020 年实现全面建成小康社会，农村贫困人口的脱贫奔康是我们当前及今后工作的重中之重。

（二）持续推动基础设施建设

山地地区城乡发展与社会发展滞后的根本原因在于供水、供电、交通运输、通信等城乡基础设施落后。城乡基础设施是城乡经济发展的催化剂，基础设施的每一次进步，必然带来经济的发展、城乡形态的演化，所以城乡基础设施是山地地区构建新型城乡形态的重要支撑之一。比如，重庆因其充足的能源、充沛的供水、快速的交通、高效先进的通信等，才发展为国家中心城市。"一轮凉推"后，到 2016 年 6 月，凉山州三级以上公路全面畅通。"十三五"期间规划建设 9 条高速，已建成、在建和规划要建的高速、铁路、航空、水运将形成"水陆空"四通八达的交通网络。

（三）优化升级三次产业结构

区域产业结构直接影响着一个国家或地区的资源配置效率和产业素质高低。在大多数地区初期的产业结构中，制造业依然占据绝对优势，支柱产业作用突出，第一产业和第三产业发展迅速，但相对第二产业的支柱地位以及区域功能定位对服务业发展的要求而言，发展仍然相对滞后，特别是金融保险、现代物流、信息研发、管理咨询、教育培训等生产性服务业发展还很不充分，其经济总量所占比例远远落后于制造业。同时，以资源消耗型为主的制造业直接导致了自然资源的枯竭和生态环境的恶化，严重制约了地区经济的可持续发展。因此，在快速发展的过程中我们更应注重产业结构方面的调整，弥补已有的不足，实现凉山产业结构的优化升级。

产业结构调整着眼于两个方面：一是推动第二产业内部优化升级，即充分发挥优势产业、支柱产业的辐射带动作用，延伸产业链条，形成产业集聚效应，提升产业整体竞争力，带动新区产业结构优化升级。同时，大力发展高新技术产业，通过技术引进和自主研发，不断提高工业产品技术附加值，形成高新技术产业群。二是实现三次产业的协

调发展，即在重点发展现代制造业和研发转化基地的同时，积极创造条件发展现代农业和现代服务业，尤其是发展以金融服务业为重要内容的现代服务业。

1. 大力发展现代农业。一是调整优化农业产业结构，即以种源农业、科技农业、服务农业、设施农业、循环农业等为主要发展方向，调整和优化农业产业结构，实现农业区域功能定位的进一步优化和细分。二是改革农业经营体制机制，即打破镇域行政管理界限，推动全区农村要素统筹配置和一体化，加强农业专业化管理，充分发挥农业园区引领带动作用。三是加大政策扶持力度，即认真贯彻"工业反哺农业、城市支持农村"的方针，拓宽农产品销售渠道，提高农业合作组织质量，引进先进农业技术和农业科技人才。四是创新业态和经营机制，即建立与地区形象相匹配的循环农业、生态农业、信息农业新体系，从而加快农业科技创新的推广应用，在国内外市场开拓和农业产业化经营方面占据领先地位。

2. 优化提升工业结构。一是做大做强优势主导产业，即围绕发展壮大区域优势主导产业，全力推进一批高水平项目建设，以产业基地促进产业集群发展，延伸产业链，推动产业链向高端提升，不断增强地区工业综合实力和竞争力。二是积极发展战略性新兴产业，即充分发挥区域综合优势，利用新兴技术的动态性，尽快扩大战略性新兴产业规模，打造战略性新兴产业基地。三是大力发展生产性服务业，深化制造业领域的专业化分工，推动以生产组装为主导的制造业向制造业服务化转变，促进生产性服务业与先进制造业的有机融合、互动发展，推动区域生产性服务业快速发展。

3. 积极培育现代服务业。一是大力发展现代物流业，即加快地区物流园区建设步伐，重点培育物流龙头产业，引导物流企业向规范化、集团化和国际化发展。二是创新发展金融服务业，即建立健全多元化金融组织体系，推进金融机构产品和业务创新；深化金融市场化改革，规范发展民间金融，完善金融中介服务和信用体系。三是加快发展旅游和会展业，充分挖掘凉山州旅游资源，提高旅游服务水平，深入实施旅游首位战略。同时，依托地区主导产业，大力发展与经济发展紧密相关的专业性会展项目，并不断完善会展服务体系。四是努力推进科技研发与信息产业，即建设高新技术产业园区；发展壮大科研机构；构筑产业研发转化平台。五是培育壮大新兴文化产业，即通过整合传统文化资源，创造文化发展新模式，打造优秀的区域文化品牌，逐步提升地区软实力。六是发展商贸流通服务业，即积极培育主业突出、核心竞争力强的大型商贸流通企业，加快推进生活性商贸业发展，提高商业集聚和辐射能力；大力发展社区商业，完善社区服务体系；加快完善农村商业网络布局，建设区域性农副产品批发交易市场，加强农副产品流通体系建设，实现农产品流通模式上的突破。七是发展完善中介服务业，即重点发展市场交易、市场监督、法律和财务服务、信息咨询等自律性行业组织，逐步建立起发达的中介服务业；逐步建立中介服务领域系统配套的相关制度，将中介机构的发展纳入法制化轨道，使中介机构的日常活动有法可依、有章可循，形成一整套自我约束、自我管理的内在机制；培育形成以名牌企业为龙头中介服务业产业集群。

（四）培育新市镇载体

新市镇是在原有"乡村型"小城镇转型升级基础上形成的"城市型"小城镇，具有现代城市的基本特征。在我国大部分区域，"乡村型"小城镇数量多、分布广且类型多样，区位条件和发展基础较好的小城镇会自发转型成新市镇，相对优势不足、不具备转型条件的小城镇会寻求中心城区辐射实现重组和组合，形成若干相邻的小城镇群体，即新市镇载体。新市镇载体是连接城乡的重要通道，是推进城乡一体化的重要保障。小城镇群体的建设，成为连接新区和郊区、乡村的重要通道，为新区推动统筹城乡发展提供了重要保障。

培育新市镇载体的战略路径主要有：第一，根据小城镇产业基础和发展潜力，有选择性地接收地区产业转移和产业辐射，实现产业发展与城镇建设相互融合、联动推进，实现小城镇的"产城一体化"。第二，利用区域基础设施和公共设施建设对周边乡镇的辐射带动作用，按照城市标准规划和建设小城镇的基础设施和市政工程，不断完善小城镇基础设施功能，同时提升小城镇教育、科技、文化、卫生、体育和社会保障等社会事业的发展水平，为城镇居民提供优越的工作和生活环境。第三，根据小城镇之间的交通条件、产业发展相关性等，加强相邻城镇之间在规模扩张和经济发展中的种种联系，在一定区域范围内形成各具特色、分工合理的组团式城镇体系，即形成新市镇载体。

（五）构建半网络化的城乡组织结构

在完全市场经济条件下，平原地区的城乡空间形态是可以形成网络状的。而山地地区的城乡空间形态更可能形成一种半网络化的组织结构，即城乡受地形条件、交通条件的严重影响，往往只与位于同一流域的城乡联系更为密切，而很难与其他流域的小城镇、城市展开联系。

从凉山州的地形地貌来看，绝大部分地区属于山地。因而在具体操作层面上，山地城乡区域中心的构建要以优势空间作为建设重点，不宜采取均衡推进的方式，应选择那些基础良好、在区位和资源等方面具有内在潜质的优势空间进行重点建设，以期通过梯度的、交错式的演进达到共同发展。在突出重点的同时，还要加快实现山地城乡中心在区域空间内的半网络化，即尽量完善中心区之间的交通网络连接。山地由于独特的地势、地貌特征，与平原相比，其不完善的交通组织直接制约着城乡的活力和持久性，因此，现代化的交通工具和交通组织是现代山地聚居社区的重要标志，借助半网络化及其中心节点的辐射效应是提高山地城乡发展水平的有效途径之一（如图8所示）。

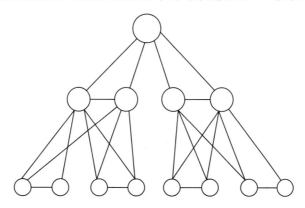

图8 山区半网络化的城乡形态

（六）建立良好的生态环境格局

由于凉山州地形地貌特征变化相对较大，因此，针对某一特定区域，如果其地形高差大、坡度陡，同时土地发展条件较好，可将其设为专业化的观光农业带，遵循适地适树、经济高效等原则，合理搭配种植适合当地环境条件、不同品种、特色多样、地域性的乡土植物，使田园风光、园林绿化很自然地呈现出来，不同时节产生不同的景观效果，形成独特的"镇中园"式的农业生态景观，开辟出农业生态旅游景区。其内部可进行平常的农业生产，果树开花和果子成熟时节时则成为农业生态观光旅游的好时光，创造出独具特色的绿地景观，使城乡建设与农业生产、农业生态旅游发展有机结合，相得益彰，营造出自然景观与人造景观相融合、集城市生活气息和田园风光于一体的园林化城乡。

凉山州的经济发展不断取得成效，但在取得成效的同时依然面临诸多问题。因此，我们必须立足实际，从难处发力，解决好这些问题，从而推动美丽、幸福、文明、和谐的新凉山建设。

凉山州旅游扶贫贫困人口受益机制研究[*]

阿苦日歪　杨福灵　赵桂敏　的媛思雨

旅游业的产业关联系数大，涉及吃、住、行、游、购、娱等多种行业。研究显示，旅游业中 1 元的收入，可以带来 4.3 元的相关产业收入；旅游业直接就业 1 人，可带动其他相关产业间接就业 5 人。同时，在凭借旅游资源向外界推销旅游地的过程中，还会把外界的知识、技术以及文化等引进来，在发展当地经济的同时带来观念的更新、卫生健康方面的改善等好处，提高当地人的素质。正因为旅游扶贫的种种优势，近年来国家一直致力于探索和挖掘旅游在消除贫困方面的潜力。凉山州的自然旅游资源和人文旅游资源非常丰富。通过开展旅游扶贫来助推凉山脱贫攻坚取得成功具有可行性，而其中旅游扶贫贫困人口受益机制的构建是旅游扶贫能取得成功的关键因素。

一、凉山州旅游扶贫贫困人口受益情况

受益分为经济受益与非经济受益。经济受益在整个人群中的差异比较大，而非经济受益多以旅游地整体受益的形式体现。

（一）经济受益

1. 旅游区工资收入

旅游区工资收入指居民以就业的形式取得的工资性收入，比如在旅游景点从事接待、讲解、管理及其他服务所获得的工资性收入。从事这些行业的大部分为女性。一方面，由于受旅游业规模的限制，只有部分人能够有正规的就业机会，而部分就业机会不均等现象使贫困人口常常处于较为劣势地位；另一方面，由于贫困人口自身素质低、能力弱、竞争力不足，旅游企业和相关服务行业雇佣人员大多为非贫困人员。

2. 旅游区从商收益

旅游区从商收益包括通过开办家庭旅馆、农家乐、制作及销售工艺品、提供餐饮等获得的利润。凉山州所辖的 17 个县市中，西昌市凭借其优越的地理条件、交通环境以及相对较好的管理能力，所取得的旅游扶贫的经济效益是最明显的。根据调查统计，西昌市目前登记在册的农家乐有 1058 家。以西昌市高枧乡为例，高枧乡依托莲藕产业打造出"荷色生香"景区，景区农民通过经营农家乐、种藕、参与景区务工等形式，2016

---

* 2017 年度凉山州决策咨询委员会调研课题。作者单位：中共凉山州委党校。

年人均增收6 000多元。同时，西昌市安哈镇在创建国家级景区的过程中，引导群众投工投劳、筹资建设，立足资源优势发展旅游。同时，还成立了安哈旅游协会，组织农户从事彝族传统手工艺旅游商品生产，利用当地资源开展传统手工艺加工，推进民间工艺品商品化。景区创建还带动了乡村旅游产业链条延伸，发展优质核桃2 000亩、苹果和梨1 300亩、杨梅200亩。2016年，仅苹果和梨这一项，就通过电商平台签订了5万斤的销售合同。

但遗憾的是，我们在调查过程中发现凉山州的很多旅游景点存在很多共同的问题，比如基础设施建设落后、旅游产业规划不科学、产业链不完整而导致旅游漏损比较大等。以普格县螺髻山为例，大多数游客都选择早上去、下午就返回或赶回西昌，游客在螺髻山镇停留的时间非常有限，在当地消费的项目非常少。

从微观层面具体分析，我们发现由于开办家庭旅馆及农家乐所需要的前期投资相对较大，贫困人口自有资金少、筹款能力弱，在发展产业方面经验不足，几乎没有涉及。相比较而言，摆摊由于其多为非全日制的自主经营，成本小，有的甚至不需要固定的营业场所，因而形式比较灵活，受惠面也大，成为贫困人口涉及较广的行业。但摆摊收入不稳定，受旺、淡季更替影响比较大。而且，受旅游区准入条件的限制，很多自由业主无法在旅游核心区进行经营活动，只能在外围择地摆摊叫卖。贫困人口通过这一途径获得的收入并不可观。

3. 临时性收入

对贫困人口而言，临时性工作机会较多，特别是在投资建设初期，需要大量的临时工人从事建筑、装潢、运输等工作。在旅游旺季，旅游景区也会考虑雇用临时向导和其他服务人员，来满足暂时膨胀的旅游人口带动当地贫困人口就地参与旅游经营服务的需求，如西昌市大箐乡发展当地村民进行"彝山彝韵"彝族原生态歌舞演出，并支付相应的报酬；盐源泸沽湖景区在旅游旺季会按期举行锅庄舞表演，然后通过向游客收取观演费的形式获得一定的收入，再将获取的收入分给参演人员。但临时性收入比较有限且不稳定，难以解决贫困人口脱贫致富的问题。

（二）非经济受益

通过旅游扶贫的开发，当地居民的社会生活方面发生了巨大的变化。非经济获益多以整个旅游接待地整体获益的形式出现，主要体现在三个方面：第一，居民思想观念得到更新，初步形成商品经济意识，民众保护、传承当地文化的意识加强。特别是旅游的介入，给当地居民带来了新的思想观念，大多数农民都具有了商品经济意识。第二，基础设施建设得到部分改善。第三，地区知名度得到提高。通过宣传、发展旅游，凉山州与外界的联系更加密切，地区知名度得到提高。

二、优化旅游扶贫贫困人口受益机制的构想

在贫困地区，贫困人口因缺乏创业启动资金而丧失较多发展机会。他们大多租不起铺面，办不了家庭旅馆，搞不了机动运输，只能从事无成本或低成本的旅游经济活动，

直接的后果是产品档次比较低、服务质量比较差、经营方式原始、竞争力弱、回报率低。加上大资本对小资本的排挤效应，极易让贫困人口陷入经营困境。而在市场机制条件下，仅仅依靠贫困人口自身的努力是很难从旅游开发中真正受益的。这就需要我们提供制度设计，让贫困人口真正地在旅游扶贫中受益。关于这方面，我们认为可以从以下七个方面入手。

（一）"有学上，上好学"，加强贫困人口人力资本积累

通过加强教育来提高贫困者获取收入的能力，是解决贫困问题的重要途径，旅游扶贫也不例外。凉山州要全力发展教育，特别是乡村彝族孩子的基础教育。由于乡村小学教学质量差、硬件设施落后、师资力量薄弱，许多彝区特别是居住在高山、二半山的孩子与城镇的孩子相比竞争力较弱。初中毕业后，职业学校不愿去、高中考不起的现象较普遍，这样不利于我们阻断代际贫困。因此，凉山州要让每个孩子都能够接受良好的教育，融入主流文化。

1. 线上线下相结合，推进义务教育均衡发展

近几年，国家采取了一系列的政策，基本上能够保障每一个孩子都有学上，但凉山地区教育质量一直受城乡之间、区域之间资源配置的影响，教育资源分配不均的现象在农村学校更为严重。每年都会有优秀的教师从农村调进县城，农村学校的孩子就面临着没有优秀教师的困境，而师资力量是教育质量最核心的要素。基于互联网的教育创新能够打破原有学校之间各自独立的壁垒与优质资源的垄断，用平等、开放、共享的理念扩大优质教育资源的影响力。政府可购买优质的线上课程资源，对接有需要的学校。学校要激励教师发挥主观能动性，积极参与教育变革，不断增强教师对互联网技术、设备、资源的运用能力，将互联网作为一种额外资源和技术支持，合理地运用到自己的课程设置中，探索"互联网＋"教育的新模式。

2. 培养、培训两手抓，提高教师队伍质量

凉山州可以出台地方政策，鼓励凉山地区特别是少数民族优秀初高中毕业生报考师范类专业，并回凉山长期从事教育工作，从源头上提升教师队伍素质，保障教育队伍的可持续发展。同时，加强在职教师培训，每年安排专项培训经费，以"走出去、请进来"的方式，通过参与式研修、专题培训等方式广泛开展教师业务素质能力培训，切实提高教师的专业素养。

（二）分类培训，提升游客满意度，促进旅游扶贫的可持续开展

文明的旅游环境和优质的服务水平是吸引游客的关键，对旅游服务相关人员进行分类培训，创新景区管理、提升服务质量等"软"环境对促进旅游扶贫可持续开展起着至关重要的作用，具体培训内容等见表1。

表1　旅游服务相关人员培训体系表

培训对象	培训内容	培训方式
基层管理者	整体规划理念、配套设施设备、旅游产品设计安排、市场开发、产品宣传推广、管理运营等	外出考察、集中培训
乡村居民	文明生活方式、生活习惯、环保意识、保护传承民族文化意识等	集中培训、宣讲
导游	职业道德、沟通技巧、预防与处理故障能力、地方风土人情与典故等	集中培训、现场教学
工艺品售卖人员	民族工艺品设计传承与创新、新技术新材料与传统工艺的结合技巧、营销能力等	文创基地考察、远程教育、集中培训
农家乐、家庭旅馆经营者	科学竞争意识、经营管理水平、安全消防知识、预防与处理故障能力、服务意识等	集中培训、现场演练
游客	旅游地的民族风俗习惯、文化信仰、文明旅游意识等	导游讲解

（三）加强旅游开发规划指导和行政管理，减少旅游漏损

旅游区的开发建设，要在规划指导下进行科学合理、协调有序的开发，才能取得较好的经济效益。但在贫困地区，很多都是先经营起来再补做规划，或者是当地财政考虑到规划的支出较大，便省略了这重要的一步。如果旅游接待地的基础设施建设完善，产业链完整，所提供的服务及物质商品无论数量上还是质量上都能满足外来旅游者的需求的话，便有可能将旅游者消费所带来的收入留在本区域内，减少旅游漏损。因此，加强旅游开发的规划指导和行政管理在旅游扶贫中所起的作用是非常显著的。政府可主动联系旅游规划设计单位为贫困村规划设计具有可操作性、能脱贫的旅游规划，拓宽旅游开发的思路，避免旅游产品同质化。特色是旅游产品的生命，特色的旅游产品和周边的旅游产品应该是互补的关系。另外，旅游规划还应包含保护环境与旅游地社会文化的方法和措施，特别是像凉山州这样的少数民族地区，它的民族文化本身对旅游者来说就是独具魅力的地方。

（四）加强旅游服务培训，多制造就业机会

因为工资是旅游业收入再分配的主要方式，就业是贫困人口从旅游业中获得经济收益的主要来源，因而旅游业的大部分就业机会要留给当地的贫困人口。按照精准扶贫的信息，找出最贫困的群体，规定最贫困的群体在同等条件下有优先获得就业机会的权利。例如，地方政府或权力机关在将经营权转交或出售给外来企业的同时，应对辖区经营权转交或出售后辖区的人口安排在条款中做必要的限制，给予贫困人口适当的关照和保护，并对他们进行旅游服务培训，使他们在发展中找到自己的位置。再如，在实施乡村旅游扶贫重点村环境整治行动、加强旅游地的基础设施建设、启动"六小"工程（1个停车场，1个垃圾集中收集站，1个旅游厕所，1个医疗救助站，1个农副土特产商店，1批旅游标识标牌）等项目时，政府需要优先考虑当地的劳动力。

（五）建立和完善利益分配制度与利益补偿制度

凉山州可考虑建立旅游收入二次分配制度，扶贫目的地可以考虑建立旅游扶贫积累基金。基金来源为集体收入，我们以农家乐经营为例。有条件的地方建立生态民俗旅游协会。协会成员可以由村干部担任。协会主要负责日常接待、宣传策划。旅行社来客人后先到生态和民俗旅游协会登记，然后让游客自愿选择，如游客需要推荐，那么就由负责人分配接待的农家乐名单，当然这里有个前提是所有农家乐的质量与服务要有保障。农家乐接待完游客以后，要按游客人员比例缴纳管理费用，那么，这笔管理费用就可以作为集体收入的一个来源，从中抽取一定的比例向贫困人口分配。具体分配方式可按照人口普查数据对区域全部人口进行分类，划分各个收入阶层，并确定贫困系数。旅游业收入再分配，应按照从高收入阶层到低收入阶层收益递增的原则进行，保证绝对贫困人口从中获得最大收益。

此外，还应健全利益补偿制度。有的时候旅游开发需要征用当地居民的生产资料，导致部分居民由于失去土地等生产资料或由于传统生产方式受限而失去生活保障，政府应对他们进行征用补偿。鼓励以补偿安置费用或生产资料直接入股，村委会和村民通过合同约定以优先股的方式获取收益，也可以通过门票分成的方式进行。但是，为了保障居民的基本生活，政府应根据社区最低生活保障标准，设立最低补偿金额。同时应采取相应措施确保补偿的正常实现，辅以优先就业、引导参与等措施，保障村民的基本生活。

（六）让贫困人口参与旅游发展决策制定

研究表明，旅游地若能充分考虑居民要求并使之受益，则居民会表现出积极支持旅游进一步发展的倾向，并以积极的姿态继续介入；反之，若很少考虑居民的要求，让其不能从中受益，他们便可能产生抵触、消极的情绪。

（七）建立纠纷解决机制

在旅游发展初期，当地居民看到的几乎都是旅游发展所带来的积极的一面。受经济利益的驱使，他们宁愿牺牲原本平静的生活来换取络绎不绝的游客的参观和游览。但随着旅游业的发展，不少居民收入增长，生活得到了改善。他们在注重经济利益的同时，开始注重政治利益、文化利益等。在这种情况下，当地居民与旅游者、旅游企业、政府的利益分配纠纷和冲突开始凸显，他们对开发旅游的态度有可能由支持转化为抵触甚至采取一些破坏手段来阻碍旅游的发展。很多旅游地，尤其像凉山这样地处偏远、落后地区的旅游地，都没有相应的经验来很好地处理这些新阶段的矛盾冲突。针对不同利益主体的目标和利益冲突，一般可以通过以下两种方法来缓解或解决：一是通过不同利益主体之间的相互沟通、相互协商，增加彼此间的理解，寻求共同发展；二是通过法律途径，当各主体利益发生矛盾或冲突时，根据法律规定自行调节或通过司法程序解决争端。

精准扶贫背景下凉山州极度贫困村

教育发展现状调查研究*

杨福灵　刘蜀川　阿苦日歪　代诗韵　罗春艳

消除贫困是人类社会面临的共同难题。党的十八大以来，精准扶贫被提升为国家战略，而教育扶贫则被赋予"阻断贫困代际传递"的使命。2016 年，在党中央、国务院的深切关怀和省委、省政府的坚强领导下，凉山州把脱贫攻坚作为最大的政治、最大的民生，趟出了脱贫奔康的新路子。2016 年，全州共开办村级幼教点 3 060 个、农民夜校 3 745 所，高质量完成 454 个贫困村退出、11.35 万贫困人口脱贫的年度任务。

当前，凉山州仍有 11 个国家扶贫工作重点县、1 618 个贫困村（含 166 个极度贫困村）、52.83 万贫困人口。极度贫困村在自然、历史、人文、经济发展等方面与其他地区相比都存在较大差距，在产业发展、基础设施建设方面都受到极大限制，人口素质不高，贫困人口"等、靠、要"的思想依然十分严重，社会和谐、安定也受到极大影响。因此，完善本地基础教育体系，加强与较发达地区教育资源的合作共享等，提升贫困户的技能水平，增强其自我发展意识及可持续发展能力，对凉山州的精准扶贫工作具有重大现实意义。

一、极度贫困村教育发展现状

（一）基础教育

基础教育作为造就人才和提高国民素质的奠基工程，在教育改革中占有重要地位。我国的基础教育包括幼儿教育、小学教育、普通中等教育。

在对昭觉县的苏你尔子村、博史尔苦村、尔打火村，布拖县的觉莫村、奎久村，金阳县的梗堡村，美姑县的瓦古罗哈村等极度贫困村的调研过程中，本课题组发现虽然都已建立幼教点，但各幼教点在师资配备方面仍存在较大问题。小学和中学的覆盖面相对减小，也存在严重的师资问题。

（二）农民夜校

凉山州是全国、全省脱贫攻坚的主战场。针对贫困群众信息闭塞、观念陈旧、技能

---

* 2017 年度凉山州党校系统优秀调研课题。作者单位：中共凉山州委党校。

缺乏、习惯不好等问题，凉山州紧扣脱贫攻坚的迫切需要，紧贴贫困群众的现实需求，于 2016 年 6 月首创"农民夜校"；11 月，对全州 3 745 个行政村全覆盖建立。在此基础上，凉山州进一步增添措施、创新方法，坚持"四个注重"，着力把农民夜校建成凝聚人心的阵地、宣传政策的基地、服务群众的载体、"四好"创建的平台，为打赢脱贫攻坚战提供强大的智力支持。

在调研过程中，我们发现由于条件落后，极度贫困村的农民夜校基本都是"一地多用"，既是村级组织活动场所、村小和"一村一幼"教学点，又是农家书屋、民俗文化院坝。与安宁河流域发展较好的村相比，这里的农民夜校在设备配置方面虽然没有太大差异，但在师资配置、课程设置及开课教学等方面存在较大问题，如由于村内居民居住比较分散而难以开展集中教学。另外，参与教学的人员以妇女和老人居多。

二、极度贫困村教育发展存在的主要问题

(一) 基础设施建设滞后，教学环境简陋

主要表现为以下三个方面：第一，校舍教学用房状况较差。校舍都已建成很长一段时间，房屋设计年限较低。随着时间的推移，教学用房建筑都已超过使用年限，普遍存在屋面漏水、门窗破旧不堪、墙体存在裂缝、电线老化等现象。另外，教学用房分布不合理、不集中，没有统一的规划。第二，学校配套设施基础薄弱。很多学校操场、运动场、道路等高低不平，跑道依然是"晴天一身灰，雨天一身泥"；学校运动设施简陋，大部分的娱乐设施仅仅是操场上的几张乒乓球桌；学生几乎每天过着寝室、食堂、教室三点一线的生活，课余生活很单调。第三，学校教学仪器设施缺乏。学校教育设施陈旧，几乎没有相应的多媒体教室，有的学校就算有多媒体教室也形同虚设，亦没有设相应的图书馆，学生的阅读量仅仅基于课本。另外，缺乏实验室，一些需要试验的课程也无法操作。学校只有一些简单的教学设备，且比较陈旧。

(二) 师资配备不强，不能满足更高教学需求

主要表现为以下两个方面：第一，基础教育师资配备不足。在凉山州，当前仍有一部分贫困村没有建立村完小，甚至是村小，在我们调研的一个非极度贫困村村小——昭觉县博洛乡金曲地莫村村小中，只有两名小学老师、一名幼教辅导员，而且文化程度都不高，也不精通汉语。同时，该村村小并没有配备完整的 1~6 年级的班次，只有 1~3 年级，高年级孩子需要到乡小接受教育，因此，其小学 1~3 年级的入学率可达到 70%，4~5 年级的入学率则下降到 10% 以下，家长更多的只是把学校当作"带孩子"的地方。第二，成人教育的师资配备不足。农民夜校的师资现状与需求不协调，农民渴望能够学到更多的科学文化知识和各种实用技术，迫切需要相关技术培训。虽然凉山州建立了县、乡、村三级联动的师资库，但在调研的过程中，我们发现在农民夜校中承担教学任务的主要以"第一书记"、村支部书记、农村能人等为主，缺乏更高层、专业性的师资力量。

（三）贫困人口对教育改善贫困的重要性认识不深刻，接受教育的积极性不高

贫困人口接受教育的积极性不高，这在农民夜校的教学培训中体现得更加明显，主要源于以下三点。

1. 顽固性

一方面，成年人接受新知识的能力有限。农民夜校主要面对的是15～45岁的农村群众，特别是青壮年群体。而这部分人群已经形成了固有的思维模式，无论从提升职业素质，还是提升发展能力，抑或是提升从业水平方面来说，在接受各类教育时对知识的分析、理解、接受能力都是相当有限的，这就导致教学培训效果达不到理想需求。另一方面，成年人习惯转变的意识欠缺。思维模式决定一个人的行为模式。当前，贫困村的农民尤其是年纪较大的部分群体，其良好生活习惯的养成依然存在较大问题。农民夜校积极开展习惯教育，但成年人固定的思维模式以及长期以来固有的行为模式，导致其对良好习惯转变教育的接受存在较大难度，尤其是在贫困地区，虽然"四好"文明家庭创建、"五洗"活动的开展均取得了一定的成效，但与州内发展较好的地区相比仍然存在很大差距。同时，村民在长期的生活过程中，已经根深蒂固地认同了高额彩礼、薄养厚葬等不良社会风气，通过短期的培训教育远不足以改变。

2. 分散性

一方面，成年人教学需求分散。农民夜校面对的是一个复杂多样的群体。基于自身生存发展的需求不同，成年人学习的目的性及专业选择的针对性非常强，导致农民夜校教学需求分散，无法全方位地满足所有群众需求。另一方面，村民居住分散。受特殊的自然地理条件限制，山高、坡陡、平地少，多数行政村下辖村民小组不够集中，村民居住分散，出于安全等问题的考虑，农民夜校在安排教学活动的时候会将邻近村民集中起来进行教学。这样就会导致同一个教学活动在有的村要分几个地方进行，增加了对资金、基础设施等的需求，也增加了教师的授课难度。

3. 困难性

一方面，农民的参训意愿不强，是当前"农民夜校"面临的重要难题。绝大部分青壮年群体外出务工，留守的多为老人、妇女和儿童，这部分人参与生产生活的能力有限，是导致农民参与培训动力不足的一个重要原因。一些农民并未意识到农村成人教育与自身改善生活条件、提高生活质量的紧密联系，是导致农民参与培训动力不足的另一个重要原因。包容性不高、技能培训覆盖面较低，也是导致农民参与培训动力不足的重要原因。

另一方面，教学经费短缺。2017年，凉山州《关于推进农民夜校规范化建设的通知》指出，按照每所农民夜校每年不低于5 000元标准落实工作经费给予夜校教师授课补助，所需经费纳入财政预算。全州所有农民夜校工作经费均以5 000元进行拨付。但是在调研过程中，我们发现绝大多数农民夜校的资金存在缺口，主要是由凉山州的自然地理条件差异造成的：大多数行政村下设的村民小组分散、距离远、交通不便，无法进行整村集中授课，在教学过程中会根据实际情况，分几次对邻近村民小组进行授课。

5000元工作经费无法完全覆盖这个过程中产生的交通、食宿及教师授课补助支出。

三、极度贫困村教育发展滞后的主要原因

（一）贫困人口素质普遍较低，思想观念滞后

极度贫困村中，约95%以上的贫困人口是小学以下文化，约80%的贫困人口不懂汉语。由于受教育程度有限、思想观念保守、语言交流困难，所以外出务工也受到限制，贫困户家中仅有5.3%的人外出务工，而且都从事体力劳动。同时，由于主客观原因，这里也难以引进实用人才，群众普遍思想观念僵化、发展意识滞后，形成了比较严重的贫困代际传播现状。

此外，大部分贫困人口消极悲观，缺乏信心和勇气，缺乏自力更生、艰苦奋斗的精神，"等、靠、要"的思想严重，靠别人救助、政府补助维持生计，而且这种消极依赖思想的代际传递较为严重。我们在调研中发现，一些贫困户在领取了帮扶发放的鸡苗、花椒苗后，饲养一段时间后很快就把鸡吃了，也不认真种植花椒苗。

（二）地处偏远山区，基础设施建设滞后

主要表现为以下两个方面：一是交通基础设施建设滞后，无法满足基本建设的材料运输需求。比如，布拖县九都乡觉莫村距县城15千米左右，距乡政府10千米，下辖3个村民小组，现有耕地面积430余亩、集体林3 500余亩、生态草原4 500余亩。当前仍有40余户没有通自来水、20余户未通电，从九都乡到觉莫村之间还没有修通公路。由于公路还未修通，建筑材料无法运进村，该村拟易地移民搬迁建设的40户贫困户无法开展正常建设。二是教学基础设施建设滞后。虽然国家对贫困地区教育发布了大量鼓励、优惠政策，但是由于基础条件较差，以及贫困村居民居住的分散性、贫困村学龄儿童规模不大等问题，并不是每个村都有村小，同时已建成的村小班级有限、住宿条件差等问题同样存在。

四、极度贫困村完善教育精准扶贫的对策建议

从根本上改变落后面貌，阻断贫困的代际传递，教育扶贫是根本。教育精准扶贫对促进经济社会健康发展具有重要作用。约翰·罗尔斯（John Rawls）曾指出，为了平等地对待所有人，提高真正的同等的机会，社会必须更多地关注那些天赋较低和出生于较不利的社会地位的人们。而农村教育精准扶贫则能够在一定程度上弥补农民和农村孩子在教育方面的不利地位，为其提供向上的内生动力，从而阻断贫困代际传递。

（一）加强教育资源整合

凉山州要有效整合、充分利用现有教育资源。没有村小的极度贫困村要完善现有幼教点建设，配备文化程度较高、精通彝汉双语的老师。对于村小尽量配备1~6年级的

完整教学班次，对于条件更差、学龄儿童必须到乡中心校学习的，应该对学生进行集中安排，确保每名学生都能接受到义务教育。同时，采取"学童下山、教育上山"并举，使适龄儿童也能受到较优质的初等义务教育。对于师资的配备，可以通过交流的方式，与就近乡镇或地区的学校进行师资集中安排，避免一个学校只有1~2名代课老师。积极推进和完善农民夜校建设，以职业教育、创业培训和农业实用技术培训为手段，让众多农村贫困劳动力接受相关培训，掌握知识、掌握技术，并运用于实践中，实现就业一人、脱贫一家、福泽一代。推进"三通两平台"建设，完善硬件、网络建设，搭建教育教学信息网络综合应用平台，提高教育信息化水平。

（二）加快基础设施建设

首先，加快通村公路建设。凉山州要尽快实施公路硬化，各村通人行便道，以工代赈，积极发动村民力量维护道路，降低养路成本，加快村际、村县际班车通达的实现，有效解决群众出行难问题。其次，加快新村新寨建设。凉山州要综合考虑村庄的经济发展水平，坚持从实际出发、量力而行，充分考虑当地群众的建房习俗和经济承受能力，积极发动农村闲置劳动力，鼓励村民对危房进行翻修或改建。再次，积极推进饮水通电工程建设。凉山州要坚持政府引导、群众参与的原则，加大投入力度，争取多方资金支持，分批改善群众的饮水、用电问题，引导群众树立健康、文明的生活意识，不断提升群众的生活幸福指数。最后，加快薄弱学校改造工程，缩小校际差距。凉山州要建立薄弱学校投入保障机制，明确责任，强化监督。财政投入的教育经费要向薄弱学校特别是农村薄弱学校倾斜，并随着每年教育投入的增长而增长。同时，加强薄弱学校自身的"造血"功能，走内涵式发展道路，建立教学帮扶制度，加强对薄弱学校的教学帮扶，从"锦上添花"转向"雪中送炭"，提高教学质量。

（三）解决思想问题

扶贫需扶智，扶贫必扶志。要转变贫困户思想，助其脱贫，这也是精准扶贫的难题。要从根本上解决贫困群众价值观、发展观、行为方式等方面的问题，就必须要扶志气、树信心。凉山州要通过树立榜样，发挥榜样的力量，引领示范周围贫困群众，激发他们脱贫致富的愿望。

近年来，凉山州在脱贫攻坚方面取得了重要成就，也形成了许多值得学习借鉴的经验做法。在激发贫困群众脱贫致富的内生动力方面，有的贫困村就充分利用致富带头人的示范带动作用，积极引导贫困群众脱贫致富。比如，喜德县小山村充分利用农民夜校及致富带头人，加强对贫困群众的脱贫技能培训，在2016年完成了全村的脱贫攻坚任务。在移风易俗建设方面，贫困村也充分利用农民夜校平台，通过"走出去"的方式，选择当地威望较高的人到外地参观学习，回村积极示范带动，促进了当地老百姓思想观念的转变，促使更多的人更愿意以自己的劳动获得财富，改善居住生存环境。

凉山州的脱贫攻坚任务依然艰巨，教育发展的不均衡状况依然相当明显。在今后，我们要以更大的决心、更强有力的举措持续推动各项工作有序有效开展。

德昌县金沙乡黄竹村脱贫后的调查与思考*

何美贵　张映品

贫困问题是人类面临的共同挑战，消除贫困是人类社会的共同目标。改革开放以来，我国通过坚持不懈地努力，已使 6 亿多人脱贫，成为全球首个实现联合国千年发展目标——贫困人口减半的国家，为人类减贫事业做出了巨大贡献。2015 年，凉山彝族自治州德昌县按照贫困人口退出标准：以贫困户年人均纯收入稳定超过当年国家贫困标准、有安全住房、家庭无因贫辍学学生作为主要衡量指标，通过各方面的努力已减贫 2 281 人，完成了全年任务。按照贫困村退出标准：以贫困发生率、集体经济收入作为主要衡量标准，即贫困村退出当年贫困发生率低于 3‰、退出当年有集体经济收入，无集体经济收入的"空壳村"不能退出。贫困村退出当年还应达到有通村硬化路、有安全饮用水、有生活用电、有卫生室、有文化室、有宽带网，德昌县 32 个贫困村均已通过凉山州贫困村退出验收，德昌县对所有贫困户退出验收和四川省贫困户退出抽查。截至 2016 年年底，所有建档立卡贫困户均实现了脱贫摘帽。其中，金沙乡黄竹村建档立卡贫困户 63 户、252 人，2014 年已脱贫退出 5 户、20 人；2015 年已脱贫退出 15 户、58 人；2016 年已脱贫退出 43 户、174 人。

一、德昌县金沙乡黄竹村概况

德昌县金沙乡是傈僳族聚居区，是德昌县仅有的两个傈僳族乡镇之一，地处安宁河谷山上，北接乐跃镇，南至永郎镇，纵跨 4 个乡镇，而黄竹村地处安宁河谷东、西两边的高山上，自然环境恶劣，居住分散，道路不通，通信不畅，信息闭塞，人口素质低，社会经济发展缓慢，是典型的贫困村，2016 年已摘帽脱贫。全村有 306 户、1 376 人，根据村民居住地可以分为四个片区。

（一）1 社和 6 社位于安宁河以东、乡政府东南方向，途经锦川乡马头村，与锦川乡、老碾乡、乐跃镇相连

1 社有 51 户、241 人，其中彝族 22 人，距离乡政府 14 千米，有 60 余亩田、800 余亩坡土，退耕还林 180 亩。有 1 个幼教点，2016 年 9 月有 24 名幼儿读书。有新建活动室和卫生室，是该村政治、文化的中心。林产业有核桃 50 余亩、板栗 100 余亩、青

---

* 2017 年度凉山州党校系统优秀调研课题。作者单位：中共德昌县委党校。

椒 20 余亩。畜牧业有羊 260 只，20 只以上的有 7 户；养鸡 51 户，约 600 只；养蜂 2 户，约 70 桶。种植业有早蔬菜 8 亩，其他为玉米、烤烟和少量水稻。现有外出务工人员 21 人。基础设施方面：硬化道路有 5 千米，未硬化道路还有 2 千米，下雨时通行相当困难；基本都是自用黑胶管引水；全部通电，但部分通电设施为木杆，存在安全隐患。

6 社有 43 户、196 人，其中彝族 42 人。距离乡政府 14 千米，有 80 余亩田、500 余亩坡土，退耕还林 196 亩。林产业有核桃 200 亩、青椒 50 亩、板栗 80 亩。畜牧业有羊 140 余只，20 只以上的有 5 户；养鸡 43 户，约 300 只；养石蛙 2 户；养蜂 4 户，约 28 桶。种植业有早蔬菜 10 余亩，其他为玉米、烤烟和少量水稻。现有外出务工人员 30 人。基础设施方面：硬化道路有 5 千米，未硬化道路还有 3 千米，红庙子交通受限，下雨时通行困难；基本都是自用黑胶管引水；全部通电，但部分通电设施为木杆，存在安全隐患。

（二）2 社和 7 社位于安宁河以东、乡政府南边，途经锦川乡新马村、永郎镇永春村，与锦川乡、永郎镇、老碾乡相连

2 社有 24 户、108 人，距离乡政府 26.6 千米，离村活动室 40.6 千米。有 24 亩田、1 000 余亩坡土，退耕还林 200 亩。林产业有核桃 700 亩、青椒 350 亩、板栗 50 亩。畜牧业有养羊 15 户 170 余只；养鸡 24 户 480 余只；养蜂 3 户 40 桶。种植业主要是玉米、烤烟和少量水稻。

7 社有 42 户、171 人，距离乡政府 26.6 千米，离村活动室 40.6 千米。有 40 余亩田、1 600 余亩坡土，退耕还林 278 亩。林产业有核桃 1 200 余亩、青椒 300 余亩、板栗 100 余亩。畜牧业有养羊 15 户 220 只；养鸡 42 户 1 080 只；养蜂 2 户 30 桶。种植业主要是玉米、烤烟和少量水稻。

两社各有外出务工人员 7 人，各有 2 户在锦川新马购土房。基础设施方面：两社 2016 年 5 月新开建待硬化道路 9.6 千米，从永郎矽石矿背后经过；基本都是自用黑胶管引水；虽然全部通电，但部分通电设施为木头电杆，存在安全隐患。

（三）3 社和 4 社位于安宁河以西、乡政府西南方向，途经锦川乡关门村，与锦川乡、乐跃镇、小高镇、南山乡相连

3 社有 43 户、168 人，距离乡政府 23.5 千米，离村活动室 37.5 千米。有 82 亩田、1 800 余亩坡土，退耕还林 350 亩。林产业有核桃 1 180 亩、青椒 300 亩、板栗 22 亩。畜牧业有养羊 21 户 1 000 余只；养鸡 43 户 800 余只；养蜂 5 户 72 桶。种植业主要是玉米、烤烟和少量水稻。现有外出务工人员 18 人。2 户在锦川关门购买土房。基础设施方面：有 13.5 千米未硬化道路，雨季经常垮塌，未通路 8 千米，基本都是自用黑胶管引水。

4 社有 58 户、294 人，离乡政府距离 26 千米，离村活动中心 40 千米。有 80 余亩田，2 000 余亩坡土，退耕还林 450 亩。2 户已经在锦川关门购买土房。林产业有核桃 1 500 余亩、青椒 40 余亩、板栗 10 亩。畜牧业有养羊 40 户 1 600 只；养鸡 61 户 810 只；养蜂 20 户 140 桶。种植业主要是玉米、烤烟和少量水稻。现有外出务工人员 40 人。基

础设施方面：有 13.5 千米未硬化道路，雨季经常垮塌，未通路 9 千米；基本都是自用黑胶管引水；全部通电，但部分通电设施是木杆，存在安全隐患。

（四）5 社位于安宁河以西、乡政府南边，途经锦川乡罗乜村，与锦川乡、永郎镇、乐跃镇相连

5 社有 45 户 198 人，距离乡政府 25 千米，离村活动中心 39 千米。有 38 亩田、2 200 余亩坡土，退耕还林 400 亩。林产业有核桃 1 400 亩、青花椒 200 亩、杜果 300 亩、板栗 25 亩。畜牧业有养羊 14 户 600 余只；养鸡 45 户 1 000 余只；养蜂 5 户 40 桶。种植业主要是玉米和烤烟。外出务工人员 10 人（其中 1 人在锦川街上修摩托车，1 人在锦川卖手机）。基础设施方面：7 千米未硬化道路经常垮塌，下雨天通行困难，未通路 4 千米；饮水问题已经解决；全部通电。8 户在外购房，其中 5 户在永郎购买楼房，2 户在德昌购买楼房，1 户在锦川新马购买土房。

二、当前开展的工作情况及存在的问题

（一）黄竹村贫困面广，程度深，政府投入少

金沙乡下辖 3 个行政村，总人口为 3 237，贫困人口为 366（2017 年前）。本课题组对 3 个行政村的 2016 年基础设施政府投入项目资金的情况进行简单对比，具体情况见表 1。

表 1　金沙乡 2016 年基础设施政府投入项目资金情况

行政村	全村户数（户）	全村人口（人）	是否是贫困村	贫困户（户）	贫困人口（人）	基础设施政府投入项目资金（万元）
王家坪	105	481	是	20	99	1 163
黄　竹	309	1 408	是	56	251	63
观音堂	312	1 348	否	3	16	
合　计	726	3 237		79	366	1 226

从表 1 可以看出，全乡贫困村占比为 67%，贫困人口占比为 11%，贫困户占比为 11%。其中，王家坪的贫困户占比为 25%，贫困人口占比为 27%，项目资金占比为 95%，贫困人口项目资金人均 11.7 万元。黄竹村的贫困户占比为 71%，贫困人口占比为 69%，项目资金占比为 8%，贫困人口项目资金人均 0.3 万元。

（二）齐抓共管，攻坚克难，但受机制体制限制，项目立项难

为啃下黄竹村脱贫攻坚的硬骨头，巩固其脱贫摘帽的成果，德昌县积极组织驻村帮扶单位和乡村两级工作力量，深入前线，靠前指挥，精准施策。

1. 深入一线，走访调研

由于交通极度落后，对黄竹村贫困户的走访调研基本靠步行。联系工作开展之初，带领驻村工作队深入一线走访贫困户，累计步行 50 余千米崎岖山路，完成了全村所有贫困户的入户调研，对村和贫困户的交通、饮水、住房、产业、教育和思想动态等基本状况有了全面细致的了解。2017 年 7 月中旬，再次对脱贫攻坚工作成果进行了一轮全覆盖入户调查，通过回头看进一步确认工作成果，防止返贫。

2. 整合力量，齐抓共管

德昌县有效整合"六个一"帮扶力量，建立了由县领导牵头、驻村工作组长和乡党委书记为主要责任人、乡分管领导和驻村"第一书记"牵头主抓落实的联席工作机制。

具体从以下三方面展开工作：一是明确责任，每一户贫困户均明确一名乡干部和一名驻村工作帮扶干部对该户脱贫攻坚负总责；二是建立机制，每周或每半月定期在乡上开展脱贫攻坚工作联席会专题研究各项工作方案、汇报进度并明确后续工作内容，确保各项待办事项责任到人、工期明确、循环推进，同时建立工作组微信群，作为脱贫攻坚工作日常交流和营造氛围的有效通道；三是凝聚合力，针对安全住房、安全饮水、农民增收、集体经济等关键工作，整合政府项目资金、帮扶单位扶助资金、社会力量捐助资金，充分发挥县领导、乡村干部、驻村帮扶干部及其社会大众的帮扶力量，坚持问题导向、因户施策、统筹规划、系统实施，确保黄竹村全面完成急需项目的扫尾工作。

3. 创新管理，攻坚克难

为夯实工作责任、确保重难点工作的有序推进，德昌县将问题表格化梳理工作落实责任、任务目标倒排工期、待办事项循环推进及层层落实等科学管理方法，应用到安全住房、安全饮水建设等重点工程和项目中，确保工作项目不落、目标明确、责任到人、有序推进。

4. 爱民助民，特事特办

在下村走访的过程中，针对村民们存在的各种实际困难召开现场工作会，德昌县落实责任专题解决，特事特办。

村民贺由长三兄妹居住在高山上，过着自给自足的艰苦生活，一年四季也难下山一次。三兄妹因均存在不同程度的智力残疾，五十多岁仍为单身，居住条件极其简陋。三兄妹生活圈子封闭，性格较为内向孤僻，对入住敬老院非常排斥，脱贫攻坚任务异常艰巨。驻村工作组联系民政局将三兄妹免费请入养老院生活，安排三兄妹熟悉的傈僳族乡干部"陪住"三天，帮助其适应环境，专门聘请语言相通的傈僳族护工负责护理工作，还在敬老院开辟菜地解决三兄妹日常劳作的需求。最终，在大家的细致工作下，三兄妹在敬老院长期稳定居住下来，成了德昌县首批入住敬老院的傈僳族住户。

贫困户村民贺万顺患有尿毒症，每 10 天左右就要去县医院透析治疗一次，新农合和大病医保报销后，自己仍要承担相当一部分费用，透析治疗成了致贫的主要原因。驻村工作组主动与县医院和新农合管理中心对接，进一步优化了治疗方案，提高费用报销比例，同时明确了病区护士长作为其医疗帮扶责任人。经过上述工作，贺万顺每月治疗费用降低了 800 元，并通过其全家的努力顺利实现脱贫目标。

5. 长远谋划，助力发展

为确保黄竹村脱贫攻坚成果的可持续性，从根本上改变傈僳族群众的生活面貌，驻村工作组和乡干部群策群力，从三方面谋划了黄竹村的长远发展蓝图。其一，以"两学一做"、农民夜校为载体开展专题讲座，有针对性地宣传"山上生产，山下生活"、教育改变家庭命运，发展生产和商品经济增加收入，加强民族文化交流等傈僳族群众迫切需要改变的思想观念；其二，结合村情实际，建立了政府和企业投入产业发展周转金，以本地山羊和土鸡规模化养殖为龙头，以股份制合作社为基础的特色产业长远发展机制，将有效解决贫困人口收入可持续增长和村集体"空壳化"问题；其三，因地制宜，明确了"山上生产，山下生活""大新村，小聚集"的新农村长远发展思路，在确保产业支撑持续脱贫的同时，有效提升村民生活质量和享受社会公共服务的水平。

通过驻村帮扶队伍的共同努力，共有 6 户原来打算原址改造房屋的贫困户最终选择在交通、居住条件较好的地段新修房屋。经初步调查，全村共有 50 户原来住在高山上的村民愿意搬到交通、居住条件较好的新村聚集点。

（三）不负艰辛，成绩可喜，但资金投入不足，道路改造难

经过一年的艰辛努力，黄竹村脱贫攻坚决战决胜取得了可喜成绩，贫困户的生活条件、精神面貌和思想观念有了翻天覆地的变化。2016 年，政府共计投入项目建设资金和帮扶资金 210 万元，帮扶单位和个人共计投入资金 30 万元。目前，黄竹村脱贫攻坚成果已通过凉山州贫困村的退出验收。2016 年年底，所有建档立卡贫困户实现脱贫摘帽。

1. 住房条件全面改善

全村投入贫困户住房建设和改造资金共计 90 万元，向贫困户提供两年免息建房贷款 40 万元，帮助贫困户共计新建住房 8 户、改造及功能提升住房 44 户。

通过住房工程实施，在确保贫困户居住安全的同时，实现了户户有水冲厕所、有太阳能洗澡、有硬化院坝和入户路、厨房干净整洁和功能完善、畜圈与人居环境隔离。一方面，贫困户的居住条件得到了跨越式全面改善；另一方面，也对周边非贫困户培养先进、文明的生活习惯起到了良好的示范和带动作用。

2. 安全用水升级换代

黄竹村民原先用水均为管路接入的山泉水，虽然水源优良，但普遍存在输水管不符合环保标准、户内无水池的问题，部分农户取水点离家较远。

全村共计投入县级项目资金 26 万元，联系单位帮扶资金 0.6 万元，政府出资购买管路龙头等设施。贫困户"投劳"建设，共计铺设管路 65.2 千米，安装水龙头 168 个，建设蓄水池、洗菜池 112 个，确保山泉水通过环保 PE 管入户，厨房有水龙头蓄水池，院坝有洗衣、洗菜池，厕所有洗手池、冲厕装置、淋浴器。在确保家庭用水安全、便捷的同时，也实现了功能的升级换代。

3. 发展产业，稳定增收

组织帮扶单位于 2016 年年初向每户贫困户发放鸡苗 30 只，在农技员的技术指导下，饲养效果良好。年底回购 650 只，销售总额 6.5 万元，贫困人口人均增收达到 200

元。2017年，帮扶单位再次向2014年以来脱贫的贫困户，每户发放鸡苗20只，并开展"以购代捐"活动。根据2016年贫困户的养鸡情况，帮扶单位选择了2户进一步投入产业帮扶资金，拟将其培养成养鸡大户，以解决长期稳定脱贫问题。

为解决集体经济空壳现象，同时通过实物入股、投劳打工、饲料种植等方式，带动贫困户进一步增加收入和巩固脱贫成果，帮扶单位和乡政府拟投入集体股金10万元，建立股份制合作社，旨在带动集体经济和村民致富，更重要的是通过引入现代经营理念，引导村民建立起商品意识和经济观念，进一步推动傈僳族社会经济发展进步。经过"五个一"帮扶力量的倾情奉献和贫困群众的自强努力，经初步统计，有劳动力的贫困户人均年收入将不低于4 000元，能够实现长期稳定脱贫。

4. 政策兜底，确保民生

黄竹村共有16户贫困户是因病、因残等状况，家中无劳动力而导致处于贫困线以下的，这部分群众是政府和各级帮扶的重中之重。

经过梳理，驻村工作组将38户低保兜底贫困户整户纳入低保（37户）或五保（1户）范围，符合标准的6人纳入了残疾人补助范围，全年共计获得政策兜底资金28.8万元，每人月均150元。为进一步对特困贫困户进行帮扶，驻村工作组先后11次投入资金8万元开展慰问、送温暖活动。在驻村工作组的帮助下，黄竹村共有3名贫困老人由政府全额补贴入住养老院，共有6名残疾贫困人口领到了80元/月的补助金，通过与医疗部门协调为1名老人节省治疗费用4 000元。经初步统计，政策兜底贫困户人均年收入将达到3 600元，均满足人均收入不低于3 100元/年的脱贫标准。

5. 公共设施服务提升

整合各类项目资金24.5万元，帮扶单位捐助资金8万元，新建建筑面积180平方米，包含功能完善卫生室、文化室和党员教育活动中心的村活动室，为村民日常文化、医疗和议事、学习等活动提供了阵地和场所。

建成黄竹村学前儿童幼教点，帮助少数民族儿童学习普通话、养成良好的生活习惯。目前，该幼教点有2名教师和25名幼儿。

三、金沙乡黄竹村易返贫原因分析

金沙乡黄竹村是典型的小农业聚居村，受地理条件的制约，群众依山分散居住，主要收入都依赖农业。近年来，随着社会主义新农村建设的逐步推进，群众生产生活条件有了一定的改善，但是在发展的过程中，"三农"问题的一些薄弱环节和矛盾凸显出来，成为制约黄竹村建设社会主义新农村的瓶颈。

（一）基础设施薄弱，生产力水平较低，生产条件改善不明显

村民基本都居住在条件恶劣的高山上，土地贫瘠，产出低。乡村两级组织都不重视规划，很少思考谋划该乡和村的短、中、长期规划。"十二五"期间，德昌县的人畜饮水工程、烟水配套工程、农业综合开发工程、农村公路通达和通畅工程、农网改造工程全部完成，2016年德昌县32个贫困村全部脱贫摘帽，易地搬迁，新农村建设均实施完

毕，并且通过国家、省、州三级验收。黄竹村由于没有争取项目，资金随着项目走，因此社会服务设施、环境改善，农村公共设施方面的投入几乎为零，造成对农业的投入与农村生产发展的需要不协调，严重制约农民收入。例如，2社、7社今年核桃产量达130吨，但由于交通不便，靠摩托车运输，运输时间延长，运输成本也增加了。

（二）农民综合素质较低，创收渠道窄，收入增长缓慢

其一，很多群众依旧遵循"日出而作，日落而息"的传统观念，自给自足，不敢尝试新鲜事物，固守着自己的"一亩三分地"。2016年，德昌县给予黄竹村贫困户20万元的产业发展金，分配到每户约3 570元，结果很多贫困户不接受，怕生产投入后，不仅没有收益反而亏损，到时候还不上。

其二，教育观念落后。家长对子女的上学问题都是抱着无所谓的态度，觉得孩子想读就读，不想读就算了，没有意识到知识的重要性。

其三，傈僳族群众的观念转变困难。贫困群众的"等、靠、要"思想严重，遇事不积极主动，不善于交流，不信任其他民族，不敢于表达自己的想法。因为人口少，近亲结婚较多，人口素质低下，不少村干部都觉得近亲结婚无所谓，在他们看来，傈僳族就是要嫁给傈僳族。

其四，多数群众都是小学毕业，能够读完高中、大学的屈指可数，思想观念普遍落后、文化程度低、择业面窄、具有一技之长的人极少，导致只能粗放式种地，或者打工，没有多余资金去投资改善生产条件和生活环境。

（三）社会事业发展滞后，不能满足广大农民的需求

虽然目前加大了农村新型合作医疗建设，但改革尚处于起步阶段，农村公共卫生医疗水平低下的状况没有改变。此外，全乡只有一所小学，黄竹村虽然有一所幼儿园，但实际上只能解决1社、6社的幼儿教育问题。由于少数民族18周岁就可以结婚，加之教育成本高，因而一般子女在小学毕业后就回家务农，其初中升学率为60%，高中生只有2人，大学生为零。

（四）农村基层组织战斗力不强

其一，由于农村工作条件艰苦、难度大，一部分能带头的人不愿意做村干部，被选上村干部的年龄偏大，文化水平偏低，为充实村级领导班子造成较大困难。

其二，当选的村干部思想保守、观念陈旧，缺乏带头致富和带领群众致富能力。村、组干部平时不注重理论知识和实用技能的学习，缺乏农村实用技术，自身素质不高，视野狭窄，思想仍然停留在十多年前的水平上，无法面对市场经济带来的日益激烈的竞争和层出不穷的新问题、新情况。有的思想保守，观念陈旧，死抱过去的老框框、老套路不变；有的见识短浅，信心不足；有的安于现状，进取心不强；有的水平不高、能力不强，自身经济条件差，缺乏带领群众致富的新点子、新思路、新举措，因而在群众中没有威信。

其三，村干部不敢担当，不敢作为，不敢说真话，有困难不积极想办法，总是能推

就推。在宣传理解政策的时候，有时会理解不到位，不能和乡政府保持一致。当了干部的觉得有面子，可以为自己的亲戚谋利益，得罪了人害怕选举选不上，喜欢当老好人、做事推诿，增加了乡政府的工作难度。

（五）村社集体经济薄弱，组织活动难以开展

目前，黄竹村没有村办企业，集体收入经济尚在起步阶段。上级财政拨付的办公经费只够平时的基本开支，没有其他结余用于解决一些问题，基本都是"等、靠、要"项目。这给村委会正常开展活动带来了极大困难，以致个别村社连召开一个村民大会的会议开支都无力承担。

四、黄竹村脱贫后发展建议

（一）服务三农，加强现代农业产学研合作

德昌县属亚热带高原季风气候，光照强烈、昼夜温差大，无霜期达300天以上，夏无酷暑、冬无严寒。地形以峡谷、冲积平原和高山为主，海拔高度变化大。年平均气温为17.7℃、年均降雨量为1 079毫米、年均日照时间为2 108小时。独特的地理环境和气候非常适宜农作物生长，境内常年鲜花竞放、瓜果飘香。受益于得天独厚的自然条件，德昌县农业较为发达，农产品经济附加值很高。河谷地区居民通过冬春早市蔬菜、水果种植和蚕桑养殖具有较高的收入，山区农村居民通过烤烟种植和家庭养殖已很好地解决了脱贫问题，核桃和青花椒等经济林发展进一步确保了收入的长期可持续性。其中，德昌县是全国果桑种植面积和产量最大、品质最好的县，中国果桑之乡已成为德昌县的重要名片。

德昌县特色农产品经济价值较高，河谷坝区农产品的亩收入达到1~3万元/年，山区林地和耕地亩收入也可达到3 000~10 000元/年。但农业产业存在品种多、规模小、分布散、技术含量不高的特点，同时本地农产品深加工企业少，农业发展对财政收入的贡献很小。近年来通过与农业科研机构合作，开展枇杷、核桃、草莓等产业的科学化、规模化种植，进一步提高了产品品质和农民收入。合理规划布局扩大规模、科学种植提升品质、精深加工延伸产业链、冷链物流及电子商务拓展销售，将是今后进一步提升农业产业化进程的有效措施。与中国林科院林业研究所签订了科技合作协议，聘请核桃首席专家裴东教授为核桃园区建设技术顾问，按照国家级农业科技示范园区的标准，在王所镇建设了大凉山核桃产业科技园区。目前，园区已完成投资600余万元，完成高标准土地整理1 000亩，完成种质资源收集小区建设（收集栽植全国范围内290个核桃优良无性系），完成高产科研示范小区和采穗圃建设（培育核桃苗木100余万株），完成丰产高效示范区核桃种植11 000亩。目前，该园区已被列为省级农业科技示范园，正在积极申请国家级示范园。与省农科院园艺研究所开展合作，完成了小高镇高峰枇杷产业园区建设，园区现已完成枇杷种植5 835亩，栽植枇杷31.7万株，2016年投产1 500亩，亩产预计达到2 000斤，为高峰村农民人均增收约2 500元。德昌县可采取以下做法：一是

借鉴成功案例，继续挖掘本村农业特色产品；二是及时派驻技术员，对村民加强技术指导。

(二) 挖掘民族文化，发展旅游相关产业

德昌县的森林覆盖率达 68.4%，林木覆盖率达 72%，免检通过"全国绿化模范县"验收，有"春秋三百天、四季养生地"之美誉。境内国家 4A 级景区螺髻山驰名中外，"樱桃节""桑葚节""冲浪节"等特色旅游持续升温，角半沟获"全省十大最具潜力森林康养目的地"称号；凤凰城休闲度假游、生态农业园观光游、傈僳族风情游等新业态声名鹊起，成功创建省乡村旅游示范县，获评"自然（养生）旅游目的地""最具投资价值目的地城市"。

德昌县可采取以下做法：一是发展林下养鸡，以户为单位，规模在 200 只左右。二是发展休闲农业，让农区变景区，劳动变运动（体验休闲运动）。通过土地流转或农户以土地入股等形式，对已有经营规模的农牧果场进行改造和旅游项目建设，使之成为一个完整意义的旅游景区，能完成旅游接待和服务功能，将手工艺、表演、服务、生产等形式融入服务业中，形成以点带面的农村休闲农业开发设计。三是支持和发展本土非物质文化事业，发现原生态的民族文化，并对外宣传。

(三) 以民生为重，大力发展社会事业

德昌县的社会化程度较高，义务教育均衡发展通过国家级验收，现代职业技术教育体系逐步形成，民族教育、学前教育、特殊教育稳步发展。县、乡、村三级医疗服务网络健全完善，新农合参合率达 99.96%，血吸虫病传播阻断达标通过国家级验收，成功创建省级计划生育优质服务先进县。城乡公共文化服务体系不断健全，"光进铜退""村村响"及农民体育健身场所等工程稳步实施，全民健身、全民阅读蔚然成风。社会保障体系不断完善，脱贫攻坚工作在全州实现首战首胜，城乡居民基本养老保险覆盖 9.3 万人，城乡居民最低生活保障实现动态管理下的应保尽保，"五保户"集中供养率 38.0%，城镇登记失业率 3.65%。成功创建四川省卫生县城、园林县城，通过省级文明城市创建验收，正在创建国家卫生县城和省级生态县。

德昌县可采取以下做法：一是办好农民夜校，以农民夜校为平台，常态化开展脱贫攻坚政策宣讲，采取领导讲党课、专家开讲座、实地参观、个人自学、网络学习等方式抓好学习，通过支部会、党员会、群众会、院坝会等形式，把脱贫攻坚的意义讲清楚、政策讲明白、措施讲到位，引导党员干部群众转变观念，把思想和行动统一到中央、省委和州委的决策部署上来，凝聚决胜脱贫攻坚、建设全面小康的正能量。二是抓好党建工作，发挥村两委会职能作用。在发挥好"第一书记"作用的同时，注重培养本土人才，把品行端正的、头脑灵活、能带领群众致富的能人，团结争取到村两委会中来，培养选拔一支攻坚拔寨、迎难求进、能打硬仗的骨干队伍，充分发挥村两委会的政治功能和服务功能。三是依靠德昌县高级职业中学，加强黄竹村劳动者就业技能培训，努力拓宽就业创业渠道，加强就业指导和劳务输工作，促进就业脱贫。四是振兴教育是斩断穷根的治本之策，要大力加强贫困地区基础教育和职业教育，切实阻断穷根传递，着力补

齐文化卫生短板，兜住社会保障底线，在发挥党委、政府主体作用的同时，要依靠群团组织和爱心人士，建立金沙乡教育发展基金，帮助贫困家庭子女接受教育。

（四）以"互联网+"为平台，发展现代服务业

在攀西地区，德昌县相对来说交通便利、物产丰富、农民富裕，具备良好的发展县域电商特别是农村电商的条件。2015年是德昌县域电商的发展初年，本地水果经销商开始通过微店等形式销售枇杷、草莓等优质农产品，在拓展销售市场的同时将每斤农产品的销售价格提升10%以上，取得了良好的经济和社会效益。德昌县也在州商务局的大力支持下建立起了首个电商服务中心和8个乡村站点。经过对县电子商务服务中心、乡村服务站和本地网店建设经营状况的深入调研，德昌县电子商务的发展发育程度较为落后，表现在：电子商务人才匮乏，网店建设水平低；乡村物流体系不完善，快递成本高；农产品规模小、品牌弱，乡村服务站作用发挥不足。结合县情实际，2016年建立了基于乐村淘平台、乡村物流和经营服务站点的电商经营体系，以及包括人才培训、产品包装、品牌建设、创客空间等内容的电商服务体系。目前，县级乐村淘运营中心已开始运营，覆盖全县18个乡村网点的选址、招商和从业培训工作已经完成，并于2016连12月底全面运营。

德昌县可采取以下做法：第一，完善物流，破解电商发展瓶颈。基于乐村淘物流配送需求，建设覆盖16个乡镇（其他5个山区乡暂未覆盖），每日可达乡村物流配送体系，在满足工业品下行物流需求的同时，有效补齐农产品上行的物流短板，降低农村电商的经营成本。第二，加强服务，营造电商创业氛围。进一步强化政府公共服务对电商发展氛围营造和电商创业的支撑作用。（1）召开全县电商扶贫动员会，向全县电商从业人员和拟从业人员宣传政府对微电商发展的扶持政策，同时通过媒体手段搭建电商人的交流平台，为下一步电商协会的成立打下良好的基础；（2）进一步壮大电商公共服务力量，建成可同时供50人创业办公和50人实操培训的电商孵化中心以及创客交流空间，营造良好的电商创业氛围；（3）大力培养电商人才，针对不同发展阶段电商人的需求，开展普及、提升、实操等不同类型的专业培训，聘请知名电商专家、电商平台培训师、电商从业实操高手，全年共计开展350人次、1050学时的培训；（4）针对电商创业园的普遍需求，由政府购买提供开店指导、运营指导、营销策划、文案宣传、产品摄影、包装设计等丰富多样的免费或公益性的公共服务。

（五）做好基础设施、产业发展、易地搬迁等工作规划

以"十三五"规划和《全国"十三五"易地扶贫搬迁规划》为契机，以金沙乡是少数民族乡为优势，争取凉山州东五县的易地扶贫搬迁政策和其他项目资金的优惠政策，真正实现"一步跨千年"。

黄竹村各组分散居住，居住点不仅是高山，而且是地质灾害点，因此，德昌县应当推行易地搬迁，搬迁所需土地、交通、水利、电力、通信等基础设施，以及教育、医疗卫生等基本公共服务设施，均由县级人民政府统筹，并组织实施。采取集中安置为主、集中安置与分散安置相结合的方式，将村民就近集中安置在马头、关山、罗乜、永春四

个行政村，安置标准为不超过人均 25 平方米（住房建设），其农户自费部分不超过 10 000元。积极试点"易地扶贫搬迁配套设施、林权、林地等资产变股权，搬迁对象变股民"的方式，通过将资产量化到贫困人口，增加村民收入，助其脱贫。

绿色发展理念引领下的宁南县旅游业
发展调查研究[*]

赵纯利　　李卫东

2017 年伊始，凉山州把启动"实施全域旅游发展规划，加快构建大旅游产业体系，实现旅游产品多样化、服务便利化、管理精细化、市场国际化，打造'大凉山'全域旅游度假品牌，加速推动旅游资源大州向旅游经济强州跨越"写入地方政府工作报告，旅游成为优先发展的重大产业。2017 年央视春晚分会场西昌，成为春节黄金周全川旅游的热门地，共接待游客 403.79 万人次，实现旅游收入 11.88 亿元。2017 年，凉山州旅游收入目标 350 亿元。

近年来，宁南县贯彻凉山州把旅游业作为全州首位产业的发展战略，坚持绿色发展、科学发展理念，在深入实施转型跨越中强力推进旅游产业发展，打造以温泉康养及白鹤滩库区精品旅游观光为主体的阳光温泉康养休闲胜地，在金沙江沿岸发展以水上休闲度假为主题的旅游，开发水上娱乐项目。全省最大布依山寨西瑶布依新寨大力发展布依族节庆旅游、特色民俗旅游，打造"彝族风情港"等，力争把宁南县打造成春赏花、夏避暑、秋品果、冬暖阳的康养度假目的地。凉山州全面夯实旅游业软硬件基础，提升宁南形象，巩固"书香宁南"成果，重点打造布依文化等本土文化品牌，集全县之力建设省级文明县城，以文化的大繁荣来助推宁南旅游业大发展，让景区成为展现大美宁南的一张靓丽"名片"。2014 年，宁南县成功创建省级乡村旅游示范县；2013 年至 2015 年，全县累计接待游客 98.52 万人次，实现旅游总收入 5.75 亿元；2016 年全县接待游客 60.14 万人次，实现旅游收入 3.58 亿元，旅游业快速发展。2017 年预计接待游客 69.756 万人次，实现旅游收入 4.11 亿元。

一、宁南县旅游产业快速发展的原因

（一）资源优势是基础

1. 得天独厚的自然资源

宁南县位于凉山州东南的金沙江中游西侧。东与云南省巧家县隔江相望，南与会东县接壤，西界会理，西北角与德昌县相连，北与普格、布拖二县相邻。县城距西昌 129

---

* 2017 年度凉山州党校系统优秀调研课题。作者单位：中共宁南县委党校。

千米。县境东北为大凉山余脉，西及西南为鲁南山东坡，两山之间夹有一条由西北向东南倾斜的黑水河谷，形成了南低北高的大地貌。最高峰贝母山峰海拔3 919米，最低处位于金沙江河谷的跑马镇依补河口，海拔仅585米，相对高差3 334米，具有"一山分四季，十里不同天"的立体气候特征。宁南县属亚热带季风气候。多年平均气温19.3℃，年均日照时数达2 257.7小时，年均相对湿度为63.8%，全年无霜期达321天。总的气候特点是：冬暖夏凉，冬干夏湿，春秋长冬夏短，四季不显，干湿分明，热量高，湿度小。县城坐落在县境中部黑水河东岸的披砂坝子上，海拔1 124米，年平均气温19.30℃；年降雨量960毫米；全年无霜期321天，日照时数为2 257.7小时。

宁南县森林覆盖率达60%，绿化覆盖率达62%，先后荣获国家"长防工程示范县""造林绿化先进县""干热河谷造林联系县""中国蚕桑之乡"等荣誉称号。"绿色阳光康养"是宁南县最具特色的亮点，不仅是州内其他旅游地难以媲美的，在全省也独领风骚。围绕"绿色阳光康养"打造特色线路与节庆活动旅游，成为宁南县旅游市场保持热度的法宝。

2. 独具特色的产业资源优势

（1）现代林业产业快速发展的全面推动。

宁南县以"发展现代林业，建设生态文明，巩固国家重点生态功能区"为林业发展的核心和主题，实施林业产业发展，为旅游业发展特别是绿色旅游发展创造了条件。2008年，宁南县按照"绿色崛起、产业强县、兴林富民"的发展思路，依托自然气候优势，调整优化农业产业结构。2009年启动实施了"林业富民三百万"工程，正式将发展现代林业列为全县"五大富民工程"之一，着力为群众增收开辟新渠道。近年来，宁南县进一步抢抓新一轮西部大开发、长江中上游绿色生态屏障建设、攀西战略资源创新开发试验区、白鹤滩电站建设、宁南会理会东一体化发展等历史机遇，经过20余年的不懈努力，宁南县现代林业产业得到了全面发展，各种自然灾害造成的损失大大减少，全县林业发展正日渐呈现出山清水绿、林茂粮丰的勃勃景象。

一是造林育林面积大幅增加。目前全县累计完成第一轮退耕还林5.4万亩，新一轮退耕还林2.28万亩，配套荒山造林5万亩，天保工程公益林人工造林5.8万亩，民生工程、林业产业工程造林3.2万亩，封山育林16.3万亩，石漠化治理工程5.2万亩，群众义务植树1 500万株。全县93.9万亩森林资源得到较好管护。二是城乡绿化工作全面推进。对金沙江、黑水河流域、212省道、310省道进行长江上游生态保护屏障工程治理，治理成果曾多次获得国家、省、州的表彰奖励。近年来，又把城镇、机关、学校和新农村绿化纳入重要工作日程，对县城新城区的音乐广场、体育休闲广场、农村集镇、新农村建设点和乡道公路进行绿化，极大地美化了城乡环境。2012年，宁南县成功创建"四川省绿化模范县"。三是现代林业产业成效初显。2017年，全县累计发展核桃102万亩，其中已挂果面积25万亩，完成核桃嫁接改良面积28万亩；发展杉树、华山松25万亩，商品林35万亩，花椒、青椒面积6.2万亩，茶叶2万亩。全县以核桃为主的林业综合产值预计达9亿元，林业产业已成为宁南县山区群众，特别是贫困地区群众脱贫奔康的支柱产业。

（2）宁南蚕业产业发展的大力推进。

截至 2016 年，养蚕区域已遍布全县 25 个乡镇，带动全县 2.5 万户、10.2 万农业人口从事蚕桑生产。全县拥有桑园 23.5 万亩，年养蚕 28.82 万张，产茧 26.23 万担，农户养蚕收入 4.68 亿元，户均养蚕收入 1.87 万元，农户年养蚕收入最高的达到 42 万余元。县内已形成了以蚕茧、缫丝、蚕需物资生产、观光、蚕业资源综合开发等产业为一体的结构布局。生产的"南丝路"牌茧丝荣获中国驰名商标、中国名优品牌、四川省名牌产品、四川省著名商标等 10 多项荣誉，全县茧丝及相关产业年产值达到 28 亿元。"蚕茧总产、养蚕单产、人平产茧、蚕茧质量、蚕农收入"五项指标连续 15 年稳居全省第一。2005 年以来，宁南县先后成为"国家级农业标准化优质桑蚕茧示范县"、商务部"东桑西移"工程首批项目县、"四川省精品蚕业标准化示范区"。

2012 年，为做大做强茧丝产业，宁南县启动了宁南国际桑茧丝绸产业园区建设。园区位于宁南县城郊，规划面积 7.1 平方千米，集蚕茧加工、缫丝、织绸、服装、茧丝储备交易、蚕业附产物综合开发于一体。规划到 2020 年，园区实现产值 396 亿元、增加值 150 亿元。届时，宁南县将形成百亿级茧丝绸产业集群，成为世界优质茧丝绸之都和全国最大、国内一流、世界知名的优质茧丝绸生产基地。

3. 新型城镇化建设成效显著，为旅游业发展创造了条件

2009 年以来，宁南县围绕建设"现代化山区园林城市"的发展定位，按照"一年一小变、三年一大变、五年一巨变"的发展目标，全力推进新城区开发、老城区改造，以及松新、华弹、白鹤滩等中心集镇建设，配套完善功能设施，新型城镇化建设取得显著成效，主要体现在以下三方面。

一是整体推进县城建设。近年来，宁南县累计投入城市建设资金 7.91 亿元，扎实推进县城新城区建设和旧城节点改造，城区规划面积从 2.5 平方千米增加到 5.2 平方千米。建成金沙大道、南丝路、宁府路西延伸段、水碾西路等"三横五纵"主干道路；完成道路硬化、绿化、亮化工程以及排水管网、人行道铺装、标识标线等配套设施建设；完成新城丽景、金沙明珠、春生国际等商住小区开发，以及行政办公用房、安置房、廉租房、农贸市场、音乐广场公园、县中医医院等公益性项目建设。种植行道树 1 000 余株，新植绿化带 1 500 余米，新增绿化面积 6 万平方米；投资 1 600 万元，新建城市供水管网工程；投资 2 000 多万元，建成日处理生活垃圾 50 吨、总库容 43 万立方米的县城城市生活垃圾填埋场；修建了宁南县城市生活污水处理厂，新建了城市饮水管网、铺装供水管网工程。城市规模不断扩大、配套设施更加完善，人居环境条件有了显著改善。二是在旧城区完成休闲体育运动公园改造；盘活一批闲置土地，完成休闲体育运动公园、宁府新城、日月星辰、金沙印象等一批商住小区开发；完成旧城区主要街道临街房屋外立面风貌塑造工程，旧城区改造焕发生机。三是成片推进新农村建设。按照"产村相融、城乡一体""生产发展、生活宽裕、乡风文明、村容整洁、管理民生"的要求，成片推进新农村建设，有效改善了农村居住条件，完善了基础设施和公共服务设施，取得了明显成效。2010 年以来，宁南县整合项目资金实施了 15 个乡镇、96 个新村新寨、9 972 户民房的"蜀风桑韵"特色风貌打造，其中新建新村 12 个、建设农户 879 户，改扩建新村 84 个、建设农户 9 083 户。同时，启动松新、华弹、白鹤滩等中心集镇和各乡

镇建设规划。

（二）县委政府重视是根本

宁南县委、县政府在2017年提出"旅游富民"新战略，将其纳入全县"六大富民工程"之列，强力推进，突出了旅游业在全县总体发展中的重要战略地位。宁南县主要领导定期听取各项旅游工作汇报，研究旅游发展中遇到的困难和难题，并亲临项目现场指挥工作，使全县旅游项目建设、宣传推介、行业管理、教育培训等各项工作取得了突破性进展。

（三）规划先行是前提

宁南县坚持规划先行、策划并举，加快构建以县城阳光康养休闲度假中心、金沙江大峡谷旅游区、贝母山生态避暑度假区、大同红土梯田观光区、西瑶布依民俗风情体验区和黑水河特色农业休闲带为主要内容的"一心四区一带"旅游新格局。做好《宁南县旅游总体规划》的编制工作，该规划对宁南县旅游产业发展具有深远意义，是宁南县旅游业未来15年发展规划的重要依据。用规划引领旅游的发展，凯地里拉温泉康养度假区综合开发建设项目的实施，使宁南县在旅游项目建设上取得了新的突破。

宁南县认真研究国家和省、州相关政策，广泛捕捉各种旅游产业发展信息，积极对接上级旅游部门，做好凯地里拉温泉康养度假区综合开发建设项目参加全国优选旅游项目的申报。通过申报，凯地里拉温泉康养度假区综合开发建设项目入选全国747个"2016全国优选旅游项目"名录。此次入选对凯地里拉温泉康养度假区综合开发建设项目搭建融资平台、争取政策支持创造了有利条件，同时也为该项目如期完成一期工程的修建提供了保障。

为了更加科学、合理地规划宁南旅游产业发展，宁南县于2017年8月召开全县旅游文化发展座谈会，诚邀成都卓尔文化传媒有限公司到宁南实地考察，按照"统筹规划、优化资源、合理开发"的思路，做到既有创意，又结合宁南地方特色，将宁南源远流长的丝路文化特色、原生态山水田园城市特色等融入旅游发展思路中统筹规划，推进宁南全域旅游概念相结合，为规划旅游产业发展提供思路。

（四）项目建设是关键

凯地里拉温泉康养度假区于2015年10月启动，旨在打造"中国最大的自驾游温泉营地和中国最大的温泉水上乐园"。整个温泉规划占地4 000亩，分四期建设。一期建设工程包括生态停车场、商业街区、游客接待中心、七彩泡池群、汽车自驾营地，占地面积约150亩，已于2016年年底完工，2017年元旦试运营。二期建设工程为温泉汽车自驾营地别墅和大型儿童水上乐园，三期建设工程为高端温泉别墅区和户外种植体验区，四期建设工程为蚕桑温泉田园综合体、南方丝绸之路温泉水寨和康养地产。该项目计划总投资12亿元，正在加快创建国家4A级景区及省级旅游度假区。2017年9月21—22日，省A评检查组对宁南县金钟山、凯地里拉创建国家4A级景区工作进行了检查验收，通过看现场、查资料、听汇报，省A评检查组对宁南县金钟山、凯地里拉创建国家 4A 级景区工作给予了高度评价，一致认为宁南县委、县政府对景区创建工作高度重视，金钟山、凯地里拉创建国家 4A 级旅游景区工作严格按照国家相关标准进行建设和打造，成效显著，达到国家 4A 级景区创建标准。

（五）乡村旅游助推宁南绿色旅游

宁南县通过推进乡村农家乐和蚕桑、核桃、枇杷等产业结合，并利用金钟山景区和凯地里拉温泉康养度假区的 4A 景区创建契机，实行生态效益与经济效益并重的发展战略，积极打造颇具乡土气息的旅游点。2014 年，宁南县成功创建省级乡村旅游示范县。

1."森林人家"有耍头、有看头

宁南县结合首届核桃成熟采摘"开杆节"筹备工作，在幸福镇茶岭村积极指导开展"森林人家"主题农家乐建设。幸福镇茶岭村已有 4 户区位优势和生态环境较好的"森林人家"主题农家乐全面建成并正式开业迎客。宁南县的"森林人家"是以良好的森林环境为背景，以有较高游憩价值的景观为依托，充分利用森林生态资源和乡土特色产品，融森林文化与民俗风情为一体，为游客提供吃、住、娱乐等服务的生态健康休闲型品牌旅游产品。

据悉，按照规划，宁南县幸福镇茶岭村到 2020 年将建设打造 20 户以上具有一定接待能力的"森林人家"，年接待游客 2 万人次，重点开展以"观赏优美自然风光、体验茶叶、板栗、核桃采摘、森林氧吧休闲、品生态美味"等别具特色的农事活动，初步实现乡村生态旅游年收入 300 万元以上。

2. 特色农家乐——"吃货"的美食乐园

随着全县"旅游富民"战略的实施，码口村两委引导农户，利用毗邻县城的优势，结合幸福美丽新村建设政策的重大机遇，将"现代乡村休闲旅游"的理念融入幸福美丽新村建设中，大力发展叙友山庄式的特色农家乐——既是远近闻名的幸福美丽新村，又享有"宁南第一村"的美誉，更是被"吃货"们评为美食的乐园。

（六）多渠道宣传及推介

广告宣传方面，宁南县在省内各大高速路口、桥体、公路两侧等树立大型广告牌，旅游广告覆盖全省，极大地扩大了宁南旅游的知名度。

宁南县积极利用西博会平台宣传宁南生态康养旅游，扩大影响力。2017 年 5 月，以"游山城宁南、沐宁南风情、促文化旅游、邀八方来客"为主题的宁南县旅游文化宣传活动举行，目的就是通过各知名媒体人和文化名人的视角，全面宣传宁南独特的旅游文化资源，推动宁南旅游、文化事业的进一步发展。同时，对宁南文化进行深度挖掘和提炼，重塑宁南精神，打造宁南新名片，研讨宁南今后文化发展的新思路、新对策。

本课题组调研发现，宁南县旅游业还存在一定的问题和不足，具体表现在：一是旅游投入不足，主要是上级相关部门未拨付旅游专项资金，宁南县自筹资金困难，影响旅游整体形象的宣传和旅游基础设施的建设。二是旅游产品开发没有形成品牌与规模，资源优势与特色未能充分体现。三是部分旅游从业人员的素质不高，服务不规范，业务技能不熟，有待于提高。四是全社会支持旅游发展的氛围不浓。五是"三月三"布依民族文化节、核桃成熟采摘"开杆节"等节庆后，老百姓持续稳定的收入问题有待思考。

二、宁南县旅游业的思考及发展建议

（一）把旅游富民纳入全县"六大富民工程"之列，强力推进，突出旅游业作为有效推动城市经济转型升级的重要抓手的定位

从国内旅游发展大环境看，大众旅游时代已经来临。国家已明确将旅游业定位为现代服务业的重要组成部分，提出树立科学旅游观，为旅游业发展方式从数量规模型到质量效益型转变指明了方向。在旅游消费日趋散客化、移动互联网与信息技术日益创新的背景下，"互联网＋旅游"革新浪潮助推旅游产业融合与业态创新不断深化，我国旅游业正在从传统服务业向战略性支柱产业和现代服务业升级。

从四川省旅游发展大环境看，省委、省政府明确提出，旅游是四川最大、最突出的优势，也是供给侧结构性改革的重要组成部分。在四川旅游发展的黄金时期，要把握国家"一带一路"倡议、长江经济带战略的巨大机遇，依托四川省立体旅游交通格局和多点多极旅游基础，凭借天府新区和成都自贸区创建等创新引擎，依托大众创业、万众创新动力，建成旅游经济强省和世界重要旅游目的地。

从凉山州旅游发展大环境看，凉山是全国最大的彝族聚居区，四川省民族类别最多、少数民族人口最多的地区，是通往西南边陲的重要通道、南方丝绸之路的核心节点和"攀西资源综合开发区"重要组成部分。凉山州应把旅游业作为重点产业来谋划推进，奋力推进旅游资源大州向旅游经济强州跨越。

从宁南县旅游发展看，宁南县旅游资源得天独厚，有"金沙明珠"的美誉。在全域旅游大背景下，宁南县应立足资源优势，主动融入凉山全域旅游发展大局，大力实施"旅游富民工程"，以旅游业大提速带动县域经济大发展，促进产业融合互动发展，着力建设西部阳光康养休闲度假旅游目的地，扎实推进美丽宁南建设。

（二）扎实推进工作是宁南旅游业快速发展的法宝

以宁南县金钟山、凯地里拉创建国家 4A 级景区工作为例。2017 年 1 月，四川省下发《关于认定第四批农产品质量安全监管示范市、县的通知》，指出宁南县被认定为"四川省农产品质量安全监管示范县"，为加快推动县域经济社会的持续健康发展提供了有力保障。1 月 9 日下午，宁南县召开全县旅游宣传工作专题会议，指出搞好旅游宣传工作是做大、做强"六大富民工程"的重要环节。2 月 23 日，宁南县召开县城区域旅游发展座谈会。5 月 10 日，宁南县召开创建国家 4A 级景区工作动员会议。5 月 19 日，宁南县召开创建 4A 级景区导视系统设计方案审定会。6 月 14 日下午，金钟山国家 4A 级景区创建工作推进会召开。6 月 15 日，县领导干部调研凯地里拉温泉绿化造林等工作。6 月 21 日至 27 日，为着力提升金钟山、凯地里拉景区经营户的环保意识，杜绝其使用不可降解的一次性泡沫、塑料餐具及包装材料，防止产生白色污染，县食药工商质量局、县规建局与金钟山景区的 57 名经营户签订《不使用不可降解的一次性餐具等非

环保型材料的协议书》。6月27日，县领导干部对4A级景区创建推进情况进行了调研。7月26日下午，宁南县召开雕塑景观设计方案征求意见座谈会，讨论研究宁南县凯地里拉温泉国家4A级景区及省级旅游度假区雕塑景观设计方案。8月3日，宁南县创建"省级文明城市"启动大会召开。8月9日，宁南县发布《关于在金钟山和凯地里拉景区实行封山禁牧的通告》，金钟山和凯地里拉景区全面实施封山，助力金钟山和凯地里拉国家4A级景区创建。8月11日，宁南县召开旅游文化发展座谈会，诚邀成都卓尔文化传媒有限公司为宁南县规划旅游产业发展思路。8月17日，县人大常委会组织相关人员对凯地里拉温泉康养度假区综合开发项目的开发建设情况进行调研。8月17—18日，凉山州对宁南县金钟山、凯地里拉创建国家4A级旅游景区工作进行检查验收。通过对景区的实地查看以及对软件资料的检查，宁南县通过州检。9月11日，宁南县公交车试运营，两路公交车都经过金钟山景区、凯地里拉温泉，双向循环运行。9月19日，宁南县召开宁南县金钟山、凯地里拉创建国家4A级景区迎省检工作会。9月21—22日，省A评检查组对宁南县金钟山、凯地里拉创建国家4A级景区工作进行检查验收，通过看现场、查资料、听汇报，省A评检查组对宁南县金钟山、凯地里拉创建国家4A级景区工作给予了高度评价，一致认为金钟山、凯地里拉创建国家4A级旅游景区工作严格按照国家相关标准进行建设和打造，成效显著，达到国家4A级景区创建标准。

（三）努力挖掘支撑宁南旅游产业发展的产业链和承载体是根本

宁南县要依托蚕桑产业、林业产业，推进农业转型发展，加强森林、草原等自然资源的保护，打造生态特色旅游；依托白鹤滩电站建设，包装水上旅游观光、水上娱乐等产品，建设水上训练基地、长江流域水电开发博物馆、白鹤滩特色新集镇等项目，让白鹤滩电站旅游成为拉动宁南康养旅游产业的引擎；开发新村乡龙洞河温泉、新竹溶洞，并与凯地里拉温泉开发项目融为一体，打造温泉休闲度假村，建设全国最大自驾游体验营地；依托城市建设，打造"金沙江畔俏明珠"精品城镇旅游品牌；依托丰富的阳光资源，结合蜀风桑韵新农村特色、彝家新寨特色，统筹规划建设和培育康养村寨，发展阳光康养旅游，让游客体验乡村特色；依托当地的布依族文化、民风民俗资源，打造攀西地区最大的布依民风民俗体验游。

（四）把城市人文环境资源作为宁南旅游产业发展的亮点

一座城市只有具备了内在美，才会散发持久的魅力。现代旅游业的竞争，不仅仅是一个企业、一个产品的竞争，也不仅仅是资源的竞争，更是人文环境的竞争，归根结底是文化的竞争。宁南县不仅拥有优质的自然资源，还有优质的人文资源。宁南先后获得了全国科技进步县、全国初级电气化县、四川省社会治安综合治理模范县、四川省环境优美示范县城、四川省级卫生县城等殊荣，同时被命名为"中国蚕桑之乡"。优美的城市人文环境，不仅是资源，更是名片，宁南县应该让这些优质的人文资源优势转变为发展优势，让"金沙江畔俏明珠"这张"名片"更靓丽。

（五）把构建政府引导、市场主体、部门协作、多方参与的机制体系建设作为推进旅游产业发展的前提

宁南县要加强对旅游产业发展的统筹协调和引导扶持，逐步形成以市场为主体，多层次协同推进、社会各方共同参与的发展格局。依靠政府财力投入发展旅游业非常有限，也不符合市场规律，宁南县可以在政策和资金上给予一定扶持和投入，在旅游规划和基础设施建设方面加大力度。旅游景点的开发建设与管理主要通过吸引民间资本、招商引资、合作入股等形式加大投入，宁南县可在土地、税收、贷款等方面给予优惠，营造良好的投资环境，坚持走市场化的道路，多渠道融资，搞好旅游开发，形成全民办旅游、全民兴旅游的发展格局，使特色旅游经济强县富民。

（六）要把进一步加强宣传作为推进旅游产业发展的有效手段

宁南县必须成立专门的旅游产品宣传机构，充分利用当地的旅游资源和旅游产品，精心制作宣传短片、宣传标语等，通过网络、电视、微信、微博等多种媒体进行深度宣传，也要与企业的产品宣传有机结合，增强宣传力度，打响宁南旅游品牌。

城乡统筹发展进程中农村征地拆迁矛盾化解的调查与思考
——以凉山州西昌市高枧乡为例 *

刘雅林　段　亮　李　玲　武海萍　袁　旭

西昌市自 2006 年 "一办三创" 以来，其城市化步伐不断加快，农村集体土地征用规模和范围越来越大。征地拆迁过程中的补偿安置直接关系老百姓的切身利益，关系着城市化的顺利推进，关系着地方经济的发展和社会的稳定。本课题组以西昌市高枧乡新型城镇化建设项目的征地拆迁情况为例，结合其中存在的拆迁矛盾冲突现状，思考征地拆迁矛盾化解的策略。

一、现实背景及既有研究

征地拆迁工作是城市建设发展的前提条件和重要保障。随着城市化进程的加快、招商引资企业的落户，土地的征用征收范围越来越广，拆迁难度也越来越大，政府不得不花费大量时间和精力在征地拆迁工作上。农村集体土地使用权的主体为特殊民事主体。被拆迁农民依据民法精神，认为政府的行为对被拆迁人构成违约，应当赔偿被拆迁人的损失。土地经收储再转让的过程中存在巨大价差，使被拆迁农民利益最大化的期望与拆迁过程中的被动地位形成的差距容易导致各种矛盾激化，形成拆迁难现象。

产生拆迁难的原因既有制度和政策方面的原因，也有经济发展水平等方面的原因。土地所引发的利益冲突问题，关系到人民群众，特别是广大农民的切身利益，同时也影响地方经济的可持续发展。它不仅仅是重要的经济问题，更是不得不面对的政治和社会关键问题。为此，学者们对农村土地的征用及补偿问题进行了多方面研究。在农村土地制度及政策的研究方面，张琦（2012）认为农村集体产权不清晰，最终导致土地征用拆迁时失地农民始终处于被动地位，对土地征用及土地所有权等权利缺乏参与权、知情权、选择权。张世良（2013）认为，征地拆迁产生矛盾纠纷的根源在于城乡土地管理体制与土地财政制度的不合理，主要原因是安置补偿的不合理。在保护失地农民的利益，重视补偿方式方面，苗立国（2012）认为，对土地国有的错误理解使得当前政府在征地拆迁过程中存在着强拆、强征现象，另外土地补偿价格严重落后于土地的市场价格，补偿而非赔偿的制度使得多方矛盾升级。吴次芳、鲍海君（2013）认为，在市场机制下要

＊ 2017 年度凉山州党校系统优秀调研课题。作者单位：中共西昌市委党校。

充分体现土地的价格，对不全面的补偿应相应增加补偿项目。

在当前持续推动城镇化发展道路的背景下，必然会伴随着征地拆迁过程中的利益冲突和矛盾。被征地拆迁农民权益的受损导致农民通过各种方式来表达利益诉求。而解决利益矛盾首先应从制度的层面着手，探讨多种补偿形式，并完善征地拆迁的后续保障，平衡各利益主体的关系，有效激发并促进彼此互动、互利，充分保障被拆迁群众的合法权益，由利益对立走向利益共赢，使被拆迁群众能够搬得走、稳得住、有发展、有奔头，从而为地方经济发展和社会稳定提供支撑。

二、西昌市高枧乡城镇化征地拆迁基本情况

高枧乡位于西昌市城郊东部，与西郊乡、川兴镇、四合乡、喜德县东河乡相连。因地处四川省第二大淡水湖邛海的北侧，高枧既属于邛海泸山国家 4A 级风景区，也属于西昌市城市规划建设的重点区，在西昌城市建设、旅游开发中占有举足轻重的作用。作为西昌发展攀西中心城市的主要扩展区，高枧乡具有区位优势和交通优势，日渐成为西昌市东部城区的主要扩展方向。全乡共 6 个村 55 个组，户籍人口为 18 050，常住人口为 32 300。

2016 年，高枧乡的生产总值达 6.88 亿元，同比增长 9.2％。第三产业比重达 39.6％，取代第二产业成为主导产业，产业结构进一步优化。高枧乡依托蔬菜、葡萄种植的地域优势和技术优势，围绕市场需求发展规模化的大棚绿色蔬菜、特色水果、高档花卉、苗木、园艺展示等现代都市农业，以打造西昌文化旅游科技创意产业园、盘活农民安置房及经营性用房为前提，在服务业方面重点打造休闲旅游产业、家庭旅馆业和康养产业等六大产业。

2012 年以来是高枧乡产业结构调整最快的几年，城镇化进程逐步加快，高枧乡逐渐从农业乡转型融入城市。20 余家州市行政事业单位将办公机构迁入；华地恒通城市综合体、四川铁投房地产项目、华谊兄弟电影小镇等一批商业项目进驻，规划中的九年一贯制"春城学校"、绵阳南山学校西昌分校（高中部）等教育机构落地，征地拆迁进程随之加快。先后进行了一环路道路建设、一环路两侧土地收储、邛海湿地三期、城东学校、航天大道东延线、城东项目和城景协调区、王家村新型城镇化建设共 8 次大规模的拆迁。全乡 6 个村、55 个村民小组中已拆迁 36 个组，其中，团结村、联合村已整体拆迁，王家村即将完成整体搬迁。总共征收土地 11 339 亩，拆迁 3 826 户，涉及 12 355 人（占全乡人口的 71％）。征地规模比较大，涉及的失地农民人口众多。

三、征地拆迁过程中的主要矛盾冲突表现

城市拆迁是一个系统工程，它不仅涉及房屋的拆除，还包括补偿和安置。补偿方式主要有两种：产权置换和货币补偿。产权置换又分为原地安置和异地安置，不同的补偿形式会产生不同的矛盾。而安置也是一个复杂的工程，包含住房、教育、就业、医疗、养老等诸多方面，由此引发的矛盾也就错综复杂。

补偿安置争议型拆迁矛盾主要包括两个阶段的矛盾：一是在拆迁前期，包括由补偿形式、补偿标准、房屋搬迁和临时安置补助费、安置区位等方面的争议引发的矛盾和冲突；二是在交房阶段，包括由交房延期或在交房中出现的因新居结构、面积、位置、环境等方面与前期规划不符，房屋质量存在问题，新房购置资金不足等引发的矛盾。

本课题组成员曾作为拆迁工作组的工作人员参与高枧乡新型城镇化项目征地拆迁工作，整合工作推进中出现的问题和日常与被拆迁农户的沟通、访谈结果，我们认为拆迁政策及其执行中主要存在以下四方面问题。

（一）拆迁补偿政策导致拆迁主体间权益失衡

在征地拆迁工作中，补偿和安置都是核心环节。绝大多数的拆迁纠纷也是因被拆迁人对拆迁补偿不满所引起的。一般情况下，征地拆迁不仅可以让拆迁户的住房面积扩大，而且居住环境可以得到较大改观。但是，一些拆迁户对拆迁的期望过高，期待通过拆迁可以大幅度地改善生活质量、提高居住环境。于是在拆迁初期，许多人对拆迁是持乐观态度的。但随着有关拆迁补偿方案的公布，与他们的心理预期存在极大差距时，他们便会由对拆迁的期盼转为对拆迁的抵制。这种对拆迁抱有过高心理预期的现象，在广大的拆迁户尤其是中低收入拆迁户中具有极大的普遍性，而且它的交叉感染力是极强的，一旦成为一股合力，就会影响拆迁工作的顺利开展。

1. 拆迁补偿政策的调整不足

西昌市针对农村征地拆迁的补偿基准价格多数是在 2009 年后制定的西昌市进入经济发展最为迅速的几年，房价及物价上涨速度较快，收储后的土地出让价格节节攀升，补偿价格并未随着耕地年产值、经济生活水平和物价的上涨而提高，被征地农民的心理落差巨大。

2017 年高枧乡新型城镇化建设项目中，经济林木、房屋建筑等土地及其附着物补偿标准与 2015 年之前补偿标准保持一致，如盛挂果葡萄、一级大棚等土地附着物的补偿价格分别为 19 800 元/亩、10 000 元/亩，与 2009 年市政府发布的补偿标准一致；与 2015 年相比，农村大量存在的砖混一级房屋补偿价格均为 700 元/m²，土木一级房屋补偿价格均为 350 元/m²。

被拆迁农民原有的住房被拆除，既有的居住环境和邻里关系被打破，自给自足的生活方式因土地被征而改变，失去能够为其提供粮食、蔬菜等基本生活保障的土地，转而一切都要按市场的方式去购买，而其购买能力（主要是靠失地补偿）却低于市场的要求。在描绘美好生活蓝图的同时，部分失地农民却经历着生活水平和生活质量的下降。由于信息不对称和谈判不对等的地位，他们转而希望通过各种途径追求拆迁利益最大化。

2. 拆迁补偿政策变化较大

针对大量存在的抢修抢建的违章房屋，政府逐步加强了对违章建筑的打击力度，补偿标准逐渐收紧，如 2015 年在高枧乡团结村进行征地拆迁过程中，将违建房屋按材料构成分成大砖一级—六级，补偿价格为 400 元/m²～80 元/m²；2017 年在王家村进行征地拆迁的过程中，引入房屋分段计算，按照人均 90 平方米的标准计算补偿价格，并给予 5%～10% 的奖励。

违章建筑方面，一种是因历史积累形成的，一种是为了解决家庭住宿困难而搭建的，属需求问题；一种是被拆迁户为了获取拆迁补偿而临时搭建的，属利益问题。政府从制止突击型滥修滥建的角度，必然逐步加强对违建房屋的打击力度，低于补偿基准的价格会触动被拆迁人的利益，容易引发过激抵制行为。该类矛盾也成为当下最尖锐和最难解的拆迁矛盾。

在人口安置方面，2015 年被拆迁安置的农村村民家庭中已办理独生子女证的未婚独生子女，若为农村村民户籍的可享受家庭增加 70m^2 的住房安置，而在 2017 年王家村征地拆迁项目中此项政策取消。因被征收时间不同而补偿相差巨大，增加了被拆迁农民的抵制情绪，给拆迁工作造成了较大阻碍。

（二）拆迁利益主体间的信任关系不够

据中国社会科学院主持的中国社会心态调查结果显示，民众对中央政府的信任程度最高，但对地方政府的信任度则普遍不高。特别是在农村征地拆迁工作中，被拆迁户对地方政府缺乏信任现象尤其突出。在缺少信任的情况下，即使政府在做出一些有利于被拆迁户的行为时，被拆迁户也可能认为是欺骗。另外，地方政府对被拆迁户也存在不信任，主要与少数人借机要高价有关。

农民在征地拆迁中的想法是最现实的，只有补偿款拿到手上，才肯相信。尤其是对于个人承包集体土地的农户，没有了土地，直接关系到下半辈子及以后几代人的生计出路。这些非常现实的问题，也是征地拆迁难的一大原因。

征收人出于促进地方经济发展需要和政绩需求的冲动，急于把土地从农村集体经济组织手上收走并出让给用地单位。地方政府用于前期宣传发动工作的时间和精力不够，导致很多被拆迁户对征地拆迁的相关法规政策了解程度较低，大部分表示对征地拆迁的法规与政策缺乏了解，这种情况的存在势必会增加征地拆迁工作的难度，也容易导致一些矛盾纠纷的产生。政策宣传不够到位，程序不够公开透明，农民对征地拆迁补偿安置政策参与度较低。

拆迁过程会伴随着局部政策的变动和调整，而如果与前期宣传不一致，则会使得争议范围扩大。政府对征地补偿标准争议的处理积极性不高，经常出现推诿、拖延现象，也进一步加剧了拆迁主体之间的不信任。被拆迁人权利受到地方政府公权力的挤压和排斥，便会产生普遍的不安全感和不公正感，这些利益受损者可能会想方设法联合其他利益受损者展开共同的维权行动，以期把事情"闹大"，这也增加了群体事件的发生风险。同时，随着社会组织不断壮大并逐步介入拆迁过程，被拆迁人将会自发地形成一个临时的利益群体和利益联盟，变个体抗争为群体抗争。

（三）拆迁补偿政策在执行中存在弹性较大、稳定性欠缺等问题

拆迁中很多不规范的操作行为会加大拆迁工作的难度。实际补偿标准的不一致以及政策在具体执行中的变通，致使征地拆迁工作实际透明度不高，被拆迁农民会感觉不公平。同时，拆迁中"越扯皮越得利、越往后走越受益"的现象，导致多数被拆迁人形成

"先走会吃亏"的心理，造成一户不走、一处拆不动、多处都观望的被动局面。任何拆迁项目都会有极少数无理取闹者，对这种情况法院一般不受理，行政裁决也显得乏力。由于最终往往采取大幅度提高补偿来做"调整"，不可避免地造成恶性循环，破坏了整个拆迁市场的秩序。拆迁户之间的相互攀比，最易引发矛盾，给拆迁工作带来一定的难题。

（四）安置内容和形式存在的不确定性

征地拆迁是一个持续性的矛盾源，拆迁产生的社会矛盾并不会随着拆迁过程的结束而消失，还会发生变异，衍生出新的矛盾。

先拆迁、后建安置房，这种做法在全国各地都比较普遍。而在建设过程中，部分安置房因资金周转或手续不全等原因进度缓慢，导致一些被征地拆迁居民不能及时入住。安置房户型偏小，结构不够合理，且建筑质量相对较差；配套工程没有同时启动，给被安置居民在日常生活、医疗就诊等方面带来很多不便；被征地拆迁的农村居民失去赖以生存的土地以后，因缺乏足够有效的就业培训和指导，个人就业问题出现很大困难。

在房屋拆迁、土地被征用后，农民或许要面对房屋、土地补偿款久久不到位、利息过低、安置房遥遥无期等诸多问题；因被拆迁户获得的补偿在家庭内部分配不均引发纠纷而产生的家庭矛盾；因安置房质量和产权、基础设施、物业费缴纳等问题引发的物业矛盾；因搬迁造成在就业、教育、医疗、养老、购物等方面问题引发的民生矛盾，尤其在拆迁的异地安置和货币补偿中，被拆迁人会面临新环境的重新适应过程，以及在家庭经济生活、家庭邻里关系、福利保障等方面的重新调整过程。拆迁打破了他们原有的社会基础和交流空间，邻里间稳固的互助关系、文化、习俗以及人际关系将会连同原有的建筑一起消失。这些显在和潜在的影响都会滋生新的矛盾冲突。

四、征地拆迁中矛盾冲突的化解对策

协调、平衡各利益主体的关系，可以有效激发并促进彼此互动、互利，充分保障被拆迁群众的合法权益，使其由利益对立走向利益共赢。因此，建立以人为本的拆迁理念，成为现阶段解决拆迁矛盾的主要思路，具体可从以下四方面着手。

（一）完善土地征收补偿标准，构建以民生利益为核心的补偿机制

征地拆迁工作与民生利益密切相关，如果不能切实照顾广大居民的民生诉求，势必引发难以调和的利益冲突，从而使征地拆迁工作难以进行。因此，必须有效构建以民生利益为核心的补偿机制。政府主管部门应主动开放诉求表达渠道，健全利益协商制度，对被征地拆迁居民的合理诉求不堵、不压、不拖，在充分调研的基础上，依据国家法律法规，建立公平、合理的补偿标准体系。

适时调整补偿标准，根据区域经济发展水平、土地的区位条件等因素确定征地补偿标准，充分考虑征收客体的基本价、市场浮动价，来修订现行的拆迁政策，调整补偿标准。建立补偿标准上涨机制，结合时效性、地域性，合理提高地上附着物的补偿标准，

保证补偿标准的时效性、科学性和合理性，既要充分体现土地资源的利用价值，又要尊重农民集体产权，也要考虑我国特有的土地制度。确定最低片区补偿线，避免因经济落后而导致征地价格偏低，切实保证农民利益不受损害。实现地价的综合平衡，做到片区与片区之间平衡，保证区片价的相对稳定，不因地域的差异而出现片区价格明显落差。

（二）促进征地拆迁的法制化，建立拆迁利益主体间的充分信任关系

征地拆迁工作是一项政策性非常强的工作，有人称征地拆迁是一地一政策，各地都有许多不同的规定。要想减少征地拆迁纠纷的发生，就要完善相关法律法规。同时，要结合各地特点，在符合法律规定的前提下制定地方的规章制度和政策。在政府和被拆迁人之间搭建起制度化对话、程序性协商平台，构建相互信任、良性互动的协同作用机制，使双方在共同参与过程中，以直接互动或间接互动为手段，通过拉锯式的博弈，不断磨合，消解偏见与对立，最终实现合作与利益共赢。

在具体的征地拆迁过程中，应规范政府工作人员与农户之间的协商行为，为农户提供法律帮助，打消他们的纯市场交易心态，实现合作共赢，可通过向农户讲解国家、省市的土地法规和政策，使其明白征地拆迁的性质和政府在征地拆迁中的职能及角色定位。

规范土地征收程序，有利于土地征用制度完善，也直接关系到土地补偿是否公正、合理。要将征地拆迁方案、征地拆迁范围、征地拆迁补偿标准等信息全部公开，并对补偿安置情况及时张榜公布，接受社会监督。征用土地过程中要严格执行“两公告一登记”制度，即在土地征收前期，向被征地农民告知征收的用途、范围、面积及补偿的标准，听取被征地的村民代表及农民的意见，对拟征收土地的属性、面积及地上附着物的种类、数量进行统一调查、登记，并将调查结果向社会公开确认。向集体经济组织、被征地农民讲明征地补偿、安置方案，与他们进行协商并充分沟通、征求意见，综合多方面意见，最终确定征收方案。

（三）加大宣传，规范操作，保障拆迁工作有序推进

拆迁关系到每一个被拆迁户今后的生活质量，因此要认真做好思想宣传工作，引导被拆迁居民理性对待拆迁。要通过各种形式大力宣传与拆迁相关的法律、法规、政策措施和工作程序，让老百姓对拆迁工作心知肚明，进而充分理解和积极支持拆迁工作。

拆迁工作要顺利完成，各项政策必须要配套并保持政策的前后一致，特别要防止拆迁后期因各种人为因素造成政策的松动，影响拆迁工作的严肃性。正常的征地拆迁是发展经济、重塑城市形象、改善群众居住环境的好事，是符合广大人民群众的根本利益的。在涉及广大被征地农民的切身利益时，工作人员切忌简单粗暴，不签拆迁协议就停水断电，使被拆迁农民无法生活，更不应把有困难的群众称为“钉子户”。

要坚持先安置、再拆迁的原则，认真做好前期深入细致的调查摸底工作，针对不同情况准备不同的安置方案，适应不同层次的需要；要在政策允许的原则范围内，积极主动地为被拆迁人排忧解难，更人性化地处置各种具体问题，做到依法拆迁，有情操作。当然对极个别无理取闹者，应依法果断采取相应的制裁措施，以维护拆迁政策的严肃性

和秩序性，保障拆迁工作的有序推进。

（四）进一步完善保障制度，促进失地农民再就业

其一，建立多元化、人性化的拆迁利益补偿机制，如补偿与就业安置并行模式、补偿与社会保障相结合的模式、补偿与分红相结合的模式等，既防止拆迁暴富，也应避免拆迁贫民现象的出现。对存在特殊困难的被拆迁人，还需要多部门联动，整合碎片式的社会扶助，对拆迁中的特困群体应在社会保障、就业、经济等多个层次给予相应的帮扶，防止其陷入更大的困境。根据拆迁矛盾延续性的特征，可采用"先安置后拆迁"的模式，还应将利益补偿进一步向后延伸，建立相应的安置调控长效机制，保障被拆迁人生活稳定、有序。

其二，建立征地农民的养老保障制度，实现老有所养。当前，大部分农村老人主要靠以土地为基础的自我积蓄养护、儿女轮流赡养甚至亲友供养的养老模式。随着城镇化的加快推进，被征地农民失去了多年依赖的土地，土地养老的方式也由此失去了它的重要作用。失地农民的养老保障金主要由两部分组成，即个人账户和社会统筹。个人账户由失地农民通过征地补偿金获得，社会统筹由政府进行缴纳。

其三，建立失地农民再就业保障机制。拆迁后，农民失去了基本的生产资料，受自身文化素质和职业技能等因素的限制，他们后续生存及发展存在一定程度的困难。加强就业保障，既能减轻拆迁农户拆迁安置中的压力，又能为政府从源头上解决城建开发地区的稳定问题。

其四，积极引导企业提前预留适合的工作岗位。首先，建立相应的企业供职机制，保证失地农民再就业。政府应给为失地农民提供岗位的企业实行减免税收、发放企业补贴等政策，鼓励企业雇用更多的失地农民就业。其次，建立自主创业促进机制，鼓励失地农民自主创业。对有意愿且具备条件的失地农民，政府应加强对其自主创业的扶持力度，积极引导申报有潜力的创业项目，多渠道为失地农民筹集创业资金。最后，政府出资引入职业技能培训机构，根据失地农民的年龄结构、受教育程度及求职意愿，针对招工岗位的技术要求，展开有针对性的技能培训，让其掌握一技之长，提高其就业能力。

后 记

近年来，中共凉山州委党校围绕州委政府中心工作，立足于实践探索、因地制宜、建言献策、服务地方决策的宗旨，着眼于夯实"思想库"建设的基础，牵头组织全州党校系统积极开展调研工作，取得了丰硕成果。

本书是凉山州党校系统 2017 年完成的，包括四川省党校系统、四川省社会主义学院系统、凉山州决策咨询委员会及凉山州党校系统的调研课题成果集，内容涉及凉山州政治、经济、文化、社会、生态文明建设多个领域。丰富的研究内容，对推进凉山州同步实现全面小康和基层实际工作有一定的参考价值。

本书由中共凉山州委党校（凉山行政学院）副校（院）长薛昌建、科研科科长胡澜、科研科副科长姚文兰担任主编，他们负责本书的策划、整理、统稿、审定及编务工作。根据出版需要，我们对部分调研报告的标题或正文进行了修改，对所有调研报告进行了统一的处理。由于内容宽泛、工作量大，难免有不足和疏漏，敬请调研报告作者理解、广大读者指正。

编者

2020 年 5 月 6 日